农业走出去"扬帆出海"培训工程系列丛书

跨国农业投资风险管理理论与实务

何 君 苟天来 雷广元 等 编著

中国农业出版社

北 京

编著者名单

何 君　苟天来　雷广元　王军强

彭 慧　周 丹　庞 洁

前　言

　　跨国农业投资是一项复杂的系统工程，其中不仅涉及传统经济领域诸多学术概念在实践中的转化应用，更涉及商业活动中诸多现实问题的应变处理，加上农业自身的自然生产属性，以及不同国家之间在政治、经济、文化、社会等方面的明显差异，使得跨国农业投资的风险管理问题日益突出，备受理论界和学术界关注。

　　本书的编写目的就在于，通过在理论和事务之间对跨国农业投资进行分析阐释，让更多参与跨国农业投资的企业主体和企业家能够了解这一领域的基本概念、发展实践和典型案例，以期对投资实践特别是风险管理产生积极作用。本书分为总论篇和案例篇，总论篇主要包括跨国投资概论、跨国农业投资的风险类别与特征、农业投资经济风险的缓解与管理、农业项目投资环境和社会风险管理、农业海外投资环境风险控制机制、跨国农业投资的风险防范措施 6 章内容，侧重于理论层面的梳理和归纳总结；案例篇包括部分中国企业跨国农业投资风险管理的案例解析，以及世界银行中国贷款项目在社会风险、移民安置风险、少数民族风险等方面的评估评价案例。希望大家能够在理论学习和案例比对中，找到对自身企业进行海外农业投资风险管理的有益借鉴。

编著者

目　　录

案 例 篇

总论篇

《跨国农业投资风险管理理论与实务》

第一章　跨国投资概论

一、国际投资的定义

国际投资是指各类具有独立投资决策权，对投资结果承担责任的投资主体，包括各国官方机构、跨国公司、金融机构及居民个人等，将其拥有的货币资本或产业资本，经跨国界流动和配置形成实物资产、无形资产或金融资产，并通过跨国运营以实现价值增值的经济行为。

（一）国际投资主体

国际投资主体，指的是各类具有独立投资决策权并对投资结果承担责任的经济法人或自然人，一般分为4大类：一是跨国公司，这是国际直接投资的主体，目前全球跨国公司总量已达十万家。二是国际金融机构，包括跨国银行以及跨国投资银行、国际投资基金、风险投资基金等非银行金融机构，它们不仅是国际间接投资主体，也是参与金融服务业和国际证券投资的直接投资主体。三是官方与半官方机构，包括各国和地区政府，世界银行、国际货币基金组织、世界贸易组织等全球性国际机构以及亚洲开发银行等地区性国际组织，它们一般是一些大型公益性、基础性和溢出效应比较明显的投资主体，其投资都带有官方援助性质。四是个人投资者，主要是指参与国际直接投资和间接投资的私人企业和家庭。

（二）国际投资客体

国际投资客体一般是指由投资主体进行生产经营和资本经营的对象，主要分为3类：一是货币性资产，包括外汇现金、银行存款、跨国应收账款、国际股票、国际债券、国际投资基金份额、国际风险投资基金份额和对冲基金份额等。二是实物资产，包括土地、建筑物、机器设备、零部件和原材

料、燃料等实物形式的生产资料。三是无形资产，包括生产诀窍、管理技术、商标、商誉、技术专利、情报信息、销售渠道等无形但可感知的资产形式。

一般来说，国际投资主体可以采用一种国际投资客体形式，也可以同时采用几种投资客体形式，从而使国际投资主体与国际投资客体之间呈现为多元化、多种组合化的情形。

二、国际投资的特征

随着国际投资的发展，其内容不断丰富，形式层出不穷，已经不能简单地被视为国内投资在跨国层面上的自然延伸。与国内投资相比，国际投资具有以下特点：

（一）国际投资项目具有多样性

同国内投资一样，国际投资的最终目的通常是为了实现利润最大化，但两者的直接动机却有很大的区别。国内投资的主要目的是为了获利和促进本国国民经济的发展，它的直接目标和最终目标是一致的，即追求盈利的最大化；而国际投资的目的则比较复杂，总的来说包括转移污染、开拓和维护出口市场、降低成本、分散资产风险、学习国外先进技术和获得东道国资源等。但在实现资本保值、增值的总体目标前提下，国际投资的具体目的却具有多样性。如有的国际投资活动在于建立和改善与东道国的双边或多边经济关系，又有的国际投资活动在于带动两国间的贸易往来和其他合作项目的开展，还有一些国际投资活动则带有明显的政治目的。总之，国际投资除了获利的目的外，还常常有其他多方面的考虑，这与其追求盈利最大化的最终目标是不一致的。

（二）国际投资中货币单位及货币制度呈多元化

国内投资一般使用的是本国货币，而国际投资一般使用的是在国际货币市场上可以自由兑换的货币，如英镑、美元、日元、欧元等。由于各国货币管理制度的不同和汇率的变化，使投资者的活动常受到不同程度的制约。即使是发行硬通货国家的投资者进行国际投资，也必然会发生投资者所在国货币与投资对象国（地区）货币的相互兑换，这是因为在投资对象国或地区中只流通本国或本地区的货币。由于各国（地区）使用的货币不同，其货币制度也千差万别，特别是汇率的变动、货币本位的差别决定了货币的国际相对价格的不同，从而影响国际投资的规模、流向和形式。另外，由于各国货币本位的不同，因此在此衡量国际投资收益时就涉及汇率风险，折射出国际投资所特有的风险。

（三）国际投资领域具有市场分割性及不完全竞争性

国际投资活动体现着一定的国家利益和民族利益。各主权国家受政治、经济、自然、文化、社会等因素的影响，将世界市场分割成多个相对独立的地区或国内市场。因此，尽管国际投资是因双方利益的一致性而发生的，但也必然包含了双方利益的矛盾或冲突。在这种情况下，国家作为社会的主权代表，就必须对国际投资进行干预和协调，以利于它的发展。从这一角度看，一个国家（地区）的国际投资具有不完全竞争性。

（四）国际投资主体呈现双重性

投资主体是指具有独立的投资决策并对投资结果负有主要责任的法人或自然人。国内投资的主体主要是各级政府、企业和个人，他们之间并不存在国家和国家之间的关系；而国际投资的主体主要是跨国公司和跨国银行，这些投资主体不仅资金实力雄厚，技术先进，管理现代化，拥有独特的运行机制和经营方式，在世界各地没有众多的分支机构，而且就某一项投资而言，无论这一投资主体为国外的官方投资方还是私人投资方，政府面临的都是投资主体与投资国的双重关系。

（五）国际投资环境呈现差异性

投资环境也叫投资气候，是指影响投资活动整个过程的各种外部条件的综合，是包括东道国的经济环境、政治环境、法律环境、基础设施条件和自然地理环境等诸多因素的有机统一体。进行国内投资，投资者所面临的投资环境具有单一性，投资者对本国的政治环境比较熟悉，易于了解，对经济环境具有较强的适应性。然而对国际投资而言，投资者所面临的投资环境往往与国内环境相差极大，而且呈多样化和复杂状态。由于在国际投资中各国的政治环境不同，经济环境差异较大，法律环境也很复杂，同时还会遇到语言不同、风俗习惯各异等方面的障碍，因此，对这些差异性较大的投资环境能否全面了解并很快适应，直接影响着投资者的投资效益，故而投资环境成为了决定是否向国外投资的关键因素。

（六）国际投资运行呈现复杂性和曲折性

投资本身是一项综合性和复杂性的事业，涉及经济生活的各个方面。与国内投资相比，国际投资的运行更为复杂和曲折。一方面，国际投资的前期准备工作需要花费较长时间，包括对东道国的投资环境进行调查研究、投资项目报批、商务谈判等工作；另一方面，国际投资的生产要素流动可能受到很多因素，诸如投资收益、结算货币、税收制度、政治风险等，这些都会影响到货币资本的国际流动。目前，由于世界上大部分国家实行的仅是货币资本投资和结算，其他生产要素，如实物资本、技术等的国际流动都要受到许多限制，这就使得在国际投资项目运行中诸多问题的处理上，比如资金的调动、产品的销售等常会受到东道国的种种限制，各种经济纠纷的解决也常会受非经济因素的影响而困难重重。

（七）国际投资具有更大的风险性

国内投资的环境单一，投资风险一般也较小，因此进行国内投资仅需考虑安全性、收益性和变现性这三项基本因素即可。而国际投资面临的投资环境复杂多变，所以进行国际投资会遇到若干在国内遇不到的风险因素。比如汇率经常变动，常会导致投资者手中的货币出现大幅度贬值，造成投资者的非经济常性损失。又比如国家政治风险，由于东道国政府更迭而出现对外政策的巨变；由于东道国的民族纠纷和内战，外资企业的安全性难以得到保障；由于国际社会对东道国的经济封锁，使外资企业的经营难以正常进行，等等。这些都会给投资者造成预期之外的经济损失，也使国际投资的决策变得更加复杂。因此，国际投资除了考虑投资自身的安全性、收益性和变现性以外，还必须充分考虑国外的国家风险、政治风险、国际汇率、利率波动风险等，以确保投资目标的实现。

三、跨国投资的风险种类

风险泛指遭受损失的可能性。风险与不确定性是相辅相成、紧密联系的。风险具体可以表述为未来收益的不确定性，跨国投资风险被认为是跨国投资未来收益的不确定性，由此产生的未来收益与预期收益的偏差。

（一）政治风险

政治风险又称为国家政治风险，指由于东道国的政局变动以及所采取的政治性措施变化使跨国公司所蒙受损失或实际收入偏离预期收入的可能性。政治风险一般不易预测，一旦出现往往给企业造成的损失很大。它主要包括东道国政策和法律所产生的风险、战争风险和国有化风险等。一般而言，产生政治风险的原因有以下两点：

一是国际宏观政治变化。造成海外投资政治风险的宏观原因是国际社会、政治、经济等因素相互影响的结果。当今时代，国际环境风云变幻，国际政治格局不断更新，地区性组织层出不穷，这些都会对中国在海外的投资，不管是已经上马的或者仍处于可行性研究阶段的，产生很大程度的不确定性影响。

二是东道国政治环境。一个国家政治制度的变动所带来的社会整个环境的变化是无处不在的。新制度与旧制度的冲突越激烈，海外投资企业就越可能成为不稳定局面的牺牲品，例如中国企业在中东一些地区的投资，经常遇到当地反政府武装的袭击而遭遇风险。另外，各国的意识形态的差异也是产生风险的因素之一，例如民族主义、排外情绪等，这种倾向较强的国家极有可能引发国有化。

（二）外汇风险

外汇风险又称汇率风险，指经济主体持有或运用外汇的经济活动中，因汇率变动而蒙受损失的一种可能。企业海外投资的外汇风险主要有交易外汇风险、经济外汇风险、会计风险。

产生外汇风险的客观原因，主要是由于汇率的变动引起企业海外投资资金流动和成本与收益的不确定性。同时由于中国外汇管理体制的特殊性，中国企业在境外投资的外汇风险也有其特殊的风险成因。中国一直实行严格的资本项目外汇管制，目的是为了平衡国际收支，防止外部金融风险传递到国内。在对境外投资的管理上，中国限制企业购汇进行境外投资，除战略性项目、援外项目和带料加工项目可以购汇投资，其余的境外投资以企业的自有外汇为主。而实际上，企业能用于境外投资的自有外汇和融资能力有限，依靠实物投资困难巨大，许多项目因为无法及时获得外汇资金而丧失商机，加大了风险发生的程度。

（三）管理风险

管理风险，是指企业在对外直接投资的过程中，由于企业内部组织结构、财务管理、人力资源管理等一系列管理环节的不确定给企业的投资收益带来的影响。中国在海外投资的企业以国有企业为主，因此海外企业在管理上的问题与国内企业如出一辙。如产权和委托代理风险，企业不仅听命于国内母公司，还要受制于政府主管部门，母公司和主管部门对海外公司的权限划分不清，使整个经营活动的管理体制出现权利的交叉重叠，造成企业代理成本过高，产生风险的过程和概率都被延伸。又如决策与考核风险，体现在管理决策权和监督权并未落实在董事会和监事会制度上，而是由企业领导人个人意志决定，对境外企业考核则流于形式或者根本没有建立评价体系。主要包括有：组织风险、财务管理风险、人力资源管理风险、企业文化管理风险。

1. 组织风险

中国企业在海外的投资，使用的管理人员大多由国内公司选拔，组织管理也是沿用国内的模式，但在国外，企业面对全新的经营环境和复杂多变的市场竞争，只有不断变革和创新，才能适应和生存。如果依然因循守旧，会导致企业对外部竞争环境反应能力的下降。

2. 财务管理风险

企业财务制度与东道国会计体系存在差异。由于海外投资的跨国经营特性，东道国的会计制度与中国国内相比必然会有一些差别。目前中国没有完善的对外投资资金融通体系，大的国有企业尚能凭借其综合实力和政府信用争取信贷，而作为对外投资新生力量的中小型民营企业就很难获得金融机构的资金支持。由于中国的金融体系还没有完全市场化，企业在海外的投资很容易暴露在波动较为频繁的利率风险当中。

3. 人力资源管理风险

中国在海外投资的企业人事制度缺陷是产生人力资源风险的重要原因。中国在海外投资的企业尤其是大部分国有企业的用人制度与发达国家跨国公司相比，主要问题是企业的中高层管理人员尚未职业化、市场化，通过国内总公司的任命仍然是主要途径。落后的用人制度直接导致海外经营的中高级商务和管理人员的匮乏。海外企业人事制度的落后同时还体现在激励机制的缺陷上。

4. 企业文化管理风险

从管理的角度看，文化是指人们的生活方式和认识世界的方式，它影响、造就和支配着人们的思想观念和行为表现。不同文化的群体有着不同的价值观、经营管理思想、风俗习惯和宗教信仰。管理层如果对这些文化因素的差异处理不当，文化冲突就会随之产生。经营管理思想是文化在经济方面的具体反映，不同的文化产生不同的经营思想。西方大多数企业讲互利、效率、市场和应变的思想，重视长期行为。在决策上，西方企业倾向于责权明确的分散决策，实行独立决断和个人负责。与此相反，中国国有企业习惯于集体决策，在决策时常常拟定十分详细的方案，征求多方意见后进行修改和选择，然后据此制订实施程序、细节安排和计划考核的办法。经营思想的差异导致对外直接投资企业内部不同文化背景的各方在企业战略、营销规划、资源配置等各方面发生分歧，产生企业内部协作障碍。

（四）经营风险

经营风险，是指由东道国政府经济政策的变化或者经济环境如市场、汇率和经营条件等因素的变化，以及投资者自身对市场环境的把握和预计不足给投资者造成损失的可能。包括宏观经济风险、企业运营风险。企业运营风险又包括市场进入风险、产品风险、竞争风险。

1. 市场进入风险

第一，体现在对企业海外经营活动的东道国经济政策、制度、市场状况、运营模式等关键因素缺乏深入的分析，对不确定的因素预计不足，项目上马过于轻率，一旦风险发生，对企业造成的损失很大。第二，是对自身的海外经营能力缺乏周详的考察。在东道国市场依旧机械地遵循国内的经营模式，而不能够快速地根据环境的变化调整自身的经营模式和策略，必定会造成经营上的困难和风险。第三，在海外投资方式上，新建投资的最大风险就在于降低了企业对市场的反应速度，一旦准备期过长，将面临产品和技术被淘汰的风险。海外并购的风险则主要来自于对目标企业的评估失误风险和并购后的整合风险。企业在投资行动前，根据自身特点选择适合自己的投资方式是规避风险的前提之一。

2. 产品风险

由于东道国消费者的消费偏好，中国国内的优质产品可能根本不符合当地的消费习惯或者行业标准。另外，中国在对发展中国家投资的企业很有可能以处于成熟期的产品为主打，过分依赖产品的价格竞争和营销竞争，而不重视产品本身质量的发展，从而忽视作为企业发展动力的技术和产品创新，导致产品开发能力的萎缩。随着产品衰退期的到来，企业在东道国市场的竞争就会慢慢失去产品优势，从而面对巨大的经营风险。

3. 竞争风险

由于中国对外直接投资企业在境外的投资区位比较集中，竞争的比较优势相近，特别是在发展中国家的投资产业很集中，因此，在相当长的一段时间里，中国企业在海外市场面临的竞争压力并非来自于外国企业而是来自于中国自己的企业。过度竞争所带来的后果就是东道国整个社会和舆论环境都对中国产品抱有较深的误解。

（五）技术风险

技术风险是指由于各国的社会、经济、技术等综合因素的作用，导致企业技术研发、取得和运用活动中的失败、中止、延期从而造成损失的可能性。它包括技术标准风险、技术保护风险、技术管理风险等。

1. 技术标准风险

无论生产型企业或高新技术企业，还是服务型企业，投资面临的行业或特定技术标准与东道国可能会有较大差别，甚至可能分别处于两个不同的标准体系中。

2. 技术保护风险

如果缺乏必要的知识产权保护机制和被侵权后的申诉体系，我们在技术上的优势会被很大程度地削弱。

3. 技术管理风险

在管理上，由于知识产权保护意识落后，缺乏有效的监控机制，可能造成技术资料的流失和知识产权的被侵害。

四、跨国投资风险管理流程

跨国投资风险管理指的是通过对风险进行有效的辨识，对其传导路径进行有效的控制，最终对风险进行有效管理，从而实现企业发展目标。跨国投资风险管理主要包括四个阶段：风险的识别和计量、风险评价、风险控制、风险监测与防范。这四个阶段周而复始，构成了风险管理周期循环的过程。

（一）全面识别跨国投资风险

风险识别就是要在可能引起风险的识别点上多加关注，识别出风险可能出现的节点。实际上风险的识别就是对风险因素、损失暴露点等方面的信息加以认识。风险的识别可以在源头上防范风险的发生，尽量将风险的损失降到最低点。没有风险的全面识别，则风险的防范与化解无从谈起。风险的识别是进行风险管理后续环节的前提。

（二）进行风险评价

企业的经营面临着无数的风险，跨国投资过程中的风险更具有复杂性。企业跨国投资过程中所面对的各项风险需要进行有效的评价，区位选择恰当与否直接关系到企业效益的好坏。评价是对风险进行识别后的综合性评述。运用一定的方法对投资的整体风险进行全面综合的评价，并视风险的性质看

是否需要采取适当措施，初步评估需要采取哪些措施。在对风险进行评价的同时，加强对风险的管理。

（三）风险控制

风险控制是对风险识别及进一步风险评价之后，针对不同的风险采取的应对措施，减少或者消除风险。企业跨国投资，"走出去"面临的风险可能是国内经营过程中不曾遇到或者设想过的。跨国投资的环境瞬息万变，企业需要随着客观环境的改变，重新识别、评估出现的新风险。针对新的风险采取更加灵活的风险应对措施，努力将风险控制在可控范围内，并力争不断减少其可能带来的损失。

（四）风险监测与防范

风险监测是对风险管理进行全面的监督检查，并根据风险管理的现状进行管理策略上的调整。由于风险的呈现不是一成不变的，而是随着外部环境的变化而不断变化的。由于跨国投资所面对的环境是之前所不熟悉的，随着跨国投资项目的推进还有可能出现上升的趋势，衍生出新的风险，当然，也可能由于形势的好转，风险逐步降低。风险监测的目的就是通过对风险全过程的监测与控制，能够不断降低风险，最终保证企业跨国投资目标的实现。在对风险进行全面监测的过程中，如果发现新的风险，应该针对具体情况，做到及时反馈，确保风险保持在可控水平。

第二章　跨国农业投资的风险类别与特征

一、外部环境风险

(一) 政治风险

政治风险是指投资相关主体所在国家或地区由于国际紧张关系、政局动荡等不利政治因素导致发生政治事故造成风险损失的可能性。据商道纵横2016年6月的《中国农业海外投资企业社会责任风险识别与评估》调查，企业与非企业机构普遍认为政治稳定性是农业海外投资最有可能面临的风险。政治风险主要来源于国际关系的变化和国内政治的动荡，在经济全球化的大环境下，各国之间在政治上的交往也越来越密切，而政治上的交往在很大程度上影响了国与国之间对外经济的发展状况。

政治风险主要分为宏观政治风险和微观政治风险。一般具有不连续性、不确定性、政治力量和经营冲击四个特点。[①] 宏观政治风险，是指政治风险因子对一国之内所有形式的经营主体产生不确定性影响的风险，这类风险影响力大、破坏性强、辐射面广，其主要包括：第一，战争动乱，指由于东道国与他国发生战争及国内内乱和革命等使得投资国企业的利益受到损失的风险。[②] 2017年4月3日，联合国粮农组织在布鲁塞尔举行的"叙利亚未来"国际会议上发布全新报告指出叙利亚战争导致超过160亿美元的作物和畜牧生产损失并破坏了农业资产，这大大降低了国际农业投资市场对叙利亚投资环境的评估，对叙利亚农业投资"引进来"产生了一定的阻碍。第二，政局变动，指统治集团少数人通过政治或暴力等非常规手段来实现权力转移所产生的风险。从目前来看，中国农业企业投资的大多数是经济相对落后的发展

---

① 肖黎. 我国农业海外投资的六类风险与应对措施 [J]. 求索，2012年3期.
② 夏英祝，瞿唯. 我国企业"走出去"的政治风险及防范 [J]. 产业与科技论坛，2006年2月第2期18页.

中国家，诸如赞比亚、肯尼亚、加纳、巴基斯坦等，这些国家政局比较动荡，领导人更替频繁，投资者在对外进行投资时往往要考虑到投资周期，而更替频繁的政局使得投资企业不好把握投资周期，原始签订的投资合同或协议往往会因政局的变动而发生新的调整。第三，恐怖袭击，"9.11"事件、"莫斯科地铁爆炸案""马德里火车爆炸案"等一系列恐怖案件及当地民族主义引起的排华情绪而发生的恐怖袭击，导致海外的中国员工遭到人身安全威胁的事件屡屡不绝，这成为威胁农业境外投资环境和投资者安全较为突出的风险因素。第四，政治干预，在全球化日益加强的今天，国与国之间因发展而发生正面战争冲突的可能性已经很小，它们往往更注重在资本、贸易、技术、市场等要素方面的争夺，而对这些要素影响最大的便是政治干预。在农业"走出去"过程中，东道国可能出于保护本国企业发展的需要刻意在税收、品种保护、劳工政策、经营法规、企业进入等方面进行政治干预，特别是在一些对外投资开放程度较低的国际或地区，如东欧和中亚的一些引资国对外来投资的审批程序烦琐复杂，甚至有的国家地方政府要控制海外投资的财产，有权直接或者间接通过立法侵蚀中国投资企业的产权。

微观政治风险，是指政治风险因子对一国之内特定企业、产业产生不确定性影响的风险，这类风险针对性较强，有一定的特殊性，常见的微观政治因子有反倾销、征收高额关税、没收财产等。在肯尼亚，对于58类敏感商品如奶制品、谷物和糖类，国家实行35%～100%的高额关税；2015年巴西对在中国进口的农林车辆机械用斜交农业轮胎进行反倾销调查，结果虽然中方完胜，但在短期内对中国农业轮胎企业的对外投资形象造成了一定的负面影响。这些风险因子虽然对整个农业对外投资环境产生的影响不大，但是对我国某些特定的投资企业带来的风险是不可忽视的。

（二）政策和法律风险

农业对外投资所面临的环境是多元化的，不同国家因政治特征、经济特征、社会特征等不同，其政法体系和政法健全程度各有不同，国与国之间的这种政策和法律上的差异性和不确定性导致了农业对外投资主体在对东道国政策和法律上理解的不确定性，由此产生政策和法律风险。

政策和法律风险主要来源于我国相关农业政策制度和法律法规的不健全，东道国政策和法律的不完善和执行不当，国际农业投资市场不成熟的国际规范以及农业投资主体自身法律意识的缺乏。在对外农业投资过程中，东道国在税制、汇兑、用工制度、土地等方面政策和法规的改变都会带来一定的法律风险。在税制方面，高额及不平等的税收，给农业对外投资企业带来了沉重的负担，如俄罗斯法律规定，中国大型农业机械从国内运到俄罗斯，要交纳 18%的增值税以及 15%的关税，黑龙江农垦宝泉岭远东公司在俄罗斯从事农业开发，仅拖拉机过境一年就要交税 300 多万元，再加上其他农业机械过关，需要交纳的税费达 600 多万元，这对投资回报率相对较低的农业企业投资项目来说是一个沉重的经济负担。在汇兑方面，也会因政策和法律而导致外汇转移及汇兑时汇率发生变动而带来的风险，例如在俄罗斯，国内不允许美元交易，这对那些对外投资地域分散而又大多以美元交易的农业企业来说不得不将美元兑换成卢布，在兑换过程中又增加了汇率变动带来的风险。在用工制度方面，有些国家对外来投资企业的用工制度规定大大严于本地企业，如赞比亚政府规定外来投资农业企业的用工工人工资每年必须在去年的基础上上涨 25%，而当地企业的工资水平不受涨幅的限制，这无疑给外来投资企业带来了经济负担和劳动力流动的风险。在土地方面，由于土地投资契约双方关系的不对等、东道国法律机制不完善等原因使得土地产权存在争议，容易导致群体性冲突事件。

（三）经济和市场风险

农产品的价格波动、强有力的市场竞争、金融市场等经济环境和市场因素的波动，会通过影响农业企业对外投资的成本和利润而给农业企业对外投资带来一定的经济和市场风险。

我国企业对外投资领域大多集中在种养殖业和农产品价格领域，从需求角度来看，对农产品的需求主要受人口总量的影响，而人口总量是一个变化相对稳定影响因子，其数量可控，所以农产品的需求在国际市场上是相对稳定的；从供给角度来看，农产品的供给受自然资源条件和生产技术的影响比较大，自然资源包括土地、气候、水等因子，这些自然因子有很大的不稳定性，在对外投资过程中，洪涝、干旱、冰雹等突发性自然灾害很容易对农产品造成伤害，削减企业的农产品供给量，给企业带来巨大的损失。农产品的供给和需求共同作用影响了农产品的价格，由于需求的变化是稳定的，供给的变化波动较大，从而导致了农产品价格的波动，而事实也正是如此，在国际市场中，农产品的市场价格经常大起大落，近些年的棉花、小麦、大豆等农副产品就是典型的例子。

农业对外投资处于一个复杂的市场环境，不得不面对众多其他投资国和东道国有竞争力的市场竞争者，其中最有力的竞争者便是东道国的本土企业，在一个公平的竞争环境下，对外农业投资企业一方面不熟悉当地的市场环境，另一方面相对本土企业来说在人才、技术、商业资源等方面上都处于劣势，增加了投资损失或失败的可能性。而在一些国家，市场竞争环境往往是不公平的，例如在 2008 年，福地公司和农垦总局联手成立的"阳光农业有限公司"在巴西投资买地种植大豆获得了很大的经济效益掀起了一波收购热潮，使得许多政府严格审查外资对本国农村土地和农业食品生产的所有权，本土保护浪潮也随之变得热烈起来，影响了我国的海外农业投资计划。

在金融市场中，东道国金融市场自由度、完善度和稳定度及对外开放度影响了我国对外农业企业投资的信息获取和判断，从而影响投资交易的成本。利率和汇率是金融市场中两个对投资影响最大的因子，利率是国家货币政策调节的重要工具，通过对利率的调控，会间接影响到投资支出、总需求水平、总产出水平、企业现金流等，著名金融学家 Frederic S. Mishkin 认为在债务市场中，投资周期越长，利率风险程度越大，而农业对外投资是一项周期较长的投资活动，其受利率变化而造成资本利得或损益的可能性也很大。汇率风险主要来源于国际金融市场状况、东道国金融政策、国际收支状况，主要影响国内外商品的相对价格，长期汇率主要受相对物价水平、贸易壁垒、生产能力的影响，具有很大的不稳定性，这种不稳定性导致农业投资在交易、换算过程中都会产生风险，例如当我国某农业对外投资企业与东道国的某一投资项目以合同形式确定一个成交价格后，由于外汇市场每天都处于一个波动的状态，无论最终是按合同期还是成交期的汇率来支付价款，都会存在外币相对本币波动的可能性，若支付价款以兑换成外币形式支付，这样就可能会对我国投资企业带来资本损失的可能性。

（四）自然环境和社会人文环境风险

农业是一个与自然环境及社会人文环境紧密相关的产业，我国农业企业对外直接投资主要集中在种植业和养殖业及其加工与销售领域，这些领域受自然环境和社会人文环境的影响较大，相应的自然和社会人文环境所带来风险也较大，农业对外投资必须要考虑到东道国的自然环境和社会人文环境因素。

自然环境包括气候、地形、地貌、水文、温度等因素，自然环境风险受自然环境的影响也常呈现季节性、周期性、地域性特点。目前，全球每年自然灾害频发，一旦气候突然出现干旱、水涝，农业企业就有可能损失惨重甚至颗粒无收，风险不可估量。我国的海外投资主要集中在非洲、南美洲和东南亚地区，这些地区生态环境脆弱，农业生产抗风险能力较弱，这无疑给我国农业投资带来了一定风险，其主要体现在三个方面：一是这些地区经济水平较低，发展方式粗犷，经济发展大多仍然依赖自然环境资源，对自然环境的破坏比较严重，据有关统计数据显示，全球平均气温每升高 1℃，非洲干旱地区的农业收成将减少约 1％，这对我国农业投资生产"走出去"大有不利。二是受到资金、技术等因素的限制，这些国家和地区在自然环境保护方面能力有限，给我国农业投资"走出去"带来了挑战。三是由于东道国自身自然环境的抗风险能力低，在对"引进来"的农业投资企业的审查上要求更加严格，阻碍了我国农业投资"走出去"的步伐，据缅甸《妙瓦底》2016年 6 月 15 日报道，新一届的缅甸投资委在审批之后的国外投资项目申请时，只批准不会破坏自然资源的项目，对已批准的项目在实施过程中若有破坏自然资源的情况发生项目也会被叫停。

社会人文环境是指人类生存和活动范围内的精神、物质综合。包括社会结构、文化传统、宗教、风俗习惯等因素，社会人文环境风险因人的差异性而呈现多样性、复杂性的特点。在农业对外投资过程中，主要面临以下几种风险来源：第一，社会腐败。据英国《金融时报》报道，由世界银行的经济学家和华盛顿布鲁金斯研究院的智囊共同完成的一份研究报告表明，在对外直接投资过程中，腐败因素已被视为与当地劳工成本、公司税率等同样重要的影响投资决策的因素。腐败会通过提高投资环境的不确定性、增加经营成本等途径降低企业投资的预期收益率，据非盟 2004 年统计显示，非洲每年有 1 480 亿美元被腐败官员侵吞，相当于非洲国家 GDP 总额的 25%，数目之大让人触目惊心，还有些非洲国家的有关部门，借职业之便频繁干扰外来投资中小企业的正常经营，还找借口没收其财产。第二，民族主义。随着中国经济的崛起，"中国威胁论"的谬论在国际上的影响越来越大，中国农业企业"走出去"给一些国家的当地企业带来了竞争压力，这些当地企业为抵制全球化带来的不利影响，采取自我保护，有些极端的民族保护主义分子为了追求本民族、本地企业的利益最大化，煽动民族主义情绪，甚至采取非理性的破坏行动，例如赞比亚前总统萨塔曾在竞选时为其选举造势提倡保护本地企业利益、指责中国企业恶劣对待、剥削赞比亚员工，煽动反华情绪。第三，与我国的关系。通过利用 25 个国家 9 年的面板数据检验了东道国社会风险对中国 OFDI 区位选择的影响，研究表明在与我国关系友好的国家，我国企业不但不回避反而出现风险偏好的特点，在与我国关系不友好的国家，我国企业偏向于前往低风险国家投资。①

二、合同风险

合同是约束投资主体与东道国之间权利和义务关系的一种法律凭证，在对外投资中对投资双方都具有约束和保护作用。

（一）罚款风险

农业对外投资合同常常受到各种复杂的因素影响而出现延期履约、毁约等情况，这时就要根据合同约定面临罚款风险。在签订合同前，合作双方对于合同违约认定条件、工期延误、罚款基数、罚款比例、罚款限额等的规定是否合理，决定了是否会产生罚款风险。例如外国某农业工程外包合同规定，承包商在东道国承包合同期间由非甲方原因导致工期延误的，甲方要在合同总额的基础上对承包方进行一定比例的罚款。这个罚款认定条件看似

---

① 孟醒，董有德. 社会政治风险与我国企业对外直接投资的区位选择 [J]. 国际贸易问题，2015 年 4 期 114 页.

合理，但其实对承包方非常不利，因为甲方在制定合同时没有考虑到其所在国家的政变、罢工、动荡、灾难等不可抗力因素对合同正常履行的影响，而是由对该国不熟悉的承包方来承担因不可抗力因素导致的损失，这大大增加了承包方的风险，是一个不公平的违约认定条件。在合同签订过程中，双方常常要考虑自身的利益而去争取对自己最有利的合同条款，这时就需要对要约不断进行修改，要约某些细微的改变如一些本土化的用词常会被当事人所忽略，然而此时仍然是新要约，而不是承诺。一旦当事人认为属于承诺，认定已经谈妥合同而进行交易准备，则可能会给企业带来风险。

（二）保函风险

保函作为一种信用产品，是指担保方应申请人要求向受益方开立的一种保证在申请人未能按照协议履行责任或义务时，由担保人代其履行一定金额、一定期限范围内的某种责任的书面担保凭证。其主要起担保作用，在促成合约达成、合约履行、合约完成方面发挥着重要的作用。保函风险主要来源于保函申请方、受益方、担保方及保函业务的内部操作风险。其主要有三个方面的风险：一是保函相关主体的能力和信用。同一份保函，保函收益人的品行和能力、保函申请人对基础合同的履约情况、担保人的信用和支付能力都会影响到保函的效果。申请人、担保人、受益人三者任何一方信誉资助低、履约能力弱都会增加保函的风险。二是保函文本的内容和形式。保函的期限、担保额度、生效条件是保函文本中最重要的内容，要求表述不准、文字说明不严谨、条例有悖东道国的法律政策等因素都可能导致保函出现风险甚至失效；除了考虑文本内容外还需要考虑保函的形式，例如在国际承包合同中最常见的转开保函，由于涉及主体较多、需要双重付费成本较高、相关主体对保函的可控性都偏弱，这使得转开保函的风险比一般的保函形式风险要偏高。三是保函业务的内部操作风险。保函业务没有完善的会计核凭证进行制约、受资金约束较少、缺少严格的会计核算程序，所以具有权限签字的人或机构印章就具有一定的话语权，[①] 而个人的违规行为和不严格的印章管

---

① 黄万财，余菊. 商业银行保函业务风险及防范 [J]. 经济纵横，2006 年 10 期创新版 52 页.

理制度都会给保函业务带来操作风险。

（三）价格与支付

任何形式的合同都有风险，价格与支付条款涉及合同中财产的变化也存在一定的风险。价格条款是合同中最核心的部分，是指标的物及其相关费用的单价及总价，涉及税、运输、保险等，一般包括单价、总金额、支付对象、支付期限、支付方式等内容。从条款本身来看，税金的承担方式约定、支付期限及金额的书写方式、支付和交货的关系约定、支付对象的信用都会产生风险。以支付日期为例，如果是在特定日期付款的，应当以公历年为准，如果是以特定期限付款的，特定期限的起算点应当是特定的事实或行为开始或完结之日，如"甲方向乙方支付预付款之日起 7 日内"等。从外部环境来说，汇率变动、政策法规变动都会使合同价格偏离市场价格，若价格因这些不可抗力而发生浮动未被列入价格条款中的特殊约定，就会使投资方产生资本损益发生风险，例如东道国的财税、海关等法规变动会影响到农产品的生产成本，当成本预算未能充分考虑这些因素的时候，投资企业将会蒙受损失的风险。支付条款一般包括支付时间、地点、支付确认、违约责任等内容，其中最容易产生风险的是违约责任的约定。国际货物买卖合同多采用信用、托收以及汇付等的支付方式，若企业选择了先发货后收款的汇付方式，则可能面临支付款拖延的风险，一旦拖延，我国的农业企业作为外来投资者，在法律维权的过程中要耗费很大的精力，产生时间沉淀成本，糟糕的甚至会发生坏账。[①]

三、内部风险

（一）融资风险

我国农业企业投资"走出去"融资途径可分国内融资和国外融资。国内融资风险主要面临以下 4 个问题：一是融资受到约束。当前信贷政策限制了企业将国内贷款直接用作境外直接投资的资本金，且企业信用担保额度有

---

① 钟懿辉．"走出去"企业合同风险管理研究［J］．中央财经大学学报，2012 年 2 期 53 页．

限，超过一定金额要单独走审批渠道，容易因缺乏充分的融资保障导致一些农业投资项目搁浅，这从客观上限制了民营企业和中小企业境外直接投资的风险。二是国内融资渠道比较单一，资金来源主要是自由资本和银行借款，且中小企业融资难度大、成本高，间接融资占比过高。三是国际汇率波动较大，人民币汇率的波动影响了农业企业对外投资的成本结构，增加了短期融资的风险。四是我国近年来海外并购交易增长速度较快，估值水平偏高、交易规模增加、融资结构多样化，这些因素都推高了企业"走出去"面临的融资风险。[①]

国外融资不同于国内融资，由于国外融资环境复杂、"走出去"企业对国外融资环境缺乏大量的研究和认识，导致农业企业"走出去"利用国际融资的能力不强，风险较大。国外融资渠道主要分为当地银行融资、全球授信、营收贴现三种途径[②]。当地银行融资面临着融资发放程序复杂、单一银行不能满足大规模融资需求等问题。全球授信是指根据企业跨境发展的需求和其信用，某一银行凭借其广泛的海外机构网络为对外投资企业提供整体性融资方案并向第三方做出保证的行为，由于全球授信涉及面广、金额大，所以对客户的管理者、产品、生产过程、行业、劳资情况、竞争力等多方面要进行风险审核，与房地产高利润行业相比，农业企业往往在授信的风险审核中出于弱势地位，在采用全球授信融资方式时，往往不被银行所看重。与全球授信相比，贴现的申请要求相对较低，但贴现的期限较短，与农业投资的长周期性相比，贴现融资的方式远不能满足农业企业对外投资的融长期资需求，给企业的融资可持续性带来一定的风险。

（二）人员管理风险

中国农业对外投资还处于起步阶段，农业企业的人力资源管理体系建立时间尚短、基础尚浅、经验和能力欠缺，薄弱的对外投资基础、人员管理基础以及东道国文化环境的差异性，使得我国在农业对外投资中不得不面对来自员工不和谐、离职、伤病、死亡等原因造成企业经济损失的可能性。

---

① 朱萌，戴慧．中国企业实施"走出去"战略的融资风险控制研究［J］．国际贸易，2016 年 5 期 48 页．

② 刘红霞．中国境外投资风险及其防范研究［J］．中央财经大学学报，2006 年第 3 期 64 页．

人员管理风险存在于人力资源规划、人员招聘、员工培训、绩效考核、薪酬管理、劳动关系管理等人力资源管理的各个环节。其风险来源复杂、形式多样、破坏性大。目前我国农业对外投资企业人员管理风险主要有以下几个方面：在人员招聘方面，农业对外投资企业人才结构陈旧，无法适应国际化发展的需要。农业对外投资企业是在相对陌生的国际环境中进行的，这对企业的人员招聘来说是一个很大的挑战，从普通的工作人员来说，是否具备中国视角、是否理解中国的企业特点等对农业对外投资企业的人才队伍根基有着很大的作用。从高级管理人员来说，是否具备国际化视角、是否能深入理解东道国商业文化等，对农业对外投资企业能否成功运作有着举足轻重的作用。当前我国农业对外投资企业的高级管理人员往往都是单一型人才，而既懂金融、法律又懂农业、商务管理的复合型高级管理人员大量缺乏。在人力资源培训方面，缺乏对培训重要性的认识，忽视员工培训和人力开发。培训对企业来说具有较高的成本，而农业在我国历来都是低利润行业，利润低意味着企业在人力成本上要进行削减，所以大多数农业企业对人力资本的增值意识比较薄弱，只注重使用而不注重投资，大部分员工都缺乏针对性、系统性的培训。在绩效考核和薪酬管理方面，人才考核和激励机制僵化。我国较国际水平而言，中方派出员工的薪酬标准与同等外企员工相比要偏低，挫伤了派出员工的积极性，另外不太注重高级管理人员的本土化，在对员工升职上对外籍员工信任度低，限制了外籍员工的升值空间，不利于企业长远发展。在劳动关系管理方面，不注重对多元文化的理解，缺少与外籍员工的沟通。不同文化的群体有不同的价值观、显性文化、风俗习惯、信仰，农业对外投资企业管理者如果不注重这些文化的差异性，制定让员工难以适应的工作制度、管理模式，往往会产生文化冲突，这种发生在东道国的文化冲突往往带有一定的"多米诺骨牌效应"，导致企业的离职率上升，员工的积极性下降，从而使农业对外投资企业遭受损失。

（三）农业生产风险

从生产受自然环境影响较大的"绿地投资"到低 PE 的"褐地投资"，可以看到在人们的观念里，农业一直被看做是一个弱势产业。一方面是由于农业生产受到自然环境影响比较大，突发性的自然灾害往往会对农业生产造成大面积的破坏。另一方面，与工业和服务业相比，农业的生产率较低，其创造的利润也比较低。当前我国农业对外投资过程中农业生产主要面临着三个问题：

一是受东道国自然条件影响比较大。虽然当前投资方式向跨国并购的"褐地投资"模式转热，但主要投资方式还是以独资或合资设厂的"绿地投资"方式为主，对外投资领域主要集中在种植业和农林牧业，两个行业投资存量约占农业对外投资总存量的68％。这种投资结构受东道国气候、降水、温度等自然环境因素影响较大，这些自然环境的不确定性容易使农业生产发生损失。二是当前农业对外投资还没有建立起比较成熟的产业链。与其他发达国家相比，我国农业投资虽然也涉及了种养殖业、加工业和农业服务业等多个领域，但尚未形成完整的产业链，而目前国际上几乎所有农业类跨国公司都已实现或准备实现农业产业链投资，以美国的嘉吉、阿丹米、帮吉和法国的路易达孚四大跨国粮商为例，目前这四大企业已直接或间接地将投资渗透到了粮食产业链的各个环节，垄断了世界粮食交易量的80％，完整成熟的产业链能缩减农业生产成本，提升产业链整体价值，增加农业生产抵抗风险能力。三是当前我国对外农业生产的资金投入比较少。据国家统计局数据统计，我国2015年农、林、牧、渔对外直接投资存量为1 147 580万美元，仅占总对外直接投资存量的1.05％，资本的逐利性和农业生产的低收益导致了我国农业企业对农业生产的资金投入比较少，资金是农业生产中最基本也是最重要的要素，对资金要素的必要投入将直接影响到农业生产风险。

第三章 农业投资经济风险的缓解与管理

一、投资风险管理的重要性及意义

在国家和国际层面上，农业风险的发生对于决策者都是至关重要的。生产者收入的波动，特别是灾难性损失的威胁，可能会给这些生产者、政府和国际社会带来难以解决的社会问题。交易商和加工商等市场中介机构的贸易损失，对商品部门的可持续贸易和金融活动的发展产生负面影响。在更极端的情况下，甚至有必要启动人道主义援助，但这种援助可能会扰动原有市场（秩序），导致产生依赖性，甚至在未来救灾的预期管理过程中产生管理偏差。

由于农民在从事农业生产经营特别是市场经营的过程中，其所面临的风险类型和严重程度与传统意义上的耕作制度，以及社会经济和政治环境之间，都有很大差异。而在现实中，针对农业尤其是农业生产经营者、特别是其中涉及的传统小农户的风险管理指导，一般是稀缺的。从以往的国内外经验不难看出，政府和企业的失败都说明了一个道理，那就是只有避免尽可能多的陷阱，才能为帮助资源贫乏的农民更好地应对风险、减轻冲击提供更多的机会。

与此同时，金融部门的基本功能之一是风险管理。通过吸纳人们日常储蓄，金融中介可以确保个人可以随时取回他们的钱。通过投资大量的金融活动，中介机构促进风险分散，从而提高回报，鼓励更多的储蓄，从而鼓励投资。此外，通过获取有关投资机会的信息，金融中介机构可以在竞争投资机会的过程中进行比较，从而提高投资时资本的有效性。

由此可见，针对在农业投资过程中可能出现的经济风险，并对其进行有效管理，我们需要将农业生产经营部门和金融部门进行统筹考虑。其风险可以通过以下五种方式之一或者任意方式之间的组合来处理：

（1）保留——没有保护措施，如持有未定价的商品。

（2）移交——一个合约协议，让别人承担某些负面风险，取决于所承担风险的数额。

（3）减少——具有良好的管理、营销实践和技术。

（4）自我保险——有足够的准备金。

（5）避免——保持较低的资产负债率或健康的经常账户余额。

二、农村和农业金融服务提供所面临的主要挑战

农村金融是农村发展的重要内容和催化剂。然而，由于能力不足以及缺少合适的组织来充分应对业务和金融系统的风险，导致其一直令人失望。过去，数以百万计的资金涌入农村金融，特别是农业信贷，但农村社区几乎没有什么新变化。捐助者、政府和银行家对结果感到失望。今天，人们重新有兴趣从过去和未来的尝试中学习，通过随时为所有家庭提供适当和可持续金融服务，以达到增加农村农场和非农业投资和资产的看似不切实际的目标。此外，农村金融在农业和农业信贷领域的表现也更为广泛。但现在被定义为农业信贷和非农业信贷、储蓄、保险、转让、清算、股权融资等，并不仅限于金融机构。

下文提出了实现这一目标的十二个关键挑战，如农村金融专家所看到的挑战。即便如此，这些都是农业生产和营销、农业综合企业和农村发展的核心问题。农村地区金融服务的健康状况和与农村的协调关系取决于农村企业的基础和农村收入的现金流量和机遇。

（一）脆弱性约束

1. 系统风险

企业受益和农民收入，都容易受到类似风险的影响。在这些相关性很高的风险变量中，气候因素是最难以控制的，又恰恰是毁灭性的风险，但疾病和灾难也是同样重要的生产性风险。农业上的失败不仅影响到农民家庭和生产、市场的联系，还影响到那些围绕着这些收入流动的农村非农经济。即便如此，最大的问题还是农业生产信贷风险。

2. 市场风险

在所有国家尤其是在发展中国家，有周期性和季节性农产品价格的波动，不仅受当地生产的变化，还受"外部力量"的影响，这些力量包括固定的政府定价，进口或出口限制、外汇管制、补贴和全球化等。

3. 信用风险

抵押品，尤其是抵押贷款，在大多数农村金融中是一个缺失的因素，因此增加了贷款人的风险。由于经常界定不明确的财产和土地使用权、昂贵或冗长的注册程序，以及丧失抵押品赎回权的社会限制，缺乏可使用的抵押品或替代品。其他的支持服务和信息网络，比如信贷机构，往往无法帮助降低风险。对于长期贷款而言，资金来源和资金使用之间的资金缺口风险构成了另一个风险约束。对于借款人来说，社会的名誉损失风险，贷款的情况，以及在损失发生时能够偿还贷款的金融能力风险是主要的限制因素。

（二）运作约束

1. 投资回报和资本流动

农村资本缓慢转移，通常每年收获一次或少于两次的农作物。对于投资资本而言，收益率甚至更低，尽管通常面临的利润率很低。因此，误差的幅度要小得多，风险也要比商业或大多数小额信贷的风险要高，后者往往是每单位资金的投资回报率高，利润水平更高。贷方的同样问题是农业生产的季节性（尤其是农作物生产），这会导致严重的现金流量挑战，以及投资需求和预期收入之间的滞后，从而导致流动性管理困难。

2. 低投资和资产

农村相对贫困导致由于缺乏资产"缓冲"而导致的共同危机成为主要危机。任何疾病或生产损失导致的预期收入损失都会造成重大影响。在补偿方面，与传统的社会经济和家庭网络紧密联系，生产风险最小化比利润最大化更为重要，小型资产基础还降低了储蓄和借款能力，从而限制了使用或提供服务的规模经济。

3. 地理分散

农村地区的人口密度低，分散性高，个体交易规模小，生产和销售成本高。社区和农场之间的遥远性和异质性同样为服务农村客户的金融服务提供者创造了高的信息/交易成本。这项服务交付和通信基础设施困难的挑战也由于后续行动的困难造成了道德风险的潜在风险，所有这些都限制了获得资金和投资的机会。

（三）容量的限制

1. 基础设施容量

信息不畅，道路等基础设施落后，学校等教育设施匮乏，社会和医疗服务缺失，降低了运营效率，阻碍了新的服务，不断有高层次的人才流出，也使得受教育的家庭不愿意在农村社区生活。

2. 技术能力和培训

一个相对缺乏技能的农村人口减少了随时进入和适应新技术和就业的机会。缺乏能力不仅影响到不断变化的市场生产力和竞争力，而且也影响到为培训提供培训人员的能力。

3. 社会排斥

文化、语言、性别、种族、宗教和教育制约因素影响市场和金融一体化。这种障碍降低了生产和营销效率。这些要求是为了在市场上有效地竞争，从而产生减少贫困和脆弱性所需的收入和资产水平。而艾滋病等疾病使许多国家的社会排斥情况更加恶化。

4. 机构能力限制

虽然农村地区有大量的组织，但其总体能力和服务范围不足。这包括管理和技术能力、规模/规模经济、竞争能力、经济一体化和经常承受风险的能力。即使以城市为基础的机构有能力进入农村地区，也没有动力这么做。产能限制的一个例外是，在微观层面上，社会结构是强大的，足以满足运营层面的要求，也可能与更高机构能力的中介机构建立联系。

（四）政治和监管制约因素

1. 政治和社会干预

贷款可以被免除，储蓄可以被保留，利率可以被限制，抵押贷款可以变得毫无用处，而且由于任意的政治决定，可以暂停支付，甚至危险也并不罕见；因此，不确定性可能成为一个不可逾越的障碍。在有这种干预历史的国

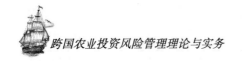

家，再发生的风险增加了融资成本，减少了投资机会，特别是长期投资。

2. 监管问题

规章和/或缺乏强制执行阻碍了农村和城市环境。土地保有权条例、银行法、汇率操纵和税收考虑是这些限制因素的例子，这些因素破坏和/或阻碍农村商业和金融运作的可行性。

三、企业风险管理工具

选择合适的营销工具在合适的时间使用，不仅可以降低风险，还可以增加利润。以下是较为常用的 11 种定价策略和确定何时使用每种定价策略。

(一) 存储

存储是避免季节性低价格的一种方法，尽管它没有价格风险安全性。当价格低于市场计划预期的水平时，假设你有足够的财力，存储可能是合理的。当市场价格上涨有现实的预期时，储备可能是必要的。历史数据表明，市场价格上涨往往比支付仓储成本更为重要。然而，存储的粮食可能会变质，并可能遭到盗窃。

(二) 拍卖

当价格是有利的，并在营销计划的预期水平，直接现金出售是必要的。

(三) 延期交货的定价合同

这个合同允许生产者为以后交货建立一个价格。固定价格合同，也称为现金远期合同，也可以让你在一年中的时间安排交货，更适合于劳动力供应、粮食质量和物流。有足够数量的农作物保险可以让你舒适地承包你的作物保险部分。这些合同通常在庄稼收成好时、存储紧张时，或当市场价格达到您的营销计划的目标时运作良好。

(四) 基础合同

当地现金价格与期货合约价格的区别是根据。基础通常比基础期货合约或本地现货价格更稳定、更可预测。然而，根据当地供求因素，基础也发生了变化。基础合同允许你确定基础，但允许最终的现金销售价格在以后的日期通过从期货价格中扣除固定基准来确定。这种策略可以很好地发挥作用，而且期货价格有上涨的潜力。

（五）延期或延期价格合同

延期或延迟的价格合同将一种作物的所有权转让给买方，但允许卖方随后定价。它通常是在库存紧张的时候使用。在这些时候，当地的谷仓想要把更多的谷物运送到市场销售渠道，但卖方可能不满意目前的价格。

（六）最低价格合同

最低价格合同确定了合同期间的底价。底价通常比开始时现金价格低几分钱。如果价格下跌，生产者可以减少与固定价格合同的价格，但将在市场价格的上涨中受益。这份合同消除了很多下行风险。

（七）对冲合同

该合同类似于短期期货市场的风险管理性质。它与基础合同相反。它允许卖方按交割日期设定期货价格水平，但基础是稍后确定的。卖方负责在交货日期交付合同金额。

（八）期货对冲短期

出售期货合约以保护谷物或牲畜的存货价值或预期产量的价值是一种短期的期货对冲。短期期货对冲降低了下跌风险。另一方面，它也降低了追踪价格上涨的能力。

（九）选择购买

这个工具类似于最低价格合同。它在合同的整个生命周期中确定作物或牲畜的价格。如果在此期间价格上涨，卖方可以获得上涨的价格收益。

（十）农作物保险

通过购买农作物保险来管理收益或价格风险，将风险从你身上转移到其他人身上，并将其作为保险费来定价。农作物保险是风险管理工具的例子，不仅能防止损失，而且还能提供更一致收益的机会。当与一个健全的营销计划一起使用时，作物保险可以稳定收入并有可能提高平均年利润。农作物保险提供两个重要好处：它确保现金流的可靠水平，并允许您的营销计划更灵活；如果你能保证你的预期生产的某个部分，那么这个生产水平就可以以更高的确定性向前定价，从而创造更可预测的收入水平。

（十一）订单农业

订单生产通常与纵向一体化有关，农业企业将产品从生产到消费者的全部或多个方面进行协调。通过订单，农业企业公司要求生产者提供特定的质量和数量的最终产品。生产者必须遵守公司的质量标准，并且必须通过合理的管理和保险来管理收益风险。从风险的角度来看，对生产商来说，最大的优势就是市场的产出和可接受的价格以及可预测的现金流是有保障的。缺点是生产商失去了从价格上涨中受益的机会，因为产品的销售是由订单的条件决定的。

四、农村金融机构风险管理

（一）财务风险管理

财务风险有三个基本组成部分：①债务资本的成本和可用性；②及时满足现金流需求的能力；③维持和增长公平的能力。持续不断的可再生资本来源（即不是政治上联系的开发银行）的储蓄可以最好地解决这些问题。与资本市场和全球金融体系的联系也有助于满足金融中介机构和客户的现金流量需求。

由于收成和商品价格的季节性和不可预测性，现金流量管理对农业贷款机构来说尤其容易发生风险。通过投资和资助非农业和农业，确保投资组合投资的异质性和地域的多样性和范围，可以减轻季节性风险。农业企业的融资和联合融资的使用，是减少农业生产者和市场交易者固有的现金流管理风险的选择之一。

（二）国家、货币和利率风险

国家风险是投资的主要障碍。国家风险评级有助于确定资本成本以及私人投资的愿意与否。货币风险使得投资者非常不安。虽然这在很大程度上取决于政府的宏观经济政策财政和贸易政策，但是资本市场工具也可以用来对冲外汇风险。这些包括：

·货币远期合约和期货合约在未来以协议价格交换或出售外汇（如在外币贷款的到期日）；

·互换——现在同时交换或卖出一定数量的外币，并在未来转售或回购该货币；

·期权——一旦该货币的价值达到先前议定的价格，即提供期权的工具，但在将来没有义务买卖外币。

如上所述，对农村特别是农业金融的单一关注充满了风险和成本，也导致了贷款人的不稳定和放弃贷款。因此，金融系统方法是农业融资的一部分，以应付这些挑战。

五、公共风险的缓解方法

（一）公共投资

降低农业风险的公共投资相当可观，但它们很少明确地针对这一风险，灌溉投资就是这样一种情况，其明确的意图是提高土地和水资源的生产率，增加农村就业和粮食自给自足。事实上，这种投资与改良作物品种的发展一起构成了南亚和 20 世纪 60 年代其他地方的绿色革命的核心。但这种投资也大大降低了由于依赖降水而产生的内在变化。在植物育种方面的投资有针对害虫、疾病、干旱和洪水的脆弱性。因此，针对农民面临的一些更危险的条件，降低风险的功能（以及相应的生产力）在很大程度上对公共物品的公共研究机构的投资产生影响。公共投资与担保收益降低风险包括范围管理、兽医和人类疫苗研制、艾滋病、农村金融、冲突和天气预警系统。

（二）投资于能力建设以降低风险

强大的农村金融机构、有竞争力的企业和受过良好教育客户的发展，是风险缓解的基础。

1. 金融机构能力

长期以来，农业融资的投资已经从通过政府补贴的公共农业银行转移到机构主导的生产信贷，这些机构可以为农村地区提供更长期的金融服务。如果接受贷款的金融机构无法有效利用贷款，则贷款的用处不大。机构能力建设的关键领域包括：

· 投资于向管理层提供及时和准确数据的信息系统。

· 为员工、管理层和董事会成员提供培训。

· 加强内部控制和外部监督，提高外部报告的透明度和质量。

· 协助设计和营销一系列金融产品和服务。

· 一次性拨款支持创新（例如，引进新技术或新的贷款产品）或扩大到更边缘化的农村地区。

· 建立在现有基础设施（如邮局、国有银行、零售店和贸易商）的基础上，以低成本和规模提供一系列金融服务。

能力建设需求很高。对于缺乏基本业务技能的中介人来说，关于从价格风险管理工具的教育中得到的好处将是微不足道的。此外，在具有更严重问题（如通信基础设施薄弱，机构不稳定，营销/财务技能不足，管理权力薄弱）的组织中建立风险管理能力的尝试可能效率低下。成功改变的先决条件，最根本的是，相关机构必须有强大的商业动机来改善风险管理实践。

2. 生产者和农业企业客户的能力

向任何专业的贷款机构询问他们如何分析风险，他们都是从客户开始。农村金融和投资已经必须超越抵押贷款集中的风险，以关注客户和业务的风险和潜力。这可能取决于个人的能力和管理不仅要了解业务的技术方面，但管理未来，管理业务风险，管理人员，要基于扎实的业务规划投资，等等。

3. 商品交换能力

运转良好的商品交易所——价格发现系统——提高农产品的销售效率，为生产者开辟新的生产和销售机会。他们通过提高整体市场流动性，提高当地交易网络的稳定性，以及为农民提供预期未来价格的更确定（通过更好的信息），使他们能够做出更好的管理决策，从而降低价格风险（由生产者和买方所面临）。商品交易所需要有效的监管，以确保市场监督、监督和遵守质量标准。这些交易所可以为未来为买卖双方的市场参与者提供更广泛的服务平台。发展成功的商品交易所的关键是所有市场参与者的商业利益：参与贷款的买家、卖家和银行该部门。

4. 存货贷款设施或仓单系统

现金远期市场，如仓库收据系统，提供了商品交换的一些优势，可以提供性能保证，提高信用可达性，降低价格风险。仓库收据系统可以使农民在价格上涨之前，将他们的产品储存在一个可靠的仓库里，在产品售出之前使用该产品作为贷款担保和获取资金。这样的系统降低了客户的贷款风险，提高了信贷的获取渠道，并能帮助农民避免在市场价格通常最低时立即卖出的问题。然而，仓单功能只能在有安全设施的能力，严格的财务和质量控制系统和政府管制，允许它的功能和确保遵守合同。

5. 等级及标准

对不同的等级和标准进行理解和实践，不仅是对仓库收据系统，而且对整个农业和农业企业而言，都是至关重要的。降低任何商品或产品的风险，首先要从目前的质量标准开始。

六、关键的政策问题

金融系统发展

针对以往农业融资方式的不足，在认识到农业部门和农村环境的具体挑战的同时，也出现了包括金融系统方法在内的新思维。农业融资常常被认为与更广泛的金融体系的发展隔绝，而且它过分强调信贷，而不是储蓄和其他金融服务。这种情况的一个症状（和原因）是，农业部，而不是财政部，通常是贷款国家的农业贷款的合作部。在财务系统方法中，农业融资被视为更广泛的农村金融市场的一部分。坚持这一方法的一个事实是，坚持商业原则的机构最有可能实现外联和可持续性，公共部门的作用重点应该是确保大环境有利于这类机构的出现和发展。

财务系统方法中提到，农村和农业客户需要全方位的金融服务，包括储蓄、短期和长期融资、保险、汇款转账和租赁。为满足这些需求，金融产品的设计必须满足客户的需求（通过客户和市场研究），并且必须调整交付机制以提供低成本和更便捷的访问。

这种方法也认识到，金融体系包括一些机构（正式的、半正式的和非正式的）和个人。在某些情况下，这些机构将到位，农业社区的基础设施和网络可以作为改善提供金融服务的基础。各国政府和捐助者面临的挑战是确定并与这些机构合作，这些机构是可行的金融服务提供者，而在这些机构不在的地方，为它们创造激励和环境。

1. 农村金融制度中的制度与个人

农业银行：无论是私有化还是国有化，这些银行都有一个专门为农业部门提供金融服务的农村网络。

邮政储蓄银行：这些银行通常是农村地区的主要存款来源和转账服务，传统上归国家所有，在一些国家已成为商业银行。

会员制的金融机构（mbfos）：会员制的组织可以包括金融合作社、信用合作社、储蓄和信贷协会，这些组织的成员通常都有一个共同的债券，如社区、地理，或活动。

加工商和贸易商：参与农业市场体系并主要从事农业活动（如加工、销售、投入供应、储存）的各种企业和企业家也提供信贷作为交易的一部分。

小额信贷机构（MFIs）：专业机构可以提供小额信贷产品针对穷人和低收入人群，包括小规模农民。

非正式的金融中介机构：这些中介机构由各个模块组成，如轮值储蓄和信贷协会（ROSCA）、放贷机构、提供信贷货物的零售商店和非正式存款收集机构等。

2. 解决不同的金融服务提供者的风险

每一种金融服务的交付都有其固有的风险，必须以自己的方式加以处理，然而，最重要的总体风险是由于监管制度不健全。在一个国家，银行可能受到密切监管，但对农村地区的服务却很少。另一方面，储蓄和信贷组织可能在农村地区广泛存在，它们的客户可能从增加的投资中获益，但由于缺乏足够的监督和普遍缺乏可靠的信息系统以及缺乏合格的管理，私人和公共投资都没有针对它们。

七、完善农村金融法制环境

(一)制定适当的政策框架

公共部门在为金融市场发展创造适宜条件方面发挥着至关重要的作用。具体而言,公共部门必须为农业金融的蓬勃发展提供政策环境,包括宏观经济增长和稳定的条件以及农业和金融的适当政策部门。农业政策改革可能有必要消除历史上对农业的偏见,帮助农业部门盈利从而鼓励投资。金融部门政策需要促进透明和负责任的金融组织的发展。这一努力必须得到强有力的法律和监管框架的支持,包括为有保障的财产权、金融交易和储蓄动员提供法律依据。

(二)贷款风险缓解的未来发展趋势

发展界正在讨论的干预范围包括对慢性独立风险和大规模协变风险的关注。未来的干预措施必须精心设计,为了避免减少农民采取有效预防措施的自主性。必须避免对救济工作的依赖,采取的救济行动不得破坏对私营部门发展和努力的积极性。

1. 改善信息系统

大多数农业风险管理战略的一个关键组成部分是获取信息,这需要投资来改善农业信息的产生和传播。市场价格信息系统对作物和牲畜的销售周期有积极影响,帮助生产者优化价格,更好地调节全年的销售时间。天气信息系统可以帮助农民在资源紧张的情况下做出关于投入和产出组合的关键生产和营销决策。面临高度干旱可能性的农民可能种植更多耐压品种的作物。面临干旱的牧民可能会提早出售,以提高销售价格,减轻干旱牧场的压力。捐助者在说服政府相信市场和天气信息系统是一种妥当的干预政策以及支持有效的可持续的信息系统以及开展教育和培训计划,发挥着至关重要的作用。

2. 加强农村金融服务

原则上,以灵活的方式为农村地区服务的金融体系是实现有效风险管理的最佳和唯一重要途径。获得可靠的地方储蓄机构可能允许生产者在价格最高时卖出，在最低时买进。例如，牧民在价格较好的时候定期出售动物，只有当他们有机会进入安全的储蓄机构，不再需要存储他们的财富，能够存入小额超额利润的农民，不太可能在非正式的保险或赠送礼物中"存入"过多的资金。

3. 探索新的农业保险方法

传统的全险作物保险在很大程度上被认为是不可持续且昂贵的，对于为小农提供保险的问题并没有简单的答案。虽然任何方法都必须区分政府处理系统性灾难性风险的作用和私营部门在提供更频繁事件的保险工具方面的作用，但一些正在开发的新产品需要密切监测和进一步测试。区域指数保险是一种新的方法。为保证农民的作物及其业绩，保险是为一些更容易测量的，客观可验证的指数（例如，面积、降水量）签发的，而不是为农民的作物和它的性能提供保险，这大大减少了道德风险和逆向选择的问题。然而，需要解决实施问题（如长期降雨的可用性和可靠性以及特定地区的产量数据）。此外，如果有数据可用，这一机制的有效性就需要在典型的农业产量和降雨水平之间有很强的相关性。然而，为农村生产者提供有效的保险的潜力是很有希望的，而且尽管有障碍，新的保险产品最终可能会得到广泛的使用，并且通常由私人保险公司来处理。与此同时，应继续进行进一步的实地测试，以协助该行业发展和销售对贫困农民有价值的保险产品。

4. 推动以市场为基础的价格风险管理

各种机制，如缓冲库存和价格带，用于追求价格稳定的目标，经历了不同程度的成功和失败，期货和期权合约等最近的举措，不是为了稳定市场价格，而是为了使生产者和市场参与者免受短期价格波动的影响。尽管政府在这些市场发挥的作用是监管，但政府可能需要在促进衍生品市场的初始发展方面发挥积极作用，克服技术复杂性，并确保穷人的担忧得到充分的解决。

5. 瞄准现金转移和安全网络

认识到最贫穷的农民可能无法偿还贷款，但需要外部援助，这导致人们对现金（或其他资源）转移方案的兴趣增加了。这些计划分为两类：贫困安全网，以确保生存或减少贫困，以及过渡援助计划，帮助生产者适应新的市场现实或生产限制。安全网在帮助农村家庭应对风险和长期贫困方面发挥了重要作用，为家庭提供满足短期基本需要的援助，也可能增加未来收入。这些安全网计划针对的是暂时贫困的家庭（家庭突然遭遇意外、收入下降，导致他们暂时陷入贫困）。过渡支持计划针对易受短期收入波动影响的贫困家庭和非贫困家庭，以及农业经济结构变化造成的贫困。现金转移计划可以通过增加家庭投资而产生的收入乘数得到显著的发展效益。安全网对于减少食品价格上涨的风险尤其有用。

6. 强调灾害规划而不是单一救济

国家和国际两级控制灾害救济和规划的政策，是需要分析和改革的关键领域。灾难通常被视为"人道主义问题"，而不是通常的发展和政治问题。由于公众的压力，政府和捐助者经常以长期实际工作的方式进行干预，通过阻止当地居民支付的私人风险缓解措施来增加随后发生灾难的可能性，事后来看，公众的干预通常是无效的，并扭曲了个人的动机。目前在农村金融领域内的争论是围绕这一重要而困难的问题展开的。如果政府在有政治压力的情况下帮助农民摆脱其他可保的或可管理的自然灾害风险的影响，商业保险市场的发展就会受到影响，各种本土（非商业）形式的风险管理实践也将受到影响。在不影响灾害风险管理实践的情况下，为解决具体灾害需要而采取的创新干预措施要么尚未开发，要么设计得很糟糕。这些干预措施需要通过合理的技术分析来告知，如何更好地针对、实施和评估它们的影响和可持续性。

第四章 农业项目投资环境和社会风险管理

社会评价是社会分析的一种类型，其重点评价项目对关键利益主体带来的可能影响以及关键利益主体对项目实施产生的可能影响，由此进一步优化项目设计，提升项目实施的社会可行性，降低项目执行的社会风险。在各国成熟的项目管理中，社会评价是实施前一个重要的环节，比如美国对农业投资项目的申报和评价中就要求有社会评价。在中国，世界银行、亚洲开发银行所开展的项目中也要求实施社会评价，并报告移民安置评价、土著居民影响、社会评价等多项要求。这些要求系统、预见性强、标准高，能够规避或者减缓社会风险的发生，同时有利于提升企业投资的企业社会责任形象，对农业海外投资具有较强的借鉴意义。世界银行社会风险管理主要涉及移民安置、劳工保护、少数民族计划、社区健康和安全风险控制等方面。本章将从各类评价的目标、方法和机制来阐述这些风险管理措施。

一、建立劳工权益保护的社会风险控制机制

（一）做好工作条件和工作人员关系管理

1. 雇用条款

项目投资应落实适用项目的书面劳动管理程序。此类程序应说明管理项目工作人员的方式，并满足国家法律的要求。投资方需要收集涉及人员雇用条款和条件的相关信息和文件。信息和文件应列明工作人员按照国家劳动和雇用法律（包括任何适用的集体协议）规定应享有的权利（包括工作时长、工资、加班、薪资和福利方面的相关权利）。

项目投资方应根据国家法律和劳动管理程序要求定期为项目工作人员支付薪资。只有在符合国家法律和劳动管理程序的条件下，项目投资方方可扣

减工作人员工资，且应就工资的扣减做出说明。项目投资方应根据国家法律和劳动管理程序规定为项目工作人员提供足够的周休、年假和病假。

终止劳动关系时，项目投资方应根据国家法律和劳动管理程序规定及时向项目工作人员发出书面解雇通知并提供解雇费明细。在劳动关系终止之时或终止前，项目投资方应直接向项目工作人员（或如适用，项目工作人员的受益人）支付所有未付工资、社会保障金、养老金和其他福利。如果已付款给项目工作人员的受益人，应向项目工作人员提供付款凭证。

2. 不歧视和平等机会

项目投资方不得根据与固有工作要求无关的个人特征决定项目工作人员的雇用或处理。雇用项目工作人员应本着机会平等和公平对待的原则，不得在雇用关系和纪律措施中的任何方面存在歧视，包括招聘和雇用、薪酬（包括工资和福利）、工作条件和雇用条款、培训机会、工作分配、升职、解雇和退休以及惩罚性措施。劳动管理程序应列明防止并处理对工作人员的骚扰、恐吓和/或剥削的措施。上述这些为国际企业社会责任所体现的基本原则。若本条与国家法律存在不一致之处，项目活动应尽可能按照符合本条要求。

为弥补歧视而采取的特殊保护或援助措施，并基于某一特定工作的内在要求而选择人选，只要这些做法符合国家法律，将不会被视为歧视。项目投资方将提供适当的保护和援助措施，以应对弱势项目工作人员，包括特殊的工作人员人群，如妇女、残疾人、外来工和童工。此类措施可能仅适用于特定的时间段，具体取决于项目工作人员的情形及弱势的性质。

3. 工作人员组织

如果项目所在国法律承认工作人员享有自由、不受干涉地组建并参加工作人员组织以及进行集体谈判的权利，项目应符合国家法律。在此情况下，必须尊重依法组建的工作人员组织和合法工作人员代表的角色，并及时为其提供进行有效谈判所需的信息。若国家法律限制工作人员组织，则项目不会限制工作人员制定替代的机制，以进行申诉并保护其有关工作条件和雇用条款的权利。当然如果项目投资方能够建立员工和企业直接沟通谈判的通道，那有可能降低企业管理的交易成本，同时避免工会的对抗。做到这点需要企业有很好的管理技巧。

（二）劳动保护

1. 童工和最小年龄

国际上，劳动保护程序将规定与项目相关的最低雇用年龄，此年龄一般为 14 岁，除非国家法律另行规定。低于本条中所规定最低年龄的儿童不会被雇用或从事项目相关工作。

项目投资方需定期对健康、工作条件、工作时长和 ESS 要求符合情况进行监控。一般而言，欧美通行的准则是项目投资方不得雇用或聘用 18 周岁以下最低雇用年龄以上的儿童从事可能危及或妨碍儿童教育或对儿童身体健康、智力、精神、伦理或社会发展有害的工作（至伤性童工）。对儿童视为危险的工作活动包括以下情况：①遭受身体、心理或性虐待的工作；②地下、水下、高空或禁闭空间内的工作；③涉及危险的机器、设备或工具的工作，或需要搬运重物；④在不健康的环境中，员工可能接触到对健康有危害的危险物质、媒介、加工过程、温度、噪声或振动；⑤处于特别困难条件，如长时间工作、熬夜或被雇主禁闭。若雇用 18 周岁以下最低雇用年龄以上的儿童从事项目相关工作的，只能在满足以上安全指定条件的情况下才行。

2. 强迫劳动

项目不应涉及强迫劳动。强迫劳动，包括任何个人在武力或惩罚的威胁下非自愿提供项目相关的任何工作或服务。这包括任何类型的非自愿或强迫性劳工，例如契约劳工、包身工或类似的劳动合约性质的劳动安排。项目相关的雇用不得涉及人口贩卖。

（三）建立雇佣申诉机制

必须为所有项目工作人员提供申诉机制，进行工作场所问题的申诉。在招聘之时，项目投资方应及时向所有项目工作人员告知申诉机制以及为方便其理解并采用申诉机制所采取的措施。将采取这些措施，以使申诉机制可供所有项目工作人员使用。

申诉机制旨在通过容易理解和透明的程序即刻解决相关问题，并提供及时反馈相关问题的渠道（不得存在报复行为）。申诉机制应按照独立客观的方式执行。

申诉机制不应阻碍工作人员通过其他司法或行政途径寻求补救措施。这些措施可能是根据法律或现行仲裁程序来获取，或取代通过集体协议形式制定的其他申诉机制。

(四) 建立劳动者职业健康与安全保护机制

设计和实施劳动者职业健康与安全的措施以解决以下各项：①确定对项目工作人员可能构成的危险，特别是威胁生命的危险；②提供预防和保护措施，包括改变、替代或消除危险状况或材料；③对项目工作人员进行培训，保留培训记录；④记录并报告发生的职业性事故、疾病和事件；⑤制定应急预防、准备和对紧急情况的响应安排；⑥对不利影响的补救措施，如工伤、死亡、残疾和疾病，考虑（如适用）项目工作人员的工资水平和年龄，不利影响的程度，密切相关的家属数量和年龄。

雇用或聘用项目工作人员的各方将制定并实施程序以确保在尽可能合理可行的情况下，其所控制的工作场所、机械、设备和流程均安全且无健康危害，包括通过使用与化学、物理、生物物质和制剂相关的适当措施。这些相关方将与项目工作人员积极合作并协商，以促进职业健康与安全要求的理解及实施方法，以及向项目工作人员提供信息、开展职业健康与安全培训、提供个人防护设备（不向项目工作人员收取任何费用）。

应制定工厂场所的流程，以供项目工作人员报告他们认为不安全或不健康的工作情形，以及在遇到他们有充分理由认为存在对生命或健康有即时和严重危险的工作情形时将自身排除以外。此类情形下的项目工作人员不需要恢复工作，直到已采取必要的补救措施来纠正这类情形。项目工作人员不会因此类报告或排除而被报复或者被施以报复或负面行动。

项目投资方应为所有项目工作人员提供与工作环境相匹配的设施，包括餐厅、卫生设施和适当的休息区域。若为项目工作人员提供食宿服务，项目投资方应制定并实施针对食宿管理和食宿质量的政策，以保护并促进项目工作人员的健康、安全和福利，便于项目工作人员获取满足其物质、社会和文化需求的服务。

若项目工作人员被一方以上雇用或聘用且在一个地方工作，则雇用或聘用工作人员方将合作应用职业健康与安全的要求，而不影响各方对其工作人

员健康和安全的责任。

企业应该开发一个用于定期审查职业健康与安全绩效以及工作环境的系统，该系统包括安全与健康危险和风险的确定、为响应已确定危险和风险的有效措施的实施、采取行动的优先级设定和结果评估。

二、建立社区健康与安全风险的控制机制

(一) 社区健康与安全

项目投资方应对项目周期内对受影响社区的健康与安全所造成的风险和影响进行评估。项目投资方应根据缓解制度识别风险和影响，提出缓解措施。

1. 基础设施和设备的设计与安全

项目投资方应根据国家法律要求和国际行业惯例规范来设计、施工、运行和关闭项目的结构要件或组件，并考虑第三方和受影响社区所受的安全风险。项目的结构要件应由有资质的专业人员进行设计和施工，并获得有资质的机构或专业人员的认证或审批。在技术方面和财务方面可行的情况下，结构设计应考虑可能存在的气候变化因素。

项目包括新的建筑物和构筑物对公众开放时，项目投资方应遵循常规原则，考虑公众可能因运行事故和或自然灾害受到的潜在增量风险，包括极端天气事件。在技术和经济可行的情况下，项目投资方将对此类新的建筑物和构筑物的设计和建设采用人性化的原则，能够让瞄准的目标群体都能够享受到相关服务。

当项目的结构要件或组件位于高风险地区，包括极端天气风险或缓慢进展事件，一旦出现故障或者功能失常则可能危及社区安全，项目投资方应聘请一位或多位在类似项目中有相关及得到认可有经验的独立专家（非负责设计和施工的人员），尽早对项目进行评估，并在项目的开发以及项目设计、施工、运行和关闭的整个过程中进行审查。

2. 服务安全

若项目需要向社区提供服务，则项目投资方应建立并执行适当的质量管理体系，确保提供的服务不会对社区健康和安全带来风险或产生影响。

3. 交通与道路安全

项目投资方应识别、评价和监测整个项目过程中潜在的交通和道路安全风险对工作人员和潜在受影响社区的影响，如有必要，应制定相应措施和计划应对上述风险和影响。

项目投资方应制定道路安全措施，并且在技术和财务可行的情况下，将道路安全要素纳入项目设计，以便防止并缓解对当地受影响社区造成的潜在道路安全影响。

如有必要，项目投资方应在项目各阶段开展道路安全审计，定期监测事件和事故，并编写此类监控的定期报告。项目投资方将通过这些报告识别不利的安全趋势，建立并实施措施来解决这些问题。有车辆或车队（拥有或租赁）的项目投资方应为其人员提供驾驶和车辆安全方面的培训。项目投资方应确保所有项目车辆定期得到保养。

对于需要在公共道路上进行施工或操作移动设备的项目，或者使用的设备会对公共道路或其他公共基础设施造成影响的项目，项目投资方应力求避免出现与操作此类设备相关的意外事故或对公众造成的人身伤害。

4. 社区受健康问题影响的风险

项目投资方应避免或在最大程度上降低因项目活动而使社区面临感染各种传染和非传染性疾病的风险，包括通过水传播的、以水为基础的、与水相关的疾病、病媒传播的疾病以及传染性疾病，同时应考虑弱势群体对此类疾病不同的感染风险以及更高的敏感性。如果项目影响社区中存在某种地方性疾病，项目投资方应努力在项目过程中寻求机会改善环境状况，最大限度地降低发病率。项目投资方应采取措施避免或在最大程度上减少因临时性或永久性项目劳动力的流入而造成传染病的传播。

5. 危险品的管理与安全

项目投资方应避免或最大程度上降低由项目所排放的危险材料及物质对社区造成的潜在风险。如果存在可能导致公众（包括工作人员及其家属）面临危险，特别是可能危及生命的情况，项目投资方应采取特别措施，通过修改、替换或排除可能导致危险的条件或物质避免或在最大程度上降低风险。如果危险品是现有项目基础设施或其组件的一部分，项目投资方在项目施工和实施（包括停运）过程中应尽量小心谨慎，避免使社区遭受危

害。项目投资方应执行措施和活动来保证危险物品递送以及危险废弃物存储、运输和处置过程中的安全，采取措施避免或控制社区遭受危险品的危害。

6. 应急准备和响应

项目投资方应确定并实施相关措施应对这些紧急事件。紧急事件是指自然产生或人为引起的不可预期事件，通常表现为火灾、爆炸、泄漏。这些事件原因各异，包括未能实施设计用于防止事故、极端天气或缺少预警的操作程序。项目投资方应制定相应措施，协调、迅速地解决紧急事件，防止不可预期事件对社区的健康和安全造成伤害，缓解可能的影响并将其降至最小，并提供相应补偿。

如果项目投资方参与的项目发生紧急事件，项目投资方应开展风险与危险性评价，作为《环境与社会标准》下环境与社会评价的一部分。项目投资方应根据风险与危险性评价的结果，与当地相关机构和受影响社区合作编制应急预案，并将按照《环境与社会标准》考虑紧急预防、防备和应对安排，将项目工作人员落实到位。应急预案应至少包含：①与危险的性质和规模相匹配的工程性控制措施（例如污染、自动报警和关闭系统）；②确定项目场地和附近区域可用应急设备的安全使用通道；③指定应急人员的通知程序；④通知受影响社区和其他利益相关方的不同媒体渠道；⑤应急人员的培训计划，包括定期演练；⑥公众疏散程序；⑦指定的应急预案执行协调人员；⑧重大事故后的环境恢复和清理措施。

项目投资方应将其应急准备和响应活动、资源以及所负责任记录备案，并向受影响的社区、相关政府机构和其他相关方披露适当信息和后续材料变更情况。项目投资方将协助受影响社区，并与受影响社区、相关政府机构和其他相关方进行协作以为有效响应紧急事件作出准备，尤其是当其参与和协作是有效响应的重要组成部分时。

项目投资方将定期审查应急预案，以确保它仍然能够处理可能出现的与项目有关的紧急事件。项目投资方将通过培训和协作对受影响社区、相关政府机构和其他相关方提供支持，并将确保此类培训作为《环境与社会标准》中职业健康与安全要求的一部分，与提供给项目工作人员的培训结合进行。

（二）警惕安保人员的影响

如果项目投资方直接聘用工作人员或合同工为其人员和财产提供安保，应评估这些安保安排给项目场地内外人员带来的风险。在作此类安排时，项目投资方应本着比例适当的原则，遵循与此类安保工作人员的雇用、行为准则、培训、装备以及监测相关的良好国际行业惯例和适用的法律。除了根据所受威胁的性质和严重程度而采取相应的预防和防御措施之外，项目投资方不得批准任何通过提供安保工作的直接或签约工作人员使用武力的行动。

项目投资方应确保聘请负责提供安保服务的政府安保人员按照上述的要求行事，并鼓励相关机关在优先考虑到不影响安全的前提条件下向公众披露针对相关设施作出的安保安排。

项目投资方应做到：①进行合理的调查以确保项目投资方提供安保的直接或签约的工作人员没有前科；②对安保人员进行充分的培训（或通过适当方法确定他们经过良好培训），确保其合理地使用武力（包括在适宜的情况下使用枪支）并且在与工作人员及受影响的社区接触时行为恰当；③项目投资方应要求安保人员遵守适用的法律。

如果收到有关安保人员非法或滥用武力的指控，项目投资方应审查所有这些指控，采取行动（或督促相应的责任方采取行动）防止类似情况再次发生，并在必要时将非法和滥用武力的行为上报有关部门。

三、建立土地征用、土地使用限制和非自愿移民等风险控制机制

（一）做好土地征用或者使用的影响识别

1. 区分受影响人的类型

受影响人可分为以下类型：

（1）享有土地或资产的正式合法权利；这种权利主张可能包括习惯或传统的所有权安排，即名义上占有，法律上不合法。但这种传统的土地权利也需要重视，如果在项目投资过程中损害了这类财产，也可能成为潜在的社会风险。

（2）未享有土地或资产的正式合法权利，但依据国家法律规定声称土地或资产已认可或可认可；这类权利虽然没有实际拥有，但是由于法律规定拥有，因此项目投资也需要关注这类对权益的损害。

（3）对其占用或使用的土地或资产无被认可的合法权利或所有权。

2. 项目设计

项目投资方应证明，在特定时间段内，因明确项目目的非自愿土地征用或土地使用限制受限于直接项目要求。项目投资方应考虑可行的替代项目设计方案，从而避免或尽可能减少土地征用或土地使用限制，尤其当土地征用或土地使用限制将导致实物或经济迁移，同时，项目投资方应使环境、社会和经济成本与收益达到平衡，特别关注性别影响以及对贫困和弱势群体的影响。

3. 对受影响人的补偿和福利

当土地征用或土地使用限制（无论是永久性或暂时性）无法避免时，项目投资方应按重置成本向受影响人提供补偿，及其他必要协助，帮助他们改善生活水平，或最起码恢复生计。

项目投资方应针对土地和固定资产类别披露并实施统一的补偿标准（需根据该国法律规定，同时要和受影响人协商，补偿费率可以上调）。无论在何种情况下，记录明确的补偿计算依据并依据公开透明程序分发补偿金。若移民的生计仰赖于土地或土地为集体所有，那么项目投资方应向移民提供同类重置土地，供其选择；除非没有等价土地可供搬迁用，可以不用这样做。如果在自然条件和项目目标许可的条件下，项目投资方还可向迁移社区和移民提供机会，从而适当分享项目带来的发展收益。

只有在补偿已按照《环境与社会标准》规定安排得当，并向移民提供安置地点和搬迁补助后（若适用），项目投资方才能占用所征用土地和相关资产。此外，生计恢复和改善计划将及时展开，以确保受影响人充分准备好，一旦出现可供选择的谋生机会，可及时抓住利用。

在特定情况下，向特定受影响人支付补偿金难度较大，例如，当受影响人的土地所有权或使用或占用土地的法律地位陷于漫长的纠纷之中，项目投资方不断联系土地所有者未果，或受影响人拒绝补偿方案。在特殊情况下，项目投资方可依照计划要求将补偿经费作为预备费时刻准备好，用于相关项目活动应急。问题解决后，项目投资方应及时将保管的补偿金额支付给符合资格的人员。

4. 做好当地社区参与

项目投资方应建立利益相关者沟通程序并受影响社区展开沟通。制定安置和生计恢复相关决策过程应包括选择方案和替代方案，供受影响人选择。在替代项目设计过程中，制定补偿流程、生计恢复活动和迁移流程的计划、实施、监测和评价需要披露相关信息，同时吸纳受影响社区及受影响人的参与。

国际多边机构和非政府组织特别关注女性权益，因此应该将女性的利益考虑进去。在处理生计影响问题时，如果男性和女性的生计受到不同影响，则可能需要进行家庭内部分析。应研究男性和女性在补偿机制方面的偏好，例如补偿是以实物还是现金形式，这样在补偿的时候有更准确的瞄准性。

5. 建立申诉机制

项目投资方应确保在项目开发早期确定项目的申诉机制，及时解决补偿、迁移或移民（或其他人）提出的生计恢复措施相关问题。如有可能，上述申诉机制将利用适用于项目目的的现有正式或非正式申诉机制，并按需补充专门的项目安排，以公平解决此类纠纷。

6. 计划和实施

若土地征用或土地使用限制不可避免，项目投资方应按照环境与社会评价要求进行人口普查，确定受项目影响的人员，建立受影响土地和资产库①，确定符合补偿和援助资格的人员②，阻止不符合资格的人员获取福利，例如投机定居者。社会评价将解决受影响人口排查期间因有效原因未出现在项目区域的社区或人群福利领取申请，例如季节性资源使用者。除受影响人口排查外，项目投资方还将确定资格申报截止日期。有关截止日期的信息应

---

　　①　上述库应包括通过磋商、公正且透明的流程建立的详细账户，账户包括受影响人拥有或声称的所有权利，包括基于习惯或实践的权利，因生计目的享有的获取权或使用权等次级权利，集体所有权等。

　　②　下发所有权或居住权证明以及补偿支付文件时，应注明配偶双方或相关一方户主的姓名，应确保女性能够公平地享受其他安置援助服务，例如技能培训、获得贷款和就业机会，并根据她们的需要进行调整。如果国家的法律和房产制度不承认女性拥有财产或签订财产合约的权利，应考虑采取措施，尽可能地为女性提供保护，以实现男女平等的目标。

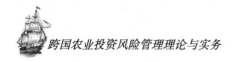

以文件形式妥善记录，并在整个项目区内定期以书面形式、非书面形式和相关地方语言进行传达。这将包括张贴有关在截止日期后撤除项目区内人员安排的警告。

为解决社会评价确定的问题，项目投资方应将其视为项目相关风险和影响制订计划：

（1）对于土地征用较少或土地使用限制较小的项目，若土地征用或土地使用限制对收入或生计无明显影响，项目投资方计划应确定受影响人的资格标准，建立补偿程序和标准，做好安排以便进行磋商、监测和处理申诉。

（2）对于导致实物迁移的项目，项目投资方计划应确定受影响人迁移相关的额外措施。

（3）若项目涉及对生计或收入有明显影响的经济迁移，那么项目投资方计划应确定改善或恢复生计的额外措施。

（4）若项目可能导致土地使用限制改变，限制当地人可能处于生计原因而保卫的法定公园或保护区资源或其他公共财产资源的使用，项目投资方计划应建立参与程序，以确定适当的使用限制，并建立缓解措施，解决这些限制对生计带来的不利影响。

项目投资方计划应确定融资和实施的相关角色和职责，包括非预计成本的应急融资安排，以及针对阻碍预期结果实现进程的不可预见情况作出及时协调反应的安排。实现项目目标所需的安置活动的全部成本将包括在项目的总成本中。安置成本像其他项目活动的费用一样，将被视为对享受项目经济效益所收取的费用；对移民的任何净效益（相比"无项目"情形）将被添加至项目的效益流中。

项目投资方应确定适当程序，监测并评价计划的实施情况，并在实施过程中采取必要纠正措施，实现补偿当地人权益损失的目标。监测活动的程度应与项目风险和影响相匹配。若项目产生的非自愿移民影响较大，项目投资方应安排称职的专业移民安置人员，监测移民安置计划的实施情况，制定必要纠正措施，提供建议并定期编制监测报告。在监测过程中，应与受影响人进行磋商。定期编制监测报告，并将监测结果告知受影响人。

若项目产生的非自愿移民影响较大，项目投资方应在缓解措施基本完成时进行完工审查评估。完工审查应由有经验的专业移民安置人员进行，主要评估受影响人的生计和生活水平是否已改善或至少恢复，如有必要，提出改正措施达成未实现的目标。

当项目相关的土地征用或土地使用限制有可能导致实物和/或经济迁移，但其确切性质或规模在项目开发的阶段尚不可知，项目投资方应制定应急减缓土地征用或者使用影响的办法。一旦项目投资方确定各项目要素，并且获知必要的信息，项目投资方应将上述框架扩充为潜在风险和影响相关的具体计划。

（二）附属物和其他权益影响

1. 实物迁移

对于实物迁移，无论受影响人的人数有多少，项目投资方应制订计划。计划旨在缓解迁移的消极影响，并按保证确定发展机遇。计划将包括迁移预算和实施时间表，确定各类受影响人的权利（包括东道社区）。特别注意性别方面以及贫困和弱势群体的需求。项目投资方应将取得土地权利的所有交易、补偿金支付及其他搬迁活动相关援助记录备案。

如果居住在项目区域的人被要求搬至其他地方，项目投资方应：①为移民提供可行的安置方案供其选择，包括适当的重置住房或现金补偿；②根据各移民群体的需求提供搬迁援助。新安置地点具备的生活条件应至少等同于移民搬迁前享有的生活条件，或与现行基本规范或标准一致（以标准较高者为准）。如果已准备新的安置地点，那么项目投资方应就计划方案与东道社区磋商，且移民安置计划应确保东道社区至少在现有水平或标准上享有设施和服务。如可能，应尊重移民希望与原有社区和群体共同搬迁的意愿。尊重移民和东道社区的现有社会和文化制度。

若出现搬迁，项目投资方应提供附有租住权保障的等值或更高价值的重置产权，同等或更好的居住优势或依照重置成本计算的现金补偿。如果移民的生计主要来自土地，在可能的情况下提供土地补偿代替现金补偿①。

---

① 在下列条件下，对土地和其他资产丧失提供现金补偿：（a）生计不依靠土地；（b）生计依靠土地，但被项目占用的土地仅占受影响资产的一小部分，剩余的土地仍足以维持生计；（c）存在活跃的土地、房地产和劳动力市场，移民能够利用这些市场，并且有充足的土地和房屋供应，且项目投资方向世界银行圆满证明没有足够的土地供搬迁用。

若出现搬迁无居住地方，项目投资方还应该通过安排让此类移民获得有租住权保障的适当住房。若上述移民拥有建筑物，项目投资方应根据重置成本补偿其土地以外的资产损失，例如民居和土地改良物。基于与这些移民进行磋商的结果，项目投资方应为他们提供足够的搬迁援助代替土地补偿，以便其在适当的替代地点恢复生活水平。如果资格申报截止日期已确定并且已公开公布，项目投资方则无须补偿或援助在资格申报截止日期之后进入项目所在地区的人。

项目投资方不会强行搬迁受影响人。"强行搬迁"指违背个人、家庭和/或社区的意愿的，永久性或暂时性剥夺其占用的住房和/或土地的行为，却未为其提供适当的法律或其他形式保护。项目投资方行使土地征用权、强制征用权或类似权力不得视为强行搬迁，但前提条件是遵循国家法律要求且行使方式符合正当法律程序的基本原则（包括适当提前发出通知，为土地被征用方提供申诉和上诉的机会，避免滥用或过度使用武力）。

项目投资方可考虑协商将原地土地开发作为替代迁移方案，受影响人可基于方案选择丧失部分土地或局部迁移，促进本地条件改善，以便其财产在开发后增值。任何不愿参加上述方案的人可选择法律规定和协商的全额补偿或其他援助。

2. 经济迁移

若项目影响生计或收入，项目投资方计划应包括适当措施，以便受影响人改善，或最起码恢复其收入或生计。计划应确定受影响个人和/或社区应享有的权利，特别注意性别方面以及弱势群体的需求，并保证以透明、持续和平等的方式提供这些权利。计划应包括监测安排，在实施过程中监测生计措施的有效性，并在计划实施完成后进行评估。当完工审查判定受影响人或受影响社区已收到其应得所有援助，且已得到恢复生计的适当机会，经济迁移影响缓解过程可视为完成。

面临资产损失或丧失获取资产途径的经济移民将依重置成本获得补偿，包括：

（1）若土地征用或土地使用限制对商业企业产生影响，受影响企业的所有人将获得补偿，包括转让成本的确定、工厂、机械或其他设备重新安装的成本，及商业活动的恢复成本。受影响员工将获得暂时性工资损失补偿，及在必要情况下的其他雇用机会的援助。

（2）如果受影响人对土地拥有根据国家法律认可的或已经占有的权利，项目应该提供等值或更高价值的替换财产（如农业或商业用地），或者在适当情况下，按全部重置成本提供现金补偿。

（3）对土地不拥有可被认可的合法权利主张的经济移民，应按重置成本补偿他们除土地以外的资产损失（如庄稼、灌溉基础设施以及对土地所做的其他改良）。此外，项目投资方将提供援助代替土地补偿，以便受影响人有机会在其他地方恢复生计。对在资质申报截止日期之后进入项目所在地区的人员，项目投资方无需提供补偿或援助。

项目投资方将为经济移民提供机会，以改善或最起码恢复其创收手段以及生产和生活水平。包括：

（1）对于以土地为生计的移民，应优先为其提供安置土地。在可能的情况下，这些土地在生产潜力、地理区位优势以及其他方面至少应与所损失土地相当。若无法提供合适的安置土地，应按照土地（及其他丧失资产）重置成本提供补偿。

（2）对于以自然资源为生的移民，如果项目对自然资源使用限制有影响，应采取措施使其继续使用受影响的资源，或为其提供与原来资源相等的替代资源的使用途径。若公共财产资源受到影响，那么与自然资源限制相关的福利和补偿本质上也为共有。

（3）若项目投资方证明无法提供重置土地或资源，那么项目投资方应向经济移民提供可供其选择的替代创收机会，例如信贷融通、技能培训、创业援助、雇用机会或资产补偿以外的现金援助。但是，单靠现金援助通常无法为受影响人提供恢复生计的生产方式或技能。

合理估计经济移民恢复创收能力、生产水平和生活水平所需的时间，并基于此为其提供必要的过渡性支持。

（三）与其他主管机构或司法管辖区合作

项目投资方将建立合作方式，与负责土地征用、移民安置计划或必要援助供应的政府机构或司法管辖区合作。此外，若其他负责机构的能力有限，项目投资方将为移民安置计划、实施和监测积极提供支持。若其他负责机构

的程序或操作标准未能有相关的土地征用和使用等补偿要求，项目投资方应制定补充协议或规定，纳入安置协议，以解决当地政策的不足之处，防止未来出现类似问题。计划还将确定各相关机构的财务职责，实施步骤的适当时间和顺序及合作安排，以解决突发财务事件或应对突发状况。

（四）技术和财政协助

项目投资方可向相关机构请求技术援助，加强项目投资方或其他主管机构的能力，以便进行移民安置计划、实施和监测。上述援助形式可能包括员工培训、土地征用或其他安置活动中在新规定或政策制定方面的援助、评估资金或其他由于实物或经济迁移等导致的相关投资成本。项目投资方可要求技术提供方为导致迁移并要求安置的主要投资提供资金，或赞助具有交叉制约性的独立移民安置计划，与导致迁移的投资同步处理和实施。

四、建立土著居民影响的社会风险控制机制

（一）总体要求

建立对土著居民影响的社会风险控制机制重要目的在于确保与居住在项目区域或对项目区域集体依附的土著居民进行充分磋商，保证他们有机会积极参与项目设计，确定项目实施安排。磋商的范围和规模以及后续项目规划和文件编制流程应与潜在项目风险及对土著居民造成影响的范围和规模相匹配。总的目的是通过这个过程减小企业投资对当地土著不利影响，并进而推进企业本土化。

项目投资方将评估预期对居住在项目区域或对项目区域集体依附的土著居民造成的直接和间接经济、社会、文化（包括文化遗产）和环境影响的性质和程度。项目投资方负责制定磋商策略，确定受影响土著居民参与项目设计和实施的方式。然后根据以下各项制定有效的项目设计和文档。

1. 专门设计确保土著居民获益的项目

对于专门设计直接使土著居民受益的项目，项目投资方主动与相关土著居民接触，保证其对项目设计、实施、监测和评价的主导权和参与。项目投资方还与相关土著居民就拟议服务或设施的文化契合性进行磋商，力争识别

并解决可能限制土著居民参与项目或从中获益的任何经济或社会约束（包括性别相关约束）。

如果土著居民是唯一直接项目受益人，或在直接项目受益人中占绝大多数，则单一行动方案可以纳入整体项目设计中，无需制定独立方案。

2. 提供平等的项目获益机会

如果土著居民不是项目的唯一受益人，则规划要求将视具体情况而定。项目投资方在设计实施项目过程中采用的方式应保证能够为受影响土著居民提供平等的项目获益机会。土著居民的关切或偏好将通过有意义的磋商和项目设计进行处理，而相关项目文档中将总结磋商结果，并说明如何在项目设计中处理土著居民关注的问题。此外，文档还将说明项目实施和监测期间的持续磋商安排。

如果在项目实施阶段采取特定措施以保证提供平等的项目获益机会，则项目投资方应制定一份有时限的行动方案，例如《土著居民发展计划》。或者，若情况允许，可以制定一份更广泛的社区发展计划，其中包含受影响土著居民相关的必要信息。

3. 避免或缓解不利影响

若情况允许，可以避免对土著居民造成不利影响。在已尝试替代方案但不利影响仍无法避免时，项目投资方应将影响降至最低，并/或以文化上适当的方式对这些影响进行补偿，补偿需与影响的性质和规模以及受影响的土著居民社区的脆弱程度相匹配。项目投资方需采取的行动将在与受影响土著居民磋商后确定，并包含在一份有时限的计划中，例如《土著居民发展计划》。若情况允许，可以制订一份综合的社区发展计划，其中包含受影响土著居民相关的必要信息。

有可能项目会涉及一部分异常脆弱的偏远群体，他们与外界联系有限，被称为处于"自愿性隔离"或"初步接触"的群体。可能对这类群体存在潜在影响的项目必须制定适当措施，识别、尊重并保护其土地和领地、环境、健康和文化，同时避免项目引起的所有不受欢迎的接触。

4. 专门针对土著居民开展有意义的磋商

为促进有效项目设计，寻求当地支持或确定项目所有权并降低项目延误或存在争议的风险，项目投资方应与受影响土著居民进行沟通。沟通程序包括以文化上适当以及性别和代际包容的方式开展的利益相关者分析和沟通计划、信息披露和有意义的磋商。另外还应包括：①土著居民的代表团体和组织（如长老会或村委会或首领）以及其他社区成员（如适用）；②为土著居民作出决策提供充足时间；③在适用情况下，允许土著居民有效参与项目活动或缓解措施的设计，因为这些活动或措施可能对他们产生正面或负面影响。

（二）建立对土著居民影响的评估和磋商机制

1. 评估对传统所有、习惯用途或占用的土地和自然资源的影响

土著居民通常与其土地和相关自然资源（海洋和水资源、木材和非木材产品、药用植物、狩猎和聚会场所以及草场和种植区等）密不可分。通常，这些土地是他们传统所有的，或者是在一定习惯下使用或占用的。尽管根据国家法律这些土地可能并不属于土著居民合法所有，但他们对这些土地的使用，包括季节性或周期性使用，或用于其生计，或用于界定其独特性和社区属性的文化、仪式或精神层面用途，通常是有据可查、有文记载的。若项目涉及对土著居民传统拥有或习惯使用或占用的土地或领地确立法律认可权利的活动，或此类土地的征用，项目投资方将在尊重相关土著居民的习惯、传统和土地所有制的前提下编制此类所有权、占用或使用的法律认可的计划。这些计划的目标将为：①土著居民现有习惯土地所有制的完全法律认可；②将习惯使用权转换为共有和/或个人所有权。如果根据国家法律不得选择任何方案，则该计划包括从法律上认可土著居民永久或长期可续期管理权或使用权的措施。

如果项目投资方拟在土著居民传统所有或习惯使用或占用的土地上开发项目，或对土地上的自然资源进行商业开发，且预期会对土著居民造成不利影响，项目投资方应采取以下措施并获得受影响土著居民的自由、事先和知情同意：

（1）记录所采取的措施，用以避免项目使用拟议土地或在占地不可避免情况下尽可能减少用地。

（2）记录所采取的措施，用以避免影响或在影响不可避免情况下降低对土著居民传统所有或习惯使用或占用的土地上自然资源的影响。

（3）在购买和租赁土地或在没有其他选择情况下征用土地之前确定并评估所有财产利益、权属安排和传统资源使用情况。

（4）在不对土著居民的任何土地权诉求持偏见的情况下评估并记录土著居民资源使用情况。土地和自然资源使用情况评估将在性别包容性基础上进行，并特别考虑女性在这些资源管理和使用中的作用。

（5）确保受影响土著居民被告知以下情况：根据国家法律他们对这些土地拥有的权利，包括国家法律中规定的土地习惯性使用权；项目的范围和性质；项目的潜在影响。

（6）如果项目致力于推动土著居民土地或自然资源的商业开发，应根据正当程序，为土著居民提供补偿以及文化上适当的可持续发展机会，并保证他们获得的补偿至少等同于拥有土地完整法定所有权的土地所有者应获得的补偿，包括：提供公平的租赁安排，或在必须征用土地情况下，提供基于土地的补偿或取代现金补偿的实物补偿；确保土著居民可以继续获取自然资源，确定等量替代资源，或在别无他法情况下，如项目开发造成土著居民不能获取或丧失自然资源，无论项目是否购征用了该土地，都应为他们提供补偿或找到替代生计；如果项目投资方计划利用土地和自然资源来开发项目，而这些自然资源对受影响的土著居民社区的独特性和生计至关重要，并且这些自然资源的使用加剧了他们生计的风险，则应确保土著居民能够平等地分享从土地或自然资源开发获得的收益。在排除健康和安全考虑前提下，允许受影响土著居民在项目开发的土地上出入、使用和通行。

2. 土著居民从传统所有或习惯使用或占用的土地和自然资源地上搬迁

为避免使土著居民从他们集体所有[①]或传统所有或习惯使用或占用的土地和自然资源地上搬迁，项目投资方应考虑可行的替代项目设计。如果搬迁无法避免，项目投资方在获得上述自由、事先和知情的同意前不得继续开展项目；项目投资方不得要求强行搬迁，且应保证土著居民的任何搬迁必须征得同意，并补偿充分。如果导致他们搬迁的原因不再存在，在可行的情况下，搬迁的土著居民应可以返回他们传统所有或习惯使用的土地。

---

① 通常土著居民基于传统所有和习惯用途提出他们对土地和资源的获取和使用权，其中很多都属于集体产权。这些基于传统的土地和资源所有权可能不被国家法律承认。

3. 文化遗产

如果项目可能对重要文化①遗产造成重大影响，该文化遗产与土著居民生活的独特性及/或文化、仪式或精神方面有关，则应首先考虑避免产生此类影响。如果项目对重要文化遗产的重大影响不可避免，项目投资方应获得受影响土著居民的自由、事先和知情同意。

如果项目拟将土著居民的文化遗产，包括知识、创新成果或惯例用于商业用途，项目投资方应告知受影响土著居民以下情况：①国家法律规定其拥有的权利；②拟议商业开发的范围和性质；③商业开发可能带来的后果；并获得他们自由、事先和知情的同意。项目投资方还应让土著居民平等地分享从对这些知识、创新成果和惯例的商业开发中获得的收益，分享方式应符合土著居民的习俗和传统。

（三）制定缓解措施和关注发展效益

项目投资方和受影响土著居民应识别缓解机制相一致的缓解措施以及以文化上适当方式获得可持续发展效益的机会。评估和缓解的范围包括文化影响②和物质性影响。项目投资方应确保及时实施为受影响土著居民制定的既定措施。

在确定、交付和分配对受影响土著居民的补偿及其应分享的收益时，应考虑到土著居民的法律、制度和习俗及其与主流社会的融合程度。补偿资格可以基于个人或集体或二者确定③。如果基于集体提供补偿，应确定并实施促进面向所有合格成员有效分配补偿或促进以有益于所有成员的方式使用集体补偿的机制。

受影响土著居民如何从项目中受益取决于多种因素，包括但不限于项目性质、项目背景以及土著居民的脆弱程度等。所确定的发展机会应满足土著

---

① 包括具有文化和/或精神价值的自然区域，如圣林、具有神圣意义的水体和水道、山、树、岩石、坟地和墓地等。

② 文化影响相关考量因素包括教育项目中教授语言和课程内容、卫生项目中的文化敏感或性别敏感步骤及其他内容。

③ 如果对资源、资产和决策的控制权主要归集体所有，应采取措施，尽可能确保集体分配收益和补偿，同时考虑代际差异和需求。

居民的目标和偏好，包括以文化上适当的方式提高其生活水平，并帮助增强其所依赖的自然资源的长期可持续性。

（四）申诉机制

项目投资方应确保建立对于受影响土著居民而言文化上合适且易于操作的项目申诉机制，并考虑到土著居民司法追诉程序的可用性和习惯性争议解决机制。

（五）土著居民和更广泛的发展规划

项目投资方可以要求相关技术机构基于特定项目，或以单独措施的形式提供技术或资金支持，用以协助制订方案、策略或意在加强在开发过程中对土著居民的考虑或土著居民参与的其他活动。其中包括设计用于以下用途的各种活动，例如：①加强当地立法，确立对习惯或传统的土地所有权安排的认可；②解决土著居民中存在的不同性别和代际问题；③保护土著知识，包括知识产权；④提高土著居民发展规划或方案的参与能力；⑤提高政府机关为土著居民提供服务的能力。

受影响土著居民可以自行寻求不同支持。项目投资方和相关技术机构应考虑这一点。这些支持包括：①通过（例如社区主导型发展项目和本地管理的社会基金）政府与土著居民合作开发的项目，为土著居民发展优先项目提供的支持；②编制土著居民参与概要文件，记录其文化、人口结构、性别和代际关系以及社会组织、机构、生产体系、宗教信仰和资源使用模式；③推动政府、土著居民组织、公民社会组织和私营部门之间的合作，推动土著居民的发展项目。

第五章 农业海外投资环境
风险控制机制

一、建立资源利用保护管理机制

项目投资方应实施在技术和财务上可行的措施，提高其在能源、水和原材料以及其他资源消耗的利用效率。此类措施应以节约原材料、能源和水以及其他资源为目标，将清洁生产原则纳入到产品设计和产品生产当中。如果有基准数据可用，项目投资方应进行对比，以确立相对效率水平。该措施将与项目相关风险和影响相当，在遵循国际行业惯例的情况下，有利于降低企业的社会责任形象风险。

（一）能源利用

如果项目可能消耗大量能源，那么除了需要满足有关资源效率的要求之外，项目投资方还应在技术和经济可行的前提下采取措施来降低或减少耗能量。项目投资方也可以参考世界银行《环境、健康和安全指南》来确定标准。

（二）水利用

如果项目可能消耗大量水资源，项目投资方还应在技术和经济可行的前提下采取措施来避免或最大程度降低耗水量，使项目不至于对他人造成重大不利影响。此类措施包括但不限于：在项目投资方的项目运行过程中采用技术上可行的节水措施、使用替代水源并采取用水补偿方案，把用水量维持在可供应量以下；评估项目的备选地点。

对于耗水量较高且对社区、其他用户或环境可能存在严重不利影响的项目，适用下列规定：①开发精细化水平衡系统，定期维护、监控和上报；

②寻求持续提高用水效率的机会；③评估水资源的特定用途（按每单位生产量使用的水体积计算）。操作时应参照现有行业用水效率标准。

项目投资方应开展针对社区、其他用户和环境的潜在累积影响的评价，作为环境与社会评价的一部分。作为环境与社会评价的一部分，项目投资方应制定并实行适当的缓解措施。

（三）原材料利用

如果项目可能消耗大量原材料，项目投资方还可在技术和经济可行的前提下采取诸如世界银行开发的《环境、健康和安全指南》和《良好国际行业惯例》中指定的措施①来避免或减少原材料使用量。

二、建立污染防治管理机制

项目投资方应避免排放污染物，若无法避免，则应根据国家法律中规定的绩效等级和措施最大限度地降低或控制排放强度和质量流量。这一要求适用于在正常、非正常运行以及意外情况下释放到大气、水体以及土壤之中并可能造成当地、区域或跨境影响的污染物。

若项目涉及区域已经受到污染，则项目投资方应制定相关程序确定责任方，并事先厘清责任。若这些污染可能对人体健康或环境构成重大威胁，则项目投资方应针对威胁社区、工作人员和环境的当前污染开展健康与安全风险分析，并做好备案工作。项目现场的任何整治应符合国家法律和良好国际行业惯例②。

为了应对项目可能对人员健康和环境造成的不利影响，项目投资方应考虑各种相关因素，包括：①当前周边环境条件；②有限的环境容量③；③当

---

①　这些措施可能包括重复使用或回收材料。项目投资方将设法减少或消除有毒或有害原材料的使用。

②　若历史性污染由一个或多个第三方引起，则项目投资方应向该责任方寻求解决方案，确保能够依照国家法律或良好国际行业惯例要求治理污染。项目投资方将采用充分手段，确保项目现场的历史性污染不会对工作人员和社区的健康和安全造成威胁。

③　环境容量指环境在对人体健康和环境的风险保持在可接受水平以下的前提下吸收不断增多污染物的容量。

前和未来的土地利用；④项目是否毗邻重要的生物多样性地区；⑤出现造成不确定和/或不可逆后果的累积性影响的可能性；⑥气候变化的影响。

如果项目有可能在已经出现环境退化的区域形成一大污染物排放源，则项目投资方还应考虑采取额外策略和措施来避免或最大程度减少负面影响。此类策略包括但不限于对项目的备选地点进行评估。

（一）大气污染

除了制定资源效率措施以外，项目投资方还应考虑技术和财务上可行且具有成本效益的其他替代措施，以最大程度减少项目设计和运行期间的项目相关气体排放。

对于预计每年将产生超过阈值的二氧化碳当量，在技术和经济可行的情况下，项目投资方应有针对二氧化碳排放的量化措施：①项目实际范围内所拥有或控制的设施估计的直接排放量[1]；②包括为了满足项目的能源需求而在项目场所外进行的活动所带来的间接排放量[2]。项目投资方应按照国际通行的方法和良好惯例每年估测一次温室气体排放量。

（二）危险和非危险废弃物管理

项目投资方应避免产生危险废物或无害垃圾。在无法避免的情况下，项目投资方应最大限度减少废弃物的产生，并采用对人体健康和环境安全无害的方式将废弃物进行回收和重新利用。如果废弃物无法重新利用、回收或恢复，项目投资方应采用对环境无害且安全的方式对其进行处理、销毁或处置，其中包括适当控制运输和废弃物处理过程中产生的排放物和残留物。

若产生的废弃物具有危害性，则项目投资方应遵守现有的危险废弃物管理（包括存放、运输和处理）要求（包括国家法令和适用的国际惯例），包括跨境转运相关的规定。若无上述要求，则项目投资方应采用良好国际行业规范备选方案，用于环保安全管理和处理。如果危险性废弃物的管理由第三方执行，项目投资方应选用信誉良好的合法企业作为承包商，而且所用的承

---

① 土壤碳或地上生物量的项目诱发性变化以及有机质的项目诱发性腐败可能变成直接排放源，并将计入估测的排放量（重要排放源）中。

② 这些排放量来自本项目的工地外发电、供热和制冷能源。

包商应获得相关政府监管机构对此类废弃物运输和处理方面的许可，并需要取得直达最终处置地的处置链文件证明。项目投资方应确认持证废物处理场按照可接受的标准进行运行并确认其位置。如果许可的处理场不符合可接受的标准，项目投资方应最大限度减少送往此类处理场的废物量并考虑替代处理方案，其中包括考虑在项目地点或其他任何地方建立自己的回收或处理设施的可能性。

（三）化学品和危险材料管理

项目投资方应避免生产、交易和使用国际禁令、限制令或淘汰令禁止的化学品和危险品，出于公约或协议中规定的特定目的的情况除外；或仅当项目投资方获取豁免后方可，并且须与适用的国际协议项下的项目投资方政府承诺保持一致。

项目投资方应最大限度地减少和控制危险品的排放和使用。项目进行过程中危险品的生产、运输、搬运、储藏和使用应经过环境与社会评价。在制造过程或其他运行中需要使用危险品的情况下，项目投资方应考虑使用危险性较小的替代品。

（四）农药管理

若项目需要采用病虫害管理措施，则项目投资方应采用综合性或多样性策略，优先选择病虫害综合管理（IPM）[1] 或病媒综合管理（IVM）[2] 方法。

采购杀虫剂时，项目投资方应评估相关风险的性质和程度，并考虑拟定用途和目标使用者。借款人不得使用任何农药或农药产品或制剂，除非这种使用符合《环境、健康和安全指南》。另外，项目投资方不得使用任何包含适用国际公约或其议定书或其附件所列标准或会议中受限活性成分的杀虫剂

---

[1]　病虫害综合管理（IPM）指一系列旨在降低对化学合成杀虫剂依赖的农民自发的环保虫害控制实践。这包括：（a）管理病害虫而不是根除病害虫（将之控制在造成经济损失水平之下）；（b）综合多个方法（尽可能依赖非化学措施）将害虫数量控制在低水平；（c）在必要情况下选择使用杀虫剂，并最大程度降低其对有益的生物、人和环境的不利影响。

[2]　病媒综合管理（IVM）指"为优化使用资源以控制病媒而进行的理性决策过程。该方法旨在提高病媒控制的效力、成本效益、生态合理性和可持续性"。

产品，公约、议定书或附件中规定的特定可接受用途除外，或仅当项目投资方获得上述公约、议定书或附件规定的豁免令后方可使用，并且须与这些及其他适用的国际协议项下的项目投资方政府承诺保持一致。项目投资方也不得使用未达到相关国际机构规定的致癌性、致突变性或生殖毒性标准的任何配方的杀虫剂产品。对于会对人类健康或环境构成其他潜在的严重危害以及国际公认分类和标签制度中确定的任何其他农药产品，项目投资方在以下情况下不得使用农药制剂：①所在国家缺乏对上述产品分销、管理和使用的限制规定；②上述产品可能或能够被未经培训的下岗人员、农民或其他无适当的搬运、储存和应用设备和设施的使用人使用。

下列附加标准适用于所述杀虫剂的选择和使用：①对人体健康产生的不利影响可忽略不计；②被证明对目标物种有效；③对非目标物种和自然环境的影响轻微。杀虫剂施用方法、时间和频率应能最大限度地减少对病虫天敌的损伤。公共卫生项目中使用的杀虫剂能够被证明对使用区居民、家畜和使用人无害；④使用此类杀虫剂时应考虑降低虫害抗药性的必要性；⑤若需要登记，则所有杀虫剂应经过注册或授权后方可用于农作物或本项目下的拟议用途。

项目投资方应确保按照相关国际标准和行为准则规定进行杀虫剂生产、配剂、包装、标签、搬运、存储、处理和使用。

对于任何涉及重大病虫害管理事件的项目①或可能引发重大病虫害和农药管理活动的任何项目②，项目投资方应编制病虫害管理计划。若拟议的病虫害管理产品资金占本项目的比重较大，则也需编制病虫害管理计划③。

三、建立生物多样性保护和生物自然资源的可持续管理机制

资源保护和污染防治和管理也是国际多边机构、非政府组织以及政府

---

① 上述事件包括：(a) 飞蝗治理；(b) 蚊子或其他病媒治理；(c) 鸟害管制；(d) 鼠类治理等。

② 例如：(a) 新土地开发或耕作方式改变；(b) 向新区域大力扩展；(c) 向农业新作物多样化发展；(d) 当前低水平技术体系增强；(e) 计划采购相对危险的病虫害控制产品或方法；(f) 特定环境或健康问题（例如，临近保护区或水产资源；员工安全性）。

③ 上述均是大量病虫害融资过程中需要面对的问题。对于采购或使用浸泡蚊帐，或采购或使用国际公认分类系统认可的杀虫剂在住所内喷洒以防治疟疾，则无须编制病虫害治理计划。

所关注的重点，一旦处理不好这可能成为影响企业社会责任形象的重大风险。环境评价将考虑项目对生物多样性的直接和间接影响。本过程将考虑对生物多样性的威胁，例如栖息地丧失、生态系统退化和破碎化、外来物种入侵、过度开采、环境污染和临时捕获，以及预期气候变化影响。本过程还将考虑受影响社区和其他利益相关方在生物多样性方面的不同附加值。

项目投资方将避免对生物多样性的不利影响。若无法避免对生物多样性的不利影响，项目投资方将实施适当措施，尽可能减少消极影响，恢复生物多样性。项目投资方应该确保采用充分的生物多样性专业知识进行环境评价，帮助建立影响缓解机制，保证缓解措施的实施。在合适的情况下，项目投资方应该考虑制定《生物多样性管理计划》。

（一）建立风险和影响评估机制

通过环境评价，项目投资方将确定潜在项目风险和项目对栖息地及其生态多样性的影响。不论栖息地保护状态如何，不论栖息地在项目投资前混乱或退化程度如何，项目投资方进行的环境评价均应考虑项目对栖息地生态完整性的潜在风险和影响。评估程序应充分基于风险和影响的可能性、重要性和严重性确定其特征，反映可能受影响区域和其他利益相关方（若相关）的利害关系。

项目投资方的评估将包括基线条件，其在某种程度上与预期风险和影响的重要性相关且具有特定关系。计划和进行生物多样性相关的基线和影响评估时，项目投资方应参考相关良好国际行业惯例，按要求采用计算机和实地考察方法。若需要进一步调查潜在影响的重要性，项目投资方将在实施可能对受影响栖息地及栖息地生物多样性造成重大不利影响的项目活动前进行额外研究和/或监测。

在适用的情况下，评估将考虑居住在项目区域内或周边受影响社区（包括土著居民）对生物自然资源的使用和依赖性，而他们对生物多样性资源的使用可能受到项目影响，及他们在生物多样性保护和可持续使用方面所扮演的角色。

若评估已确定项目对生物多样性的潜在影响，项目投资方应依据缓解制度和良好国际行业惯例应对这些影响。项目投资方还应采用预防途径和适应性管理实践，实施缓解和管理措施，应对条件变化和项目监测结果。

1. 生物多样性保护

生物"栖息地"是指可供多种生命有机体共同生存、并与周围的非生物环境相互影响的陆地、淡水或海洋等地理单元或空中区域。栖息地在对影响的敏感性及社会赋予其的各种价值方面有所差异。项目投资方在考虑对栖息地影响的时候，需要考虑所有栖息地类型，包括"被改变的栖息地""自然栖息地"和"关键栖息地"，以及"法律保护及国际和地区公认的生物多样性价值区域"。

为了保护和保存生物多样性，建立的缓解机制中应包括生物多样性补偿措施，只有在采取了适当的避免、减少和恢复措施后剩余不利影响仍然存在，万不得已才可能考虑补偿措施①。生物多样性补偿方案的设计和实施目的是为了获得可衡量的、附加的、长期的保护结果②，而基于合理预测，这些结果能够达成生物多样性无净损失③，并且最好是能够带来净收益；若为重要栖息地，必须为净收益④。生物多样性补偿方案的设计必须遵循"平衡"的原则⑤，而且必须根据良好国际行业惯例来实施。如果项目投资方正在考虑制定一项补偿方案作为缓解制度的一部分，项目投资方将聘请具有补偿设计和实施经验的资深专家。某些不利的残余影响无法补偿，特别是当受影响区域从生物多样性角度而言是唯一且不可代替时。在这种情况下，项目

① 生物多样性补偿方案旨在通过一系列行动实现可衡量的长期保护结果，这些行动旨在对采取适当避免、减少和恢复措施后仍存在的项目对生物多样性的不利影响进行补偿。生物多样性补偿方案应遵循良好国际行业惯例，并与利益相关者一同制定。

② 可衡量的生物多样性保护结果必须在当地（现场）和适当的地理范围内得以证明（如地方性、全国性和地区性范围）。

③ 无净损失是指，在通过采取措施以避免和减少项目影响，以及进行原地恢复并最终在适当的地理范围内抵消任何重大残余影响之后，项目对生物多样性的相关影响得到平衡。

④ 净收益指重要生境中能够实现的生物多样性价值的额外保护成果。净收益可通过生物多样性补偿计划的制订得以实现，且/或通过实施现场项目（当地）来强化生境、保护生物多样性，前提条件是项目投资方无需生物多样性补偿方案即可达成。

⑤ 平衡原则是指，生物多样性补偿的设计，必须保存与项目影响下同等的生物多样性价值（同质补偿）。但在某些情况下，项目所影响的生物多样性领域可能既不是国家也不是地方的优先考虑事项，而且可能其他有类似价值的生物多样性领域具有更高的保护和可持续使用优先级别，并面临紧迫的威胁、急需保护或急需有效管理。

投资方应该考虑放弃这个项目，否则存在重大的环境隐患。

（1）被改变的栖息地影响。被改变的栖息地是指可能包含很大比例的非本地原生植物和/或动物物种的地区，以及/或人类活动已大幅改变了当地主要生态功能和物种构成的地区。被改变的栖息地可能包括农业区、人工林、人工填造的沿海区域以及人工开垦的湿地。项目投资方应将对这类生物多样性的影响降至最低，并在适当情况下采取缓解措施。

（2）自然栖息地影响。自然栖息地是指大部分生存的植物和/或动物物种均为本地原生的地区，并且/或者人类活动未从实质上改变当地主要生态功能和物种构成的地区。如果评估确定自然居住地作为其一部分，那么项目投资方将依据缓解制度避免对首要生物多样性特征的不利影响。若项目有可能对自然居住地产生不利影响，项目投资方不会实施任何项目相关活动，除非包括以下两种情况：第一，没有其他技术上或经济上可行的替代方法；第二，项目投资方应根据缓解制度制定适当的缓解措施，确保今后生物多样性无净损失且最好实现净收益，或者在利益相关者的支持下（若适用），确保重要性等级更高的生物多样性的保护。若存在任何剩余不利影响，项目投资方应执行补偿措施，例如生物多样性补偿计划（若适用）。

（3）重要栖息地。重要栖息地是具有高度生物多样性价值的区域，包括：高危或独特的生态系统；《世界自然保护联盟（IUCN）濒危物种红色名录》或国家法律所列濒危和极危物种的栖息地；对地方特有的或有限范围内物种具有重要意义的栖息地；对全球或国家重要的集中迁徙物种或集中聚居物种具有重要意义的栖息地；其生态功能或特征对维持上述前四种生物多样性特征至关重要的栖息地。

项目投资方不应该在重要栖息地地区实施任何项目活动，除非满足下列所有条件：

第一，所在区域内不存在其他可行替代方案，使其在生物多样性价值较低的栖息地开发项目；第二，符合所有正当程序，即国际义务或国家法律要求国家批准重要栖息地内或周边项目活动前必须进行的正当程序；第三，项目活动对栖息地的潜在不利影响或影响可能性不会导致指定的关键栖息地的生物多样性价值产生可衡量的不利影响；第四，项目旨在使项目区域相关的重要栖息地实现净收益；第五，该项目不会导致任何极危、濒危或范围受限的易危物种的数量在合理时间段内净减损①；第六，新的或更新的林业或农业种植园不会转变任何重要栖息地或使其退化，无论现场、相邻或下游地区的栖息地；第七，该项目将不涉及重要栖息地的显著转变或退化，包括森林地区；第八，项目投资方的管理计划已纳入强有力、设计得当的长期生物多样性监测和评价计划。

若生物多样性补偿被提议作为缓解制度的一部分，项目投资方应通过评估证明项目在生物多样性方面剩余的重大不利影响可适当缓解。

（4）法定保护区和国际认可具有生物多样性价值的区域。若项目发生在法定保护区，或者地区或国际认可或指定的保护区，或项目可能对这些区域产生不利影响，项目投资方将确保从事的所有活动符合本地区法定保护状态和管理目标。项目投资方还将确定和评估项目的潜在不利影响，并实施缓解制度，预防或缓解项目的不利影响，例如对该区域完整性、保护目的或生物多样性重要性的危害。

项目投资方在法定保护区开展：第一，证明此类区域中的拟开发项目已获得法律许可；第二，项目操作方式应与政府认可的此类区域管理计划保持一致；第三，在适当的情况下，就计划、设计、执行、监控和评价拟定的项目与保护区的主办方和管理方、受影响社区（包括土著居民以及其他利益相关方）进行磋商；第四，酌情实施额外计划，以促进和加强该区域的目标保护和有效管理。

2. 外来入侵物种

有意或无意地向某一区域引入该区域不常见的外来或非本地动植物物种，可能会对生物多样性造成重大威胁，因为某些外来物种可能具有侵略性、快速繁衍性，进而淘汰本地物种。

项目投资方不能故意引入任何新的外来物种（目前还未出现在项目所在

---

① 净减损指个体数或累积数的损失，这将影响物种多代或在很长一段时间内在地球上和/或地区/国际范围内的生存能力。潜在净减损的范围（即全球和/或地区/国家）的确定依据为（全球）《世界自然保护联盟濒危物种红色名录》和/或地区/国家名录上所列的物种。对于（全球）《世界自然保护联盟濒危物种红色名录》和地区/国家名录上所列的物种，净减损将基于国家/地区数量。项目投资方必须证明极危和濒危物种"无净减损"的时间表将按具体情况确定，若适用，还应咨询资深专家并考虑物种生物学。

国家或区域），除非该行为符合现有物种引入监管框架。尽管有上述规定，项目投资方不得故意引入任何具有高入侵风险的外来物种，不论这类引入是否为现有监管框架所允许。所有外来物种引入必须进行风险评估（作为项目投资方环境评价的一部分），确定该物种是否具有潜在侵略性。项目投资方应采取措施避免可能的偶然或无意的物种引入，包括可能滋生外来物种的培养基和生物媒介（例如土壤、道砟及植物材料）运输。

如果拟议项目所在的国家或地区已经存在外来入侵物种，项目投资方应尽力确保这些物种不扩散到其未到达区域。在可行的情况下，项目投资方应采取措施将这些物种从项目投资方具有管理控制权的自然栖息地中清除。

3. 生物自然资源的可持续管理

对于涉及初级生产或生物自然资源使用的项目，项目投资方将评估这些资源及其使用的可持续性，以及此类生产或使用对当地、附近或生态相关栖息地、生物多样性和社区包括土著居民的潜在影响。

项目投资方将通过良好管理惯例和现有技术，以可持续方式对生物自然资源进行管理。如果这些初级生产惯例已纳入全球、地区或国家认可[①]的标准条文中，特别是对于行业规模的经营，项目投资方应遵照这些标准来实施可持续的生产管理。

如果存在相关可靠标准，但项目投资方尚未获得这些标准的独立认证，那么项目投资方应对适用标准的符合性进行预评估，并采取适当行动争取在相关技术机构接受的时间内获得认证。

如果项目所在国家没有适用于特定生物自然资源的相关、可靠全球、地区或国家标准，项目投资方应承诺采用良好国际行业惯例。

若项目包括基于土地的商业性农业和林业种植（特别是涉及土地清理或造林的项目），项目投资方应将此类项目定位于已转换或高度退耕的土地（不包括任何因预计项目发生而退耕的土地）。鉴于种植项目有可能造成外来物种入侵，威胁生物多样性，因此这类项目设计时将避免并缓解项目对自然生境的潜在威胁。当项目投资方投资自然森林的林业生产时，将对森林进行

---

① 生物自然资源可持续管理依据的全球、地区或国家认可标准符合下列条件：（a）客观且可实现；（b）建立在与多方利益相关者磋商的基础上；（c）鼓励阶梯式和持续改进；（d）通过适当的认证机构对这些标准提供独立认证。

可持续管理。

如果这些采伐作业可以由小型生产者、社区森林管理范围内的当地社区或执行联合森林管理安排的实体实施，且这些作业不会直接关系到行业规模运营，则项目投资方将确保他们：第一，已达到为确保当地受影响社区有效参与而制定的森林管理标准，符合法定甚至更高标准的森林管理标准的原则和标准；第二，遵守实现这类标准的限时行动计划。项目投资方必须制订行动计划，确保社区有效参与。项目投资方应对当地受影响社区有效参与的所有作业活动进行监测。

如果项目投资方投资的非森林项目，项目投资方应确保尽可能减少采伐区域，同时要求采伐区域符合项目技术要求，且遵循相关国家法律和其他相关标准。

若项目涉及农作物和畜牧行业生产，项目投资方将遵循良好国际行业惯例，避免或尽可能减少不利影响和资源消耗。若项目涉及大规模商业畜养动物以生产肉制品或其他动物产品（例如牛奶、鸡蛋、羊毛），项目投资方将采用符合良好国际行业惯例的动物畜养方法，并适当考虑宗教和文化原则。

（二）主要供应商

主要供应商是指在项目核心业务过程中，直接为项目提供必要货物或原料的供应商。项目的核心功能是指对某一项目活动至关重要的生产和/或服务过程，项目进行缺之不可。若项目投资方购买的初级产成品（包括食品、木材和纤维商品）来自自然或关键栖息地可能存在重大转用或退化风险的地区，项目投资方的环境评价将包括主要供应商使用的评估系统和验证实践。

项目投资方将建立系统和验证实践：第一，确定供应来源和源地区的栖息地类型；第二，对客户主要供应商的持续审核；第三，仅从那些可以证明其不会促使自然或关键栖息地的重大转用或退化的供应商采购产品；第四，如有可能，应采取措施，促使项目投资方的主要供应商逐步选择能够证明其不会对这些地区造成重大不利影响的供应商。

项目投资方能否具有完全应对这些风险的能力，将取决于项目投资方对其主要供应商的管理控制或影响程度。

第六章　跨国农业投资的风险防范措施

一、风险预防

风险预防是在风险发生之前，采取消除或减少风险因素的措施，达到降低风险发生概率、减轻风险损失程度的目的。风险预防措施与引发损失的因素紧密联系在一起，要达到有效预防风险，必须先要梳理企业在开展跨国农业投资时可能引发损失的因素，特别是可以提前预见的一些因素，比如各类合同条款、东道国的土地制度、资金来源、人力资源、可预报的自然灾害等。

（一）风险预防的适用条件

正所谓"防患于未然"，风险预防是跨国农业投资最主要最常见的风险防范措施，是适用于绝大多数情况的，特别是风险因素可以提前预见并且通过预先采取一些措施能够有效降低风险发生概率、控制风险损失的情况，比如通过天气预报提前预知洪涝等自然灾害的发生，可以采取措施降低灾害造成的损失，通过前期调研了解东道国的劳工保护政策，可以通过雇用和培训当地劳动力来避免东道国实施地方保护主义造成企业损失等。

（二）风险预防的具体措施

1. 加强风险评估和预警

为避免和减轻风险造成的损失，农业企业跨国投资者应在投资前进行充分的风险评估，即通过市场调研收集东道国的经济发展水平、对外直接投资政策、政局稳定性、投资项目与东道国经济发展目标之间的关系、自然条件、土地制度、劳工政策、税收政策等方面的资料，然后对资料进行分析评估，以预估风险点及发生概率。中国出口信用保险公司推出的《国家风险分

析报告》和商务部编写的《对外投资合作国别（地区）指南》系列报告都是我国农业企业开展对外投资风险评估很有价值的参考报告。

2. 建立多元化分散投资机制

这里的分散投资包括投资地区/国别多元化和投资行业/产品多元化。投资地区/国别多元化是指投资不宜过于集中某一国家或地区，具体到我国农业海外投资的区位选择顺序上，可以东南亚、南亚、俄罗斯等周边国家为重点，大力拓展非洲、拉丁美洲等地区，有针对性地投资发达国家。投资行业/产品多元化是指投资的领域也不宜过度集中，而应涉及不同的农业细分领域，尽量向产业链上下游延伸。

3. 实施本地化策略

风险产生的背后往往牵扯着利益因素。如果跨国投资农业企业能加强与东道国利益上的融合，那么产生矛盾和风险的可能性就会降低。本地化策略可以包括原材料本地化、人力资源本地化以及合资等。企业在境外开展农业生产时原材料应尽量本土化。如适当增加种子、农药、化肥、机械等原材料的当地采购比例，以促进和带动东道国相关行业的发展，使这些相关行业与跨国投资企业利益维系在一起。投资企业的管理人员和员工可以从当地人中聘请，以便提供更多的就业机会，并为东道国进行人才培训，这些都会使当地政府认识到外资企业在客观上为东道国的经济发展作出了不少贡献。比如非洲国家大部分土地为农民掌握，我国企业可以与非洲农民合作，由国内农业企业负责提供种子、化料和农药，对当地农民进行技术培训后进行耕种。另外，还可以选择与东道国进行股权合资，这样可以大大降低进入东道国市场的门槛和风险，而且有可能享受该国国民待遇，免受非关税贸易制裁。

4. 制定灵活的生产和市场战略

投资企业通过有效的安排生产经营，会使得东道国政府在实施征用、国有化或没收政策后无法维持原公司的正常运转，从而降低被征用的风险。如在生产战略上，控制原材料和零配件的供应；在市场战略上，通过控制产品的出口市场以及产品出口运输及分销机构，使东道国政府即使接管该企业也无法让企业运转；在项目设计中，将专有技术或关键生产方面集中于母国，增加东道国实施国有化的成本；建立一个单一的全球性商标，使其不能被东道国政府合法地复制等都是预防和控制跨境投资风险行之有效的策略。

5. 积极承担社会责任，改善企业形象

东道国对外国投资者的印象决定了对其投资项目的认可和重视程度。跨境投资的农业企业也应积极融入当地主流社会，履行社会责任，参加当地相关行业协会，让企业成为当地社会的一员。同时可以通过像捐助慈善事业、建立奖学金、训练和雇用残疾人员、注重社会和本地事业等传统方式来建立良好的企业形象。特别应该主动承担一些对东道国经济发展具有关键作用而该国又无法完成的项目。良好的企业公民形象和社会融入有助于获得东道国的官方认可从而减少矛盾降低各类政治社会因素带来的风险。

以上的风险预防措施主要是从跨境投资企业的角度提出的，从政府层面来说，也可以采取一系列措施，从宏观层面上改善企业投资环境，帮助企业防范风险，具体包括：加强对跨境农业投资的资金支持，通过设立专门的农业境外投资专项发展基金、放宽涉农企业境外投资融资条件、创新担保形式等方式，来防范跨境投资企业特别是中小型企业因融资困难而面临的风险；加强对重点国家投资风险的监测、分析和预警，可以成立专门的境外投资风险研究和评估机构，调研国际政治经济形势、重点国家的执政能力、法律法规政策、与我国政府关系等方面，分析预测对外直接投资风险并定期发布，一旦发生重大的政策或制度变动进行及时的预警，为农业企业境外投资决策提供参考；利用外交手段和双边投资保护协定为投资企业提供政策保护，把农业企业对外直接投资作为双边谈判的重要内容，打造良好的企业对外投资国际环境。

二、风险规避

风险规避是指选择放弃、停止或拒绝等方式处理企业在海外农业投资中面临的风险，比如终止合作协议、终止某类农产品的生产甚至离开东道国等。这是各种风险应对措施中最简单也是最消极的一种，一旦采用这种措施，风险损失的可能性没有了，但好的机会也丧失了，因此除一些特殊情况外不宜随便采用。

（一）风险规避的适用条件

1. 风险不可控制且损失程度大

有些风险是不可控制的，而且一旦发生就会产生严重的损失，比如东道国发生内乱，或者东道国政府违约，导致签订的农业投资协议无法履行，而投资企业既无力改变局面，又无力承担后果，只能选择放弃或中止。

2. 经济上合算

如果采用其他风险处理方法的成本超过产生的收益，或者处理一种风险会带来其他新的较大的风险，而采用风险规避的方法可以使企业受损失的可能性为零，此时就可以说规避风险的方式最为经济。

（二）风险规避的优缺点

1. 优点

1）彻底避免了可能遭受的风险损失。

2）企业可以将有限的资源应用到风险效益更佳的项目上，这样就节省了企业资源，减少了不必要的浪费。

2. 缺点

1）放弃了对风险的承担也就意味着放弃了获得经济收益和发展的机会。

2）降低了企业的生存能力。如果不努力应对风险、积极消除风险因素，而是一味过度的规避风险，会使企业逐渐丧失驾驭风险的能力，降低企业的生存能力。

3）风险规避必须建立在准确的风险识别基础上，而企业的判断能力是有限的，对风险的认识总会存在偏差，因而风险规避并不总是有效的。

4）规避某种风险可能会带来另外一种新的风险。

三、风险转移

风险转移是企业将自己不想承担的风险转移出去，它不同于风险规避，风险规避是主动放弃或终止存在的风险，而风险转移则允许风险继续存在，只是通过积极的方式将其转移到其他主体，从而避免风险高度集中。风险转移主要分为非保险转移和保险转移两大类。

（一）非保险转移

1. 非保险转移风险的措施

非保险转移风险是指企业将损失的风险和责任转移给非保险业的另一个单位担当和管理。跨过农业投资企业可以采用的非保险风险转移措施包括：

1）分包。利用分包的方式，将部分环节特别是风险较大的环节转移给其他单位，从而将相应的风险转移给分包人。对于一个涉及全产业链或者诸多环节的境外农业投资企业，完全可以将其中的部分环节分包给其他企业，比如农产品生产加工企业可以雇用专门的劳务公司，由其通过劳务输出、本地雇用和培训等方式来提供合格的劳动力，在此过程中的成本上涨、劳动力短缺等相应风险就由劳务公司来承担。

2）签订转移风险的合同。签订合同时，可以在合同中约定免除责任条款、转移责任条款，以此来转移风险。比如农业生产周期较长，过程中可能面临着收成欠佳、成本上涨、供需关系改变等多种风险和不确定性，对此农业生产企业可以与收购者签订相应的责任免除条款或转移条款，规定如果因不可抗力导致严重歉收无法履约，生产企业全部或部分免除责任，如果劳务和原材料价格上涨、汇率变化等因素导致生产成本增加达到一定幅度，生产企业有权调整收购价格。

2. 非保险转移风险的条件

1）转移责任条款必须合法。如果转移或免除责任的条款不符合东道国的法律法规，则该条款不会被法律认可，风险转移方式也不具有法律效力。

2）风险受让方具有偿付能力。如果风险受让方没有能力赔偿风险带来的损失，那么转让方也需要对已经转移出去的风险担当责任，因此受让方是否具备偿付能力是风险真正转移出去的条件。

（二）保险转移

保险是常见的风险转移的做法。保险人提供转移风险的工具给被保险人或者投保人，一旦发生保险责任范围内的损失，保险人就需要补偿被保险人的经济损失。保险公司设计推出各种各样的保险产品提供给风险管理单位选

择、购买，风险管理单位通过购买保险将相应的风险转移给保险公司。

农业企业对外直接投资，参与国际经济竞争，比在国内要承担的风险和压力更大。美国、欧盟等建有比较完善的优惠保险体系，政府承担农业涉外项目的一部分保费补贴。从国际实践上看，这种做法在帮助农业企业规避对外投资风险上作用很大。中国已经设立了专业的政策性金融机构帮助企业承担境外投资的风险，如中国出口信用保险公司就是中国政府独资的唯一承办出口信用保险业务的政策性保险公司，独家经营我国海外投资（租赁）保险，主要承保没收、征用和国有化风险，政府违约风险，禁止或限制汇兑风险和战争风险4种。但总体来说中国针对农业海外投资的保险险种还不完善，范围还比较窄，对农业企业风险分担作用还不强。另外，中国出口信用保险公司风险资本金约束较大，且为了控制赔付风险，保险费率偏高，以至于许多境外投资的私营企业特别是中小企业享受不到海外投资保险的政策性资源。未来国家应继续推动境外投资的政策性保险发展，针对境外农业投资非常规的风险设立农业对外投资保险险种，扩大承保范围，并对于特定项目的保险给予保费补贴，给农业企业的境外投资提供更多保障。

此外，多边投资担保机构（MIGA）也通过为投资者提供投资担保来防范战争内乱、财产征用、货币转移和东道国违约等风险。

四、风险自留

风险自留又称风险接受，是指跨国农业投资企业自己承担特定风险造成的损失，它可以是有意识的，也可以是无意识的，可以是主动的，也可以是被动的。其中特别值得关注的是主动的、有意识的风险自留，可以提前做出准备和安排。

（一）风险自留的适用条件

1. 预测的最大可能损失比较低，而且这些损失是投资企业在短期内能够承受的，比如短期内国际农产品价格的小幅波动，会造成企业收益的变动，但对于部分企业来说是完全可以承受的。

2. 保险缺失，如果某种风险对应的保险，在现有的保险市场中买不到，投资企业只能自己承担风险。目前我国跨国农业投资所涉及的保险种类依然较为局限，对生产环节造成的损失通常不予受理，这一环节的损失只能由企业单独承担。

3. 风险不可预知或无从辨识。比如政策法律风险就是跨国农业投资中无法预测的。

4. 投资企业具有自我保险和控制损失的优势，接受和管理风险的费用比采取其他方式的附加费用低，比如人才方面的风险，自行培养和保有境外管理人才队伍对于大型跨境农业投资企业来讲是较为划算的。

(二) 风险自留的具体对策

1. 将损失摊入经营成本

将风险带来的损失计入跨国农业投资企业的当期损益，摊入经营成本。这种方式能够最大限度地减少管理细节，但可能会使企业的损益状况发生剧烈波动，如果发生较大的损失就会使企业陷入困境，因此通常适用于损失频率低、损失程度小的风险，或损失频率高但损失程度小的风险。

2. 建立意外损失基金

意外损失基金是企业根据风险评估所了解的风险特征，并根据自身财务能力，预先提取用以补偿风险事件损失的一种基金，通常适用于风险损失较大、无法摊入经营成本的风险损失。该基金的建立可以采取一次性转移一笔资金的方式，也可以采取定期注入资金长期积累的方式。企业愿意提取意外损失基金的额度，取决于现有变现准备金的大小以及它的机会成本。企业每年能负担多少意外损失基金，则取决于其年现金流情况。但是按照税务和财务法规，损失费用不可预先扣除，除非损失实际已经发生，因此建立此项基金的财源一般是税后净收入。另外企业也可以通过产品风险定价来做出风险补偿准备，以补偿风险造成的损失

3. 借入资金

如果风险损失发生，而企业内部又无法筹集到足够的资金时，可以选择从外部借入资金来弥补风险损失。企业可以在风险事故发生之前与金融机构签订应急贷款和特别贷款协议，一旦发生风险事故，可以获得应急资金。不过金融机构批准这两种贷款条件要求较高，都要求企业具有较强的竞争优

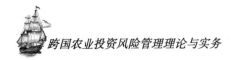

势、资信状况较好、偿还贷款能力较强，尤其是特别贷款，要求条件更加苛刻，比如可能会要求企业提供质押担保或第三方担保等。

4. 专业自保公司

专业自保公司是企业自己设立的保险公司，旨在对本企业、附属企业及其他企业的风险进行保险或再保险安排。由于企业利用传统保险时可能会遇到一些困难，如有的情况下无法得到保险，或者获得传统保险成本太高，这时企业就可以自己设立专业自保公司来承担风险。不过通常只有大型企业才有实力成立专业的自保公司，而且主要集中在能源、石化、采矿、建材等行业，农业领域较为罕见。中国石化总公司试行的"安全生产保证基金"可以算是我国大型企业第一个专业自保公司的雏形。

5. 壮大企业规模，培育龙头企业

由于体制、技术等原因，目前我国对外投资的农业企业中，具有国际竞争力的跨国集团较少，大多为中小企业，规模小、实力不强，抵抗风险的能力有限。只有较大规模的企业才更加有自留风险的实力。因此为了增强农业企业跨国投资规模和抗风险能力，要有意识、有计划地培育一批大型农业企业，全力支持企业自主兼并、联合，鼓励企业构建战略联盟，促进农业组织资源有效整合。

（三）风险自留的优缺点

1. 优点

（1）成本较低。从长远来看，保险费等其他费用总金额是高于平均损失的。保险费中除了包含补充损失所需的费用之外，还包含有保险公司的运营成本以及利润和各种税收。因此保险费中只有一部分是用来补偿损失的，自留风险自然可以避免保险费中其他费用的支出。

（2）便于控制理赔进程。在购买保险的情况下，保险公司复杂的理赔过程以及赔偿数额并不能使企业满意，而理赔工作又常常不及时，使企业的损失不能及时得到补偿，影响了企业恢复生产。而风险自留就可以避免这一弊端。

（3）提高企业的警惕性。在自留风险的情况下，基于经济利益的考虑，企业会更注重风险管理和损失控制，尽可能减少损失发生的频率和损失的严重程度。相反，如果采用保险等其他方式，企业则往往不注意控制和防范风险，可能会提高全社会的平均损失。

（4）提升资金运用效率。与购买保险相比，如果不发生损失，企业就丧失了所缴纳保险费用的所有权和使用权，即便发生了损失，企业获得了经济赔偿，在获得赔偿之前这一段时间内也丧失了对货币资金的使用权。而在风险自留的策略下，则可以使这笔资金得到较好的运用，通过灵活运用可以获得一定的收益，提升资金的运用效率。

2. 缺点

（1）可能面临巨额亏损。风险自留的最大缺点就是它将企业暴露在巨额损失的风险之下，一旦发生巨灾，比如严重的自然灾害或者政治动乱，企业出现巨额损失，就可能危及企业的生存和发展。

（2）风险成本变化无常。运用风险自留策略时，每年的风险成本各不相同，特别是当每年风险成本差异很大时，企业就会失去税收方面的好处。比如，利润中可以先扣除损失再征缴所得税，如果某一年的损失很大，而当年利润很小，就无法从利润中把所有损失扣除。

（3）可能带来更高的成本费用。如果采用购买保险的方式分散风险，保险公司可以将各种费用在很多投保公司之间进行分摊，具体到每家公司的部分不会很多。而在风险自留策略下，企业只能依靠自身力量来应对风险，费用开支就可能更高，比如可能需要聘请专家进行指导和评估。

（4）无法获得专业性服务。由企业自身来应对和分散风险，由于企业的实力和精力有限，从而无法获得保险公司提供的一些专业化服务，包括损失预防和补偿安排方面的各种服务。

案例篇

《跨国农业投资风险管理理论与实务》

第七章 中国企业跨国农业投资风险管理的案例解析

一、中粮集团并购 Nidera 和来宝农业案例

2014 年 2 月 28 日，中粮收购荷兰农产品及大宗商贸集团 Nidera 51% 的股权，该公司是全球知名的农产品及大宗商品贸易集团，年销售额超过 170 亿美元，在世界 18 个主要进出口国家从事粮食分销和国际贸易业务。4 月 2 日中粮集团又与位于香港总部的来宝集团达成协议，收购该集团下属的来宝农业有限公司 51% 的股权，来宝农业是来宝集团的农业业务平台，主要从事农产品贸易和加工业务，拥有关键区域的物流资产布局和糖业务的产业链优势。通过两次并购，使得中粮集团可以深入参与世界主要地区的粮油生产和采购平台，资产规模与国际巨头 ABCD 四大粮商不相上下，跻身第五大国际粮商。同时，这两次并购也是迄今为止我国在农业领域对外投资最大的并购项目，成为并购项目的典型案例，为国内农业企业跨国投资提供了许多值得借鉴的经验。

（一）投资模式分析

中粮集团联手厚朴基金、国际金融公司、淡马锡等财务投资人进行联合投资，收购上述两家国际粮商 51% 的控股权，中粮集团与跨国投资财团的投资比例为 60%：40%，由中粮集团控股。中粮集团联手厚朴基金是一种全新的海外投资模式，弥补中粮集团海外投资缺乏经验的劣势，降低投资的市场风险。在中粮集团提出了全产业链和相关多元化战略之后，便不断进行扩张，先后并购了五谷道场、蒙牛、白水杜康、华粮等，但这些投资均局限在国内。2012 年，中粮竞购澳大利亚糖商 Proserpine Cooperative Sugar Milling Association Ltd，但败给了丰益国际集团，可见中粮在海外投资并购

中尚缺乏经验。2007年，厚朴基金在海外成立，与亚太、美洲、欧洲和中东的主权基金和机构投资者均建立了密切的关系，不仅拥有先进的国际化管理团队，而且具有丰富的海外投资经验以及资本市场上谙熟的人脉关系，可以有效地控制市场。

联合厚朴基金海外投资可以为中粮集团提供资金支持，降低投资的财务风险。中粮集团如果不联合厚朴基金而进行全资收购，由于来宝农业上年财务报表显示旗下农产品业务亏损，净利下滑48％，业绩不佳，因此预计短期内无法收回并购的巨额资金，这很可能造成公司资金链紧张，陷入财务困境。即使公司利用财务杠杆通过举债收购，也会使得公司资产负债率高企，加上资金回流缓慢，企业偿债压力巨大。财务困境又涉及大量直接和间接成本，如法律费用、行政和咨询费用、机会成本等，这些成本又会消耗公司及其利益相关者的真实资源，使企业陷入恶性循环。中粮集团与厚朴基金联合并购则在很大程度上规避了并购的财务风险。

（二）并购的主要风险分析

据一些海外并购的分析结果显示，过去五年中，中国国企海外并购中有近62％的都是全额股权收购，虽然这样的收购能最大限度地掌控海外企业的管理、运营、资源配置等各个方面，还能全额获得被并购企业的利润，但是其中蕴含着巨大政治风险和经济风险。首先，全额股权收购蕴藏着严重的政治风险。本来国企海外并购就会引起许多国家本能的怀疑，如此高调的全额股权收购更会加重被并购企业国家的警惕。由于他们害怕威胁到国家的经济安定，可能会对国企进行各种刁难，加大并购的政治风险。其次，全额收购会加重企业的财务负担。企业实现100％完全控制所需支付对价大概是实现51％的相对控制的两倍，况且海外大型并购中取得51％的股权所需投资已经很巨大了，所以完全控制所需资金更是企业所不能承受之重，很可能导致企业并购失败或者虽然实现并购，但是并购效益不显著。中粮此番并购均是获得51％的股权，不仅恰到好处地控制了被并购企业，还可以和目标企业形成利益共同体，减少并购阻力，顺利实现投资的战略优势。

中粮集团为了实现全产业链战略，在国内急剧并购，但是并购后的整合则未跟上并购的节奏，中粮旗下很多业务都是独立的，并未通过整合实现

1+1>2 的协同效应。加上中粮集团又入主来宝和荷兰 Nidera，对于自身如此庞大的身躯，怎样理顺产业链，提高自我整合和管理能力，实现多方面的协同效应，以灵活应对瞬息万变的国际粮油市场是并购后中粮不得不面对的一大挑战。

（三）启示

1. 并购要与企业的整体战略目标一致

虽然近几年中国掀起了一股又一股的海外并购热潮，但是企业海外并购还是要谨慎，一定要使并购服务于企业的长期战略，切不可为了盲目做大或者到海外捡"便宜"而实施海外并购，否则并购不仅不能为企业带来效益和优势反而阻碍企业的长远发展，甚至使企业陷入泥潭，无法脱身。

2. 与私募基金等合作降低风险

众所周知，海外并购一般涉及巨额的并购对价和并购费用，且并购的时机一般都选在被并购方经营业绩不佳时，以减少并购对价，这就意味着海外并购通常都是短期巨额投资且回收期较长。如果采用现金支付，将加大企业的融资压力和经营压力，很容易使企业陷入资金短缺的财务困境中。因此企业应该多元化融资来分散风险，例如选择私募基金等合作伙伴这种创新型的并购模式不仅不会分散公司控制权，增加企业偿债压力，还能运用财务杠杆降低企业并购前后的财务风险。此外，还可以利用他们丰富的并购经验更好地实现并购。

3. 并购后期要注重资源整合

并购的结束只是成功的一半，并购后期资源的整合配置也是至关重要的。这就需要企业提高自我的资源管理和配置能力，使得并购方和被并购方能够互相取长补短，资源共享，实现协同效应，提高企业的运营效率和盈利能力。

4. 加强国际化经营人才的培养

人才是企业的基石，企业的竞争归根结底是人才的竞争。随着经济全球化趋势的不断深化，国内企业面临国际化人才的缺失愈加严重，这对企业的人才培养战略是个不小的挑战，因此企业应该加强跨国综合性人才的培养，有计划有步骤地完成跨国经营人才的培养与选任。首先，企业可以通过内部选拔培养的方式。企业可以选择一些熟悉公司总体业务、具有统筹规划能力的员工进行跨文化的培训，丰富企业跨国经营人才的储备。例如 TCL 公司会给有能力的员工建立相应的支持系统，让他们在国外市场不断历练，帮助他们成为国际化人才。再者，企业还可以通过并购引进熟知国外法律法规、政治文化、市场规则的专业的国际化团队。中粮的此次海外并购就是以此获取了优秀的跨国人才，为企业以后的发展注入了新鲜的血液。

二、光明食品集团并购维他麦案例

光明食品集团成立于 2006 年 8 月 8 日，由上海益民食品一厂、上海农工商集团等公司的相关资产集中组建而成，资产规模 458 亿元。光明确定了乳业、酒业、糖业、批发分销业和连锁商贸业以及现代农业"5＋1"的核心主业格局。2015 年，光明集团被美国《福布斯》杂志称为 2015 年值得关注登上国际舞台的十大中国公司之一。近年来，光明集团先后对澳大利亚西斯尔公司（CSR）、英国联合饼干、美国健安喜（GNC）、法国优诺（Yoplait）进行了海外并购，但是因独立经营风险大、缺乏并购后战略规划、缺少管理大型国际业务人才和经验等原因屡次失败。

维他麦公司是英国第二大早餐麦片品牌，公司创立已有 80 余年历史。2003 年狮王资本斥资 6.24 亿英镑收购了维他麦公司。据狮王资本统计，2010 年维他麦的销售收入近 4.5 亿英镑，产品在英国市场占有率为 7％左右，出口全球 80 多个国家和地区，全球雇员 2 000 多人。已获得充分投资回报的狮王资本在 2011 年想寻求退出机会，在拒绝了若干有意愿的基金后，希望能够找到一个行业协同者以期为维他麦带来一个新的繁荣。

（一）并购的主要风险分析

1. 制度风险

中国的养老金制度与英国存在巨大的差别，这就使得如果企业没有事先了解相关政策，就会给投资收购带来潜在的危险。在英国，一旦养老金的投资存在缺口，就需要企业将缺口补足，这样就有可能造成企业的资金流问题，之前光明食品集团在收购英国联合饼干时就因养老金问题导致收购没有成功，而在收购维他麦时，再次遇到养老金问题，而且当时的维他麦在该问题上存在比较大的资金缺口，因此在收购时就这一问题双方产生了分歧，最后，光明食品集团通过与狮王资本协商，由狮王资本支付了部分缺口资金，顺利解决了潜在的制度风险。

2. 政治风险

光明集团并购维他麦公司交易金额近 7 亿英镑，置换股权为 60%，除了接受一般政府审批之外，还可能接受是否违反公共利益的审查。英国外资并购审查机构主要有公平交易局和竞争委员会，OFT 为政府职能部门，主要监管跨国并购交易；CC 是由各界专家组成的独立决策机构，接受 OFT 指令，负责跨国并购调查，实施"竞争测试"以决定并购成败。而被交易企业资金超过 1 500 万英镑，或被交易股权达公司总股权 25% 以上，交易之前必须向英国垄断和合并委员会提交报告，进行是否违反公共利益审查，其判断因素主要包括：对英国市场竞争影响、消费者权益、新产品研发、对工业就业平衡配置影响以及对英国企业海外竞争行为影响等。

3. 文化风险

东西方饮食习惯差异较大，维他麦公司主营早餐麦片和谷物类食品，产品符合西方人的饮食习惯，但中国人更习惯大米、油条、粥、豆浆，尚不习惯泡在冷牛奶中的糊状谷物早餐。在进军中国市场过程中，维他麦公司需要思考如何推出适合中国人口味的食物以及如何积极推广倡导谷物类健康饮食。

4. 并购后的整合风险

光明食品集团虽一直在尝试海外并购，力争走国际化发展路线，但国际化管理人才缺乏，管理大型跨国公司经验不足。2011 年，光明集团并购美国健安喜（GNC）时曾因两大基金公司认为独立运作大型跨国公司 GNC 运营风险大而退出并购。此次并购，光明集团将与狮王资本共同管理维他麦公司，如何合作也是关键。以 40% 的小股东身份继续持有维他麦，留下部分管理团队，是光明集团对本想全部退出的狮王资本的肯定。对于狮王资本来说，维他麦正面临向全球推广谷物食品的关键时刻，维他麦主打的英国谷物市场已经趋于饱和，而中国在 2011 年取代美国成为世界最大的食品杂货市场，蓬勃发展的中国市场与停滞的英国市场形成鲜明对比。

（二）启示

光明集团在几次海外并购中总结了并购思路，遵循"符合战略、有协同效应、价格合理、风险可控"的并购原则，成功完成对维他麦公司的收购。从此次并购中，我们可以获得以下启示。

1. 做足尽职调查

并购开始，光明集团就组建专业团队进行尽职调查。如养老金问题，委托专业机构德勤进行核算，对核算结果与狮王资本提供差距较大，表明态度，养老金缺口是狮王资本经营期间造成，理应由狮王资本承担，必须对此进行补偿。减少了接收后因养老金缺口问题遭受的风险。

2. 多种融资手段结合

光明集团此次并购采用多种融资方式，既控制融资成本，又降低了融资风险。光明集团在融资模式方面大胆创新，值得我国企业借鉴学习。

第一，过桥贷款。过桥贷款指某家金融机构帮助其他接受贷款却缺乏资金流的金融机构发放贷款，等到资金到位后，该金融机构得到放贷金额并退出。发放的这笔贷款对于该金融机构来讲就是过桥贷款，所以过桥贷款实质是短期贷款。对于企业来讲，过桥贷款有三方面的用途：第一，它可以满足企业在首次公开募股之前进行资本运营的需要；第二，可以满足企业在签订了收购意向书到正式实施收购这一段时间内的资本需要；第三，企业为了融资会发行新债券，而过桥贷款可以满足发行新债券取代旧债券之间的资金缺口。利用过桥贷款回收快的特点，银行为了使企业成功完成海外投资发放过桥贷款确保其顺利完成。银行通过票据等形式向有并购意向的公司进行过渡性贷款也可以为过桥贷款，该票据的利率会随着时间逐渐上升。这也是希望收购可以快速地完成。这种票据一般为 180 天，企业应当在期限内进行偿还，有时可进行延期。光明食品集团本次收购就是采用了这种形式，虽然通过过桥贷款进行融资的成本较高，但是它为之后企业能够顺利进行低成本的长期筹集资本提供了保证。所以，整体来看，通过利用过桥贷款，光明食品集团有效地将融资成本降到了 3％～3.2％，另外，在收购交易完成后，过桥贷款还为光明食品集团降低了债务风险。

第二，俱乐部贷款融资。光明食品集团之所以采取俱乐部贷款，而没有采用银团贷款方式是因为俱乐部贷款有两方面的优势：第一，俱乐部贷款不存在一家银行独大的情况，即无论银行大小都拥有同样的参股权力，并且参与融资的方式也是自愿的不强求，这样使得借款人能够比较好地控制贷款的利率即贷款成本；第二，如果选择银团贷款，那么除了支付相应的利息之外，由于是通过一个代理银行借款，所以还要支付另外的代理费用、管理费用等，这些都大大增加了企业的融资成本，采用俱乐部贷款可以大大降低融资成本。

第三，选择合适的时机发行债券。除了通过以上两种融资方式可以节省融资成本外，企业也可以根据资本市场的经济形势自行选择发行债券的时间，从而降低发行费用。在把握了债券市场的基本情况后，光明集团选择了合理的发债时机，有效地降低了债券融资的成本。

3. 并购过程低调

海外并购涉及多方利益主体，不仅包括并购双方，还包括两国政府、民众等，媒体常给予高度关注。我国参与海外并购企业多为国企，国有背景容易引起东道国政府、民众警惕，并购活动常成为舆论焦点。媒体过多报道容易带来负面效应，如泄露过多信息、引发舆论压力、产生公关危机等，因此企业海外并购应尽量低调，降低曝光率。光明集团并购澳大利亚西斯尔公司时曾因高调表达夸张计划，让竞争对手掌握报价而导致并购失败。此次并购维他麦公司，光明集团吸取经验教训，保持低调，减少外界干扰，开始运作收购时还和维他麦公司签署了排他性协议。

4. 谋求战略目标一致性，协同发展

光明集团于 2011 年 11 月找到狮王资本洽谈收购维他麦事宜。狮王资本自 2003 年维他麦家族企业经营困顿时接盘控股，此后 8 年销售额和利润均有提升，已获得充分投资回报的狮王资本有退出意向，相比其他基金，狮王资本更希望能够找到行业协同者为维他麦带来繁荣发展。光明集团收购维他麦可扩大海外市场，获得海外分销网络，改善盈利能力。而对狮王资本，维他麦在英国市场已趋饱和，光明集团在中国具有庞大分销网络、众多知名品牌。战略目标一致，协同效应强。

三、双汇并购史密斯菲尔德案例

双汇国际控股有限公司是中国经营规模最大生猪养殖以及肉制品加工企业双汇集团的最大控股股东。双汇集团1969年设立于中国河南省，起初只是加工及销售猪类制品的小工厂，20世纪90年代初推出"双汇"牌火腿肠产品之后，随着品牌知名度在全国市场的提升，在漯河肉制品加工厂的基础上以合资的方式建立了现在的双汇集团。进入21世纪，双汇集团将经营范围延伸到了物流领域，并在全国建立了三家工业园区以及二十家分公司，从而扩大了在国内猪肉加工与销售市场的影响力，逐渐成为中国最大的肉制品加工企业。此外，双汇集团也开始积极探寻与国外企业的合作，与国外资本合资建立了诸如万东牧业公司以及杜邦双汇蛋白产品公司等合资企业。

美国史密斯菲尔德公司位于美国弗吉尼亚州名为史密斯菲尔德的小镇，在生猪养殖、猪肉制品加工及销售领域历史悠久，是全球规模最大的生猪养殖及猪肉加工企业，2012年《财富》杂志选出的世界500强企业里位列第218位。

（一）并购过程

史密斯菲尔德公司为缓解企业财务危机，在2013年年初提出并购交易意愿。同年5月，除了双汇国际以外，泰国正大食品公司以及巴西JBS食品公司也参与了竞标，其中双汇国际的估价大约为71亿美元，通过一系列定价谈判之后，史密斯菲尔德选择与其开展交易。5月29日，双汇国际与史密斯菲尔德正式签署并购协议，规定并购方双汇国际共出资71亿美元收购史密斯菲尔德公司全部股权，并承担被并购方主要债务。

双汇国际为这次跨国并购总共融资79亿美元，资金来源主要有中国银行纽约分行为主的7家银行组成的"银团"40亿美元定期贷款以及作为本次并购投资顾问的摩根士丹利对双汇国际给予的39亿美元贷款。2013年6月，双汇国际和史密斯菲尔德关于并购垄断和国土安全问题向美国反垄断部门即外商投资审查委员会提交反垄断审查。国会对双汇并购史密斯菲尔德的交易开了听证会，由并购双方详细阐述交易内容。经过历时3个月的审查，美国反垄断部门批准双汇并购史密斯菲尔德案例审查通过。接着，史密斯菲尔德食品公司完成退市手续，标志着双汇国际并购史密斯菲尔德公司交易正式结束。今后史密斯菲尔德食品公司会以双汇国际的国外子公司形式发展，但仍可以继续使用其"Smithfield Foods"企业名称和 13 个自有品牌。

（二）并购的主要风险分析

1. 政治与法律风险

政治与法律风险主要包括企业在并购过程中遭遇东道国政府部门、民间组织、民众的干扰以及东道国反垄断法等法律法规的限制。双汇国际对美国史密斯菲尔德公司开展并购交易时，由于涉及美国食品工业与食品安全领域，各州政府官员都对该并购持迟疑态度。当地政府认为中国肉制品加工企业并购美国最大的猪肉生产商史密斯菲尔德公司有可能影响美国消费者食品安全并关系到国家利益，要求海外投资审查委员会对本次并购全面、仔细审查。主要反映在以下几方面：并购完成后可能会造成小型猪肉制品生产企业销售产品的机会逐渐变少，难以获得市场公平竞争、定价权利；认为中国食品企业并购完成后会忽视食品安全生产以及管控，并且由中国企业控制美国最大的猪肉供应商会影响原企业正常的生产流程与管理方式；担心中国政府是否对双汇和此次并购产生影响；并购后产生的原产国问题；担心中国市场背景以及双汇此前发的食品安全事件会影响到国家安全和民众健康等。这些因素不仅导致美国外商投资审查会对此次并购进行了长达 3 个月的审查，国会听证会也对此并购是否影响美国食品安全进行了缜密调查。

为了防范政治与法律风险，从而顺利返程跨国并购，双汇集团通过利用设在香港的控股公司双汇国际这一投资平台具体实施并购。双汇国际和史密斯菲尔德将并购交易的各项事宜谈妥之后，将此次交易提交美国外商投资审查会审查，经过三个月的反垄断以及国土安全方面的审查，此次并购顺利通过。双汇国际并购交易获得美国法律部门批准通过，有下列五方面原因：

一是双汇国际位于香港，双汇集团正利用了这一便利条件，使得交易不走大陆相关部门的复杂程序，能够减少美国当地政府与民众的顾虑，减少并购阻力。

二是双汇国际向外界表明并购史密斯菲尔德的意图时一直强调此次并购

是商业性质的并购，并未涉及美国相关审查制度所限制的政治、国土安全等敏感问题。双汇国际表示在并购后，会保持史密斯菲尔德公司在本土市场的猪肉加工及供应商地位，并助其有效开展中国市场业务，进而也会提升美国的猪肉出口量。因此，并购不会对美国食品安全和国土安全产生任何不利影响。

三是此次并购意向获得了被并购方原有股东、董事会、中高层管理人员和员工方面支持。双汇集团和史密斯菲尔德公司在 2002 年就已成为合作伙伴，拥有多年的信任，并且双汇国际承诺此次并购为善意并购，并购后保持公司当前管理层和加工工厂，不会裁掉任何一名员工等。因此，双汇国际获得史密斯菲尔德的支持。

四是双汇国际积极参与美国国家安全部门的调查。为了让美国政府与消费者接受并购史密斯菲尔德这一交易，双汇国际在并购交易审查时，一直以积极的态度配合审查委员会的调查工作。史密斯菲尔德的董事会也向审查部门说明此次并购不会影响美国食品安全，反而通过出口量增加促进美国猪肉行业发展等。最后获得了美国审查部门的通过。

五是双汇国际重视公共关系，利用媒体力量获取民众支持。起初并购公告出来时，双汇考虑到美国民众会担忧并购史密斯菲尔德会危机国内食品安全。因此，利用专业公关团队与美国媒体进行交流沟通，获取积极报道。

2. 文化风险

跨国并购文化风险来自企业进行跨国并购时面临的并购双方所属国家的风俗习惯差异以及两家企业管理理念差异。双汇国际和史密斯菲尔德分别属于不同社会性质国家的企业，官方语言、风俗习惯、价值观念等存在较大差异，双汇国际控股的双汇集团是典型的中国肉制品加工企业，注重效率和激励性管理等传统的企业价值理念，而史密斯菲尔德是典型的西方肉制品加工企业，主要是以散漫性管理为主的企业价值理念。因此，双汇国际并购史密斯菲尔德时面对潜在的文化风险，采取了以多元化融合为主的文化整合模式，讲求两家企业文化间的"求同存异"，探索适合并购后的企业集团发展的优秀文化。

3. 融资风险

当双汇国际宣布将以 71 亿美元并购史密斯菲尔德公司时，社会各界均认为双汇国际在短时期根本难以筹到这笔巨额资金，原因可归纳为两个方面，一是双汇国际不具有国营成分，难以获得国家资金支持；二是双汇集团2012年度财务报表中双汇全年实现的净利润为28.8亿元人民币，按2013年5月28日6.17的汇率来看，以双汇集团的当前运营能力，不足以凑足71亿美元的并购金额。因此，双汇国际在并购中面临着融资风险。双汇国际针对此风险采取了以下防范和控制措施：

一是通过香港这一投资平台进行融资，大多数世界大型投资机构都在香港设立了分部，这对于总部在香港的双汇国际提供了便利、广阔的融资环境，有利于双汇国际进行跨国资本运作，并取得国内外投资机构的资金支持。

二是借助投行等金融机构力量制定融资结构。双汇国际分别与中国银行牵头的7家国内外商业银行构成的"银团"以及摩根士丹利投资公司签订融资合同，采用杠杆融资的方式，用双汇集团的资产、公司股权以及公司信用作为抵押担保，获得了79亿美元的贷款支持。这种杠杆融资方式使双汇国际顺利支付并购金额，有效防范了资金供应风险，但由于长期贷款，双汇集团并购后会存在负债增加的风险。

4. 并购后的整合风险

双汇国际在并购史密斯菲尔德之后，以两家企业资源为基础进行重组和整合，整合内容包括有形资产、人力资源和管理方式、生产技术、企业文化等重要无形资源。并购后的整合工作是一项重要工作，虽然史密斯菲尔德是一家受全球消费者所信赖的著名企业，但仍是一家西方企业，在管理方式、员工素质以及企业文化等方面与双汇集团存在较大差异，若整合过程中难以实现协同效应，可能造成企业整合困难，从而加剧企业内部风险。此外，由于国别原因，双汇和史密斯菲尔德采用的会计制度也存在差异，加大了财务整合的难度。

针对并购整合风险，双汇国际也实施了各类风险控制措施。渠道方面，双汇国际早在并购之前就表明通过双汇集团的现有销售渠道为史密斯菲尔德在中国开设品牌门店提供便利条件，并推动今后史密斯菲尔德公司在中国市场的发展；人员方面，并购整合最初阶段，企业文化差异明显，双汇国际表示尊重和沿用史密斯菲尔德公司的管理理念，维持现有的管理层以及员工的

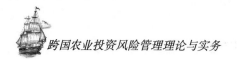

同时，由双汇国际派出两名董事进行日常管理；财务管理方面，双汇国际对其旗下的双汇集团与史密斯菲尔德实施统一的会计信息披露方法，并要求子公司史密斯菲尔德每日、每周、每月都需上报财务报告。

（三）启示

1. 准确评估目标企业价值

企业在开展并购活动之前应做好目标筛选、尽职调查、准确评估等并购准备工作。首先以企业当前综合实力为基础，谨慎选择目标企业。主要考虑该目标企业是否与本企业战略架构方面形成互补，是否存在通过并购重组实现协同效应的意愿。双汇国际成功并购史密斯菲尔德公司的一个重要原因就是并购双方以实现协同效应为动机，注重协同共赢的宗旨。通过此次并购，双汇国际控股的双汇集团获得优质原材料，扩大了产业链，更加巩固了企业在国内行业领导地位；史密斯菲尔德通过与双汇进行战略重组，有助于其扩大中国市场份额，提升中国市场销售业绩。可见，双汇国际与史密斯菲尔德的战略互补与协同效应的一致性推动了并购的完成。

2. 积极应对并购风险

第一，合理利用海外构架。我国企业可以通过海外架构缩小跨国并购阻力，防范政治和法律方面风险。首先，双汇集团为避免国内多部门繁杂和耗时的审批程序，而选择了总部位于香港的双汇国际来进行此次跨国并购运作，不仅能够减少并购成本，还有利于获取史密斯菲尔德原有股东的支持，使其顺利通过当地反垄断部门的审查。其次，双汇国际实施并购时，指派公关团队与当地政府进行沟通、积极规划媒体报道来宣传和强调此次并购是单纯的商业行为，并未涉及美国食品安全、国土安全问题，从而建立双汇集团在美国当地的良好企业形象，规避了可能的政治风险。国内企业进行跨国并购时通常会涉及税务、工商、海关等诸多部门长达几个月的审批。因此，国内企业开展跨国并购活动时可以在海外建立专门负责其对外投资与贸易的平台，并借此发挥国际投资机构和资本市场的优势，从而达到降低并购难度的目的。

第二，对东道国的审查持积极态度。由于国家性质等背景因素的影响，我国企业并购欧美著名企业时，经常会受到东道国政府部门涉及国家安全、反垄断等方面的重重审查。这就要求我国企业开展跨国并购时应积极应对东道国相关部门的审查。此外，我国企业还应积极利用东道国当地媒体舆论的力量，对企业及并购性质进行正面的宣传报道，消除当地政府等相关部门与群众的顾虑和误解。双汇国际并购史密斯菲尔德时，CFIUS（美国外资审查委员会）认为此并购涉及食品安全，对双汇国际采取了较为严格的审查。在接受审查期间，双汇国际将并购相关资料主动提交 CFIUS，并积极参与美国国会听证。与此同时，并购企业董事层也向国会表明此次并购不仅不会危及食品行业安全，还有利于提高美国猪肉产品出口量。此外，双汇国际积极应对美国方面的审查，并与当地媒体进行有效沟通、进行正面宣传也对并购的顺利达成减少了诸多阻力。

3. 灵活采取多元的并购手段

充分的资金保障是跨国并购能够成功的一个关键性因素，但一般规模的企业资金难以承担高昂的并购金额。我国企业若想迅速达成跨国并购交易以及避免并购资金不充分等风险，可以灵活采取多元化、多种组合形式的并购手段。杠杆并购就为货币资金较少的并购企业提供了便利，企业可以采取现金并购和杠杆并购结合的多元化并购手段。具体来说，企业根据资金状况，支付一定数额现金来购买并购方少数股份，同时将预期收益抵押给金融机构，获得金融机构贷款，用其购入并购方剩余股份，等到完成并购后重新在资本市场发行证券，其中已应注意贷款到期时需要与抵押资产还本付息。

双汇国际出于企业自身所处环境与实际情况的考虑，结合了现金收购和杠杆收购两种方式完成了并购史密斯菲尔德这一交易。

4. 注重并购后的整合工作

企业在达成跨国并购交易后，还应该注重后续的整合重组工作，这将直接影响企业并购后的长期发展。企业应对被并购企业的管理体制、人力资源管理、企业文化和财务方面进行系统性的整合。双汇国际在保留史密斯菲尔德原有的管理层和员工的基础上，对史密斯菲尔德进行了管理体制、公司战略等方面的整合，整合工作均获得公司管理层和工会的支持，取得初步预期效果。

5. 通过并购提升品牌价值

经过多年的稳定发展，双汇已成为中国肉制品加工行业巨头，在国内的品牌知名度已位居前列，销售量一直保持稳定增长的态势。但是在 2011 年由于"瘦肉精"食品安全事件，双汇集团陷入了品牌信誉危机，利润空间大幅缩小，很大程度上影响了双汇的品牌价值。面对此危机，双汇在调整产品结构和价格的同时，也开始认识到品牌信誉的重要性。2013 年，随着销售业绩逐渐好转，双汇集团开始探寻国际市场，希望引进国外先进技术及原材料等来提升其在国内品牌的影响力。双汇集团通过双汇国际顺利并购史密斯菲尔德，使其品牌影响力在国内外市场均得到了明显提升，特别是在国内市场，双汇的品牌价值比上一年度提升约 25%，一定程度上挽回了"瘦肉精"事件所造成的品牌损失。虽然双汇国际与史密斯菲尔德签订的并购协议规定双汇品牌猪肉制品无法在美国市场进行销售，但此次并购使双汇集团在美国市场甚至全球市场打响了知名度。

2014 年，双汇国际并购西班牙肉制品加工行业巨头、向俄罗斯出口生猪以及猪肉制品等国际化经营活动的顺利完成，强大的品牌价值具有一定的助推作用。此次并购为我国食品加工企业通过跨国并购提升品牌价值提供了经验借鉴。

第八章　世界银行中国贷款项目
社会评价的案例解析

世界银行、亚洲开发银行等国际金融机构，在实施全球贷款项目时有一套系统、科学的原则和方法来控制其贷款风险。这些方法也被国际上知名的投资主体所借鉴。从风险控制效果来看，这些流程和方法的总体表现优异。为了给读者更直观的认知，现将世界银行在我国东北三省开展的东北虎景观项目社会评价编制内容编入此书，这些严格和详尽的评估过程以及为了保障当地人的权利而建立的机制，是避免社会稳定风险的重要机制和措施，对我国农业"走出去"有非常突出的借鉴意义。

一、项目简介

（一）项目背景及目的

东北虎（Panthera tigris altaica）是世界现在生存的 5 个亚种虎之一，仅分布于中国东北东部、俄罗斯远东和朝鲜北部山地林区。近年来，随着中国东北地区人口数量的不断增加，人类对自然资源的依赖程度逐渐加剧，使得东北虎适宜栖息地破碎化、有蹄类猎物资源缺乏、各种人为经济活动干扰以及相互隔离小种群繁殖力下降，导致中国野生东北虎分布区大幅度退缩，种群数量急剧减少，处于极度濒危的状态。

为促进东北虎及其栖息地保护管理工作，国家林业局与世界银行联合申请了全球环境基金（GEF）"中国东北野生动物保护景观方法"项目（Landscape Approach to Wildlife Conservation in Northeast Project），并于 2012 年2 月 29 日获得原则批准。本项目实施范围位于中华人民共和国东北地区，黑龙江省与吉林省交界处，紧邻俄罗斯联邦滨海边疆区及朝鲜民主主义人民共和国咸境北道，涉及珲春市、汪清县、东宁县、穆棱县，总面积约

13 879.26平方公里。项目总金额为1 800万美元，项目承担单位为吉林省林业厅、黑龙江省林业厅及黑龙江森林工业总局。基于以上背景，旨在通过该项目，实现以下主要目的：一是通过生态环境的改善，开展东北虎及其猎物栖息地的友好型经营环境营造，促进中国东北地区野生动物资源的保护和恢复；二是对工程项目建设相关内容进行社会评价并针对其产生的不利影响提出解决或替代措施，以达到保护项目区域内生态环境的要求。

有鉴于此，经国家林业局、世界银行及各承担单位商定，由国家林业局林产工业规划设计院负责本项目的社会评价工作，按照各单位相关规定要求编制社会评价报告。

（二）项目区经济社会背景

1. 人口

截至2011年，珲春市、汪清县、东宁县、穆棱县项目县（市、区）总人口为107.52万人，其中农业人口52.05万人，占项目县/市总人口的18.4%，项目县/市共有少数民族人口34.47万人，占项目县/市总人口的32.6%。项目县/市人口情况见表8-1。

表8-1 项目县（市、区）人口情况一览表（2011年）

项目所在省	项目所在县（市、区）	总人口（万人）	农业人口（万人）	农业人口比例%	少数民族人口（万人）	少数民族人口比例%
吉林	珲春市	26	10	38.46	10.45	40.2
	汪清县	23.6	11.71	49.7	7.62	32.3
黑龙江	穆棱市	32.12	18.14	26.48	15.1	47
	东宁县	25.8	12.2	47.28	1.3	5.1

2. 行政区划

东北虎保护区域总面积约13 879.26平方公里，位于中国东北吉林、黑龙江两省与俄罗斯、朝鲜交界处，涉及珲春市、汪清县、穆棱市、东宁县。珲春市位于吉林省东部的图们江下游地区，隶属于延边朝鲜族自治州。全市辖4个街道、4个镇、3个乡、2个民族乡、1个国家级经济开发区——珲春边境经济合作区（含出口加工区、中俄互市贸易区）。汪清县位于吉林省延边朝鲜族自治州东北部，辖 8 个镇 1 个乡：汪清镇、大兴沟镇、天桥岭镇、罗子沟镇、百草沟镇、春阳镇、复兴镇、东光镇、鸡冠乡，人民政府驻汪清镇。境内还有汪清林业局、天桥岭、林业局、大兴沟林业局。

穆棱是隶属于黑龙江省牡丹江市的县级市，位于黑龙江省东南部，穆棱市政府所在地：八面通镇，下辖乡镇：八面通镇、下城子镇、马桥河镇、穆棱镇、兴源镇、河西镇、福禄乡、共和乡。东宁县是隶属黑龙江省牡丹江市的一个县，位于黑龙江省东南部，辖 6 镇，其中下辖东宁镇、绥阳镇、老黑山镇、大肚川镇、道河镇 5 个镇和三岔口朝鲜族镇 1 个民族镇，102 个行政村。

3. 自然资源禀赋

吉林省珲春市自然资源非常丰富。全市森林面积 50 万多公顷，森林覆盖率为 86.5％，活立木总蓄积量为 5 128 万立方米。草原分为草地和林下草地，其面积 7.2 万公顷，牧业用地 3.6 万公顷，其中人工草地为 868.03 公顷。全市耕地面积 20 738 公顷，水田耕地面积 7 520 公顷，旱田耕地面积 13 218 公顷。全市境内共有大小河流 52 条，水资源总量 20.58 亿立方米，人均占有水量 12 770 立方米。全市土特产资源 1 000 多种，盛产人参、鹿茸、东北蜂蜜、哈什蚂等名贵滋补药材和东北松茸、东北木耳等土特产品。汪清县有林地面积 787 106 公顷，占全县总面积的 89.3％，活立木蓄积量为 7 250 万立方米，有红松、白松、鱼鳞松、沙松、臭松、长白落叶松、水曲柳、柴油椴、白桦、赤松和色木等 30 多种经济价值较高的用材树种，年可提供商品木材 70 万立方米。境内有三大森工企业（汪清林业局、天桥岭林业局和大兴沟林业局）和一个县属林业局（汪清县林业局），其中县属林业局有林地面积 282 000 公顷。境内拥有丰富的林产资源，珍贵树种比重较高，红松、柞树、云杉、紫杉、椴树等占有相当大的比重，尤其紫杉、黄菠萝更是保护树种。柞树林比例较大，其林地面积达 23 074 公顷，占林地总面积的 28.7％，柞木活立木蓄积量 2 304 万立方米，占活立木蓄积量的 26.3％。柞木以其木质致密、淀粉性高的特点广泛用于食用菌生产。

黑龙江省穆棱市境内山区河流众多，有大小河流 1 323 条，穆棱河水系占全市水系的 95.2％，其余 4.8％属于牡丹江水系，全市水资源总量 8.84 亿立方米。穆棱市林业用地面积为 76 531.5 公顷，其中有林地面积

39 395.5 公顷，活力木总蓄积量 165.5 万立方米。广袤的森林生长着红松、雪松、樟子松、云杉、黄菠萝、核桃楸、水曲柳、柞桦木等名贵木材，蓄积量达 2.2 亿立方米。穆棱市山多"宝"多，有人参、黄芪、刺五加、桔梗等数百种中药材，有木耳、元蘑、猴头、松茸、蕨菜等山珍产品，年产量达 5 000 多吨。穆棱市是"中国大豆之乡"和"中国红豆杉之乡"。东宁县境内总面积 7 137 平方公里，地貌呈"九山半水半分田"特征，森林覆盖率 82.3%，有红松、赤松、落叶松、白桦、水曲柳、樟子松、云杉、冷杉、紫椴等 70 余种木材。林木蓄积量为 3 500 万立方米，盛产黑木耳、松茸、元蘑、蕨菜、薇菜等名贵山珍食品和黄芪、元术、刺五加、桔梗等 200 余种中草药，八宝山珍、优质苹果梨、优质大豆、精制免洗米、纯粮酿制的系列白酒等名特优产品享誉国内外。

4. 气候及水文

吉林省珲春市气候温和湿润，属于中温带海洋性季风气候，冬暖夏凉，年平均气温 5.65℃，平均降水量 617.9 毫米，无霜期 140～160 天，由于靠近东海/日本海，冬季不太冷，夏季不太热，8 月平均气温 21.2℃，是盛夏避暑之胜地。吉林省汪清县地处长白山麓，属山区，平均海拔 806 米。属于大陆性中温带多风气候，冬长夏短，四季分明，垂直变化较大，年平均气温 3.9℃，年平均降水量为 580 毫米，无霜期为 110～141 天，年日照时数为 2 700 小时。

黑龙江省穆棱市属于中纬度北温带大陆性季风气候。冬季漫长寒冷干燥，夏季较湿热多雨，春秋季风交替气温变化急剧，秋天常见早霜。极端最低气温－44.1℃，最高气温 35.7℃。年平均降水量 530 毫米，降水集中在 6～8 月，无霜期在 126 天左右，日照 2 613 小时。黑龙江省东宁县受海洋性气候影响，温和湿润，年平均气温 5.1℃，最近五年的平均气温为 6.2℃，有效积温 2 900～3 000℃，无霜期 150 天，雨热同季，水量充沛，年均降水量 530 毫米，四季分明，雨热同季，水量充沛。

5. 保护区现状

项目区包含已有的吉林珲春东北虎国家级自然保护区、吉林汪清国家级自然保护区、黑龙江老爷岭自然保护区、穆棱东北红豆杉国家级自然保护区四个保护区；项目工程拟扩建吉林省珲春兰家保护小区以及黑龙江省鸟青山自然保护区两个保护区，新建吉林省的天桥岭东北虎自然保护区。

吉林珲春东北虎国家级自然保护区（以下简称"保护区"）于 2001 年成立，位于吉林省延边朝鲜族自治州珲春市东南部，总面积 108 700 公顷，外围保护带面积 41 778 公顷。是我国第一个以国际濒危物种、国家 I 级重点保护野生动物东北虎、豹及栖息地为主要保护对象的自然保护区，保护区地处中、俄、朝三国交界地带，保护区总面积 108 700 公顷，是我国现存的两个（黑龙江、吉林两省）东北虎、豹野生种群栖息地之一，而且是我国东北虎分布数量与密度最高的区域。2015 年调整功能区划前，保护区辖春化镇、马滴达乡、杨泡乡、马川子乡、板石镇、敬信镇的一部分，共 6 个乡镇。保护区内有 21 个自然屯，总人口 10 794 人，其中，杨泡乡 924 人、马川子乡 1 108 人、板石镇 2 616 人、敬信镇 6 146 人。经社评组向吉林珲春东北虎国家级自然保护区确认，吉林珲春东北虎国家级自然保护区已向省环保厅申请调整功能分区，将原规划实验区和缓冲区的界限进行调整，以使其不包括任何村庄和居民点，该方案目前已经获得公示（2015 年 1 月 21 日，吉林省环保厅已发布《对吉林通化石湖省级自然保护区申请晋升和吉林珲春东北虎国家级自然保护区申请调整进行公示》）。该区国民经济以农业、牧业为主，仅此两项产值，就占全区总产值的 92%，其次为林业多种经营和渔业，两项合计产值占全区产值 6%。

汪清自然保护区位于吉林省东部延边朝鲜族自治州汪清县和珲春市境内，总面积 67 434 公顷，包括兰家林场、西南岔林场、杜荒子林场、大荒沟林场和金苍林场五个林场的各一部分。保护区主要保护对象是东北红豆杉、东北虎、豹等珍稀濒危野生动植物及其栖息地。2002 年 12 月，吉林省人民政府以吉政函〔2002〕133 号文件批准建立汪清省级自然保护区，2013 年 6 月由国务院批准为国家级自然保护区，其中核心区面积为 30 056 公顷，缓冲区面积为 17 923 公顷，实验区面积为 19 455 公顷。虽然保护区范围覆盖 5 个林场，但大荒沟、西南岔、杜荒子、金苍林场场部都已区划在保护区外。至 2009 年底，保护区内仅有兰家林场 1 个职工居住点位于保护区的缓冲区，项目实施后，林场职工居住点将继续保留，负责林场管护。总体上，保护区及周围地区人口密度较低，人口较少，民族构成以汉族为主，约占总人口数的 86.3%，朝鲜族占 12.7%，其他少数民族占 1%。保护区内主要产业为林业，其次为种植业和养殖业等。林业为保护区内支柱性产业，占总产值的 55.8%；种植业在保护区的实验区内，因耕地面积小，产值较低，主要种植大豆、玉米等粮食作物和蔬菜、木耳等；养殖业以养牛和林蛙为主，其次为养猪；采集业主要为蘑菇、山野菜、松子及药材。

黑龙江老爷岭东北虎自然保护区位于黑龙江省东南部的东部山地绥阳林业局施业区内，包括原三岔河林场、暖泉河林场的全部施业区和原园山林场、三节砬子、中股流林场、太平川经营所部分施业区。自然保护区总面积为 71 278 公顷。其中核心区面积为 27 193 公顷，占保护区总面积的 38.15%；缓冲区为 18 696 公顷，占保护区总面积的 26.23%；实验区为 25 389公顷，占保护区总面积35.62%。保护区由绥阳林业局的原三岔河林场、暖泉河林场全部施业区及园山林场、中股流林场、太平川经营所、三节砬子经营所的部分施业区组成。根据评估组调查绥阳林业局确认，保护区核心区、缓冲区和实验区内无常住人口。

黑龙江穆棱东北红豆杉自然保护区位于黑龙江省穆棱林业局的和平林场、共和经营所和龙爪沟林场施业区内，保护区地属黑龙江省穆棱市境内，南部、西部与吉林省汪清林业局接壤；东部、东南部分别同黑龙江省绥阳林业局、吉林省天桥岭林业局局毗邻。总面积 35 648 公顷。穆棱林业局于 2003 年初，根据国家"自然保护区建设标准"，决定将穆棱林业局所属的和平林场、共和经营所和龙爪沟林场施业区内，总面积 35 648 公顷的针阔混交林区域规划为天然东北红豆杉自然保护区。保护区土地使用权属于黑龙江省穆棱林业局。在保护区的范围内现有人口 1 003 人、林场住户 301 户，其中管理人员 9 人，专业技术人员 11 人；职工和居民主要为汉族和朝鲜族，其中汉族数量最多，占90%以上，朝鲜族次之。

项目拟扩建的吉林珲春兰家保护小区位于珲春市春化镇，西侧以刘贵松沟为界与汪清保护区接壤，北侧以吉黑两省交界为界与绥阳保护区接壤，东侧以春化至大房子公路为界与调整后的珲春保护区接壤，南侧以兰家经营区、金泉岗经营区分界线为界，面积为 200 平方公里。重点保护对象为东北虎、豹及栖息地。保护区在兰家村、大房子分别设有两个检查站，建设单位是吉林省珲春林业局。吉林珲春兰家区域处于吉林、黑龙江两省交界地带，由于与黑龙江绥阳保护区和汪清自然保护区相连，经珲春自然保护区管理局多年监测，发现该区域常年有东北虎、豹活动，完全有可能成为东北虎、豹经珲春自然保护区向汪清地区扩散的生态廊道。经春化林场确认，核心区、缓冲区、实验区均无村庄，附近有一村屯兰家村，共 50 户。

黑龙江省鸟青山自然保护区于 2007 年被黑龙江省政府正式批准建立，总面积 25 746 公顷。保护区内高等野生植物 577 种，占黑龙江省植物总数的 26％，其中苔藓植物 32 种，蕨类植物 37 种，被子植物 508 种；保护区内动物种类以温带栖息类为主，其中包括脊椎动物 261 种，占黑龙江省种数的 44.92％，其中鱼类 25 种，占黑龙江种数的 23.81％；两栖类 10 种，占 83.33％；爬行类 12 种，占 75％；兽类 44 种，占 50.57％。保护区地处中俄边界，与俄罗斯陆路接壤，是野生东北虎重要的生态廊道，地理位置十分重要。

吉林天桥岭东北虎省级自然保护区是"中国东北野生动物保护景观方法"项目拟新建保护区，保护区位于天桥岭林业局辖区内，面积 500.55 平方公里。重点保护东北虎、东北豹及其猎物种群和森林生态系统。该区域与汪清自然保护区、珲春东北虎自然保护区、黑龙江老爷岭东北虎自然保护区相望、与黑龙江穆棱自然保护区相接壤。保护区重点保护对象是野生东北虎、东北豹及其猎物种群和森林生态系统。保护区拟建一个林业局保护补偿管理机构和七个保护管理站，初步规划涉及西大河林场、向阳林场、上河林场、内河林场、桦皮林场、新开林场、葡萄沟林场的范围。

（三）项目主要内容及规模

1. 主要内容

本项目的内容包括通过各部门间的协调合作使野生动物保护主流化、优先区域生态系统保护的方法，在东北生态区域加大栖息地保护有效性、减少生态区域人兽冲突（能力建设，加强执法，环境教育，促进社区参与保护的激励机制）、项目管理四项子项目内容。各子项目所包括的内容见表 8 - 2。

表 8-2　项目基本概况

项目名称	子项目名称	项目内容
通过各部门间的协调合作使野生动物保护主流化	加强优先生态区域政策框架执行和管理力度，从而更好地保护黑龙江森工林区的老虎栖息地	建议老虎栖息地保护的优先领域
		加强自然保护区法律规范
		更新吉林省保护和恢复计划；制订黑龙江省森工林区保护和恢复计划
		建立东北虎区域保护咨询委员会
		研究如何解决老虎栖息地保护作为经济活动/工程建设的一部分
		制定/更新政策以减少人虎冲突（如：补偿机制）
		建立中俄跨界保护协调机制
优先区域生态系统保护的方法，在东北生态区域加大栖息地保护有效性	改进现有 5 个保护区的管理效力	制定/更新每个自然保护区的法规/计划（规划）
		增强 22 个保护站能力建设等
	扩大保护区面积	扩大 2 个现有的保护区；明确法律地位和实施安排；制定各地区法规/计划；新建 8 个保护站
	对自然保护区和当地林业局工作人员培训	培训保护区和当地林业局保护管理队伍
	重新引入猎物种群，改善老虎栖息地	设立补饲点、人工驯养野猪等放归自然，增加猎物种群数量
	恢复植被，以改善老虎栖息地	恢复植被，改善栖息地质量
	巡山清套（需要衡量指标）	开展巡山清套活动，收缴猎套，打击盗猎活动，设计试点奖励制度
减少生态区域人兽冲突（能力建设，加强执法，环境教育，促进社区参与保护的激励机制）	在保护区以外加强监测和执法力度	新建 28 个保护站
		提高 14 个保护站能力建设
		对保护站员工及领导阶层进行培训，其中包括各个保护站内的工作人员领导
	加强社区的宣传教育	利用电视、广播、报刊、标语、传单、标牌等开展宣传活动，提高民众保护东北虎的意识

（续）

项目名称	子项目名称	项目内容
减少生态区域人兽冲突（能力建设，加强执法，环境教育，促进社区参与保护的激励机制）	对更新损失补偿方法进行试点	对东北虎及其猎物造成损失开展补偿，缓解人虎冲突
	开展有利于提高老虎栖息地及农民生计的环境友好型经营实践进行试点	开展虎友好型经营活动，在保障职工生计的同时，为东北虎创造良好的栖息环境
	项目监测评价	按项目监测指标，监测项目进展与阶段成果
项目管理	监控老虎和猎物的种群数量	开展东北虎及其猎物种群数量调查，掌握东北虎及其猎物种群分布、数量，为保护管理和项目实施成效评估提供科学依据
	在国家和省之间建立有效的协调机制	在森工总局、黑龙江林业厅、吉林林业厅成立项目办公室，协调项目实施工作
	有效的实施	通过建立机构、落实资金、培训人员等和有效的组织管理，使项目落到实处

本项目的主要工程建设内容包括新建或扩建自然保护区、虎友好型森林经营活动和小型土建类项目（包括保护站和补饲点）。本项目所涉及的建设项目基本情况见表 8-3。

表 8-3　本项目所涉及的建设项目基本情况

工程类别	工程名称	建设单位	所在县市	建设内容与规模
保护站建设工程	保护站建设工程	黑龙江森工项目办	穆棱市	维护改造 13 个保护站，总面积 1 615 平方米
		黑龙江森工项目办	东宁县	维护改造 7 个保护站，总面积 485 平方米
		黑龙江项目办	东宁县	新建 3 个保护站，总面积 320 平方米；维护改造 2 个保护站，总面积 360 平方米
		吉林项目办	汪清县	维护改造 15 个保护站，总面积 4 030 平方米
		吉林项目办	珲春市	维护改造 10 个保护站，总面积 3 874 平方米
		小计		新建 3 个保护站，总面积 320 平方米；维护改造 47 个保护站，总面积 10 364 平方米

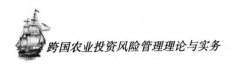
（续）

工程类别	工程名称	建设单位	所在县市	建设内容与规模
保护站建设工程	汪清保护区管理局用房建设工程	吉林项目办	汪清县	1 350 平方米
	珲春保护区东北虎远程监测中心站建设工程	吉林项目办	珲春市	700 平方米
新建或扩建自然保护区	鸟青山自然保护区扩建工程	黑龙江项目办	东宁县	17 856 公顷
	汪清天桥岭自然保护区新建工程	吉林项目办	汪清县	50 055 公顷
	珲春兰家保护小区新建工程	吉林项目办	珲春市	19 800 公顷
虎友好型森林经营活动	森林抚育工程	黑龙江森工项目办	穆棱市	3 260 公顷
		黑龙江森工项目办	东宁县	6 711 公顷
		黑龙江项目办	东宁县	3 000 公顷
		吉林项目办	汪清县	4 132 公顷
		小计		17 103 公顷
	植被恢复工程	黑龙江项目办	东宁县	500 公顷
补饲点建设工程	补饲点建设工程	黑龙江森工项目办	穆棱市	新建补饲点 6 个
		黑龙江森工项目办	东宁县	新建补饲点 6 个
		黑龙江项目办	东宁县	新建补饲点 5 个
		吉林项目办	珲春市	新建补饲点 10 个
		吉林项目办	汪清县	圈养过渡场 1 处
		小计		新建补饲点 27 个，圈养过渡场 1 处

2. 项目预算

项目总金额为 1 800 万美元，项目资金来源为世界银行赠款 300 万美元和财政配套资金 1 500 万美元。具体项目预算如表 8-4 所示。

3. 时间安排

东北虎保护项目计划在 2017 年底前完成前期工作，项目建设工期为 2014—2017 年。项目具体时间安排见表 8-5。

表 8 - 4　项目投资估算表

序号	内容概述	项目目标	各单位项目预期成果	投资组成（万美元）		资金配套单位	资金明细：GEF资金用途，配套资金来源
				GEF	配套		
总计				300	1 500		
一	通过各部门间的协调合作使野生动物保护主流化			37	74		
		建议老虎栖息地保护的优先领域	制订东宁项目区虎保护计划	2			虎保护优先区办法编制经费1.5，专家咨询、评审费及会议经费0.5
	加强优先生态区域政策框架执行和管理力度，从而更好地保护黑龙江森工林区的老虎栖息地	加强自然保护区法律规范	依法加强绥阳老爷岭东北虎和穆棱东北红豆杉保护区管理和执法力度	1.5	4	绥阳老爷岭东北虎保护区管理局，穆棱东北红豆杉国家级保护区管理局	执法管护人员工资、巡护交通费及其燃油费；配套资金来源主要为天保资金、林业局自有资金、财政专项资金等植被恢复费
			1) 调研和编制东宁县野生动物保护管理办法或措施；2) 调研和制定保护区管理办法	1.5			管理措施和管理办法编制经费1，专家补助、专家评审、协调论证会议费0.5
	更新吉林省保护和恢复计划；制定黑龙江省森工林区东北虎保护和恢复计划	制定黑龙江省森工国有林区东北虎保护计划			3	黑龙江省森工总局，绥阳林业局，绥阳老爷岭东北虎保护区管理局，穆棱东北红豆杉国家级保护区管理局	调研、编写、印制、专家论证等费用；配套资金来源主要为天保资金、林业局自有资金、植被恢复费等，财政专项资金等WWF合作资金（2）

（续）

序号	内容概述	项目目标	各单位项目预期成果	投资组成（万美元） GEF	配套	资金配套单位	资金明细：GEF资金用途、配套资金来源
		更新吉林省保护和恢复计划；制定黑龙江省森工林区保护和恢复老虎栖息地计划	1) 制订黑龙江省东北虎及栖息地保护工程建设计划，资料收集；2) 建设工程计划编制；3) 提交省发改委	1.5			计划编制 0.5，指南编制 0.5，专家论证、协调评审会议费 0.5
			《吉林长白山东北虎及栖息地保护恢复建设工程规划》修改、完善文本	4	6	吉林省林业厅、WWF	GEF：聘请专家；地方配套：WWF：2.0；省林业厅 4.0
	加强优先生态区域政策框架执行和管理力度，从而更好地保护黑龙江省森工林区的老虎栖息地		聘请有关专家成立黑龙江省森工林区东北虎保护咨询委员会	2	1	黑龙江省森工总局	专家咨询费、补助费、差旅费、会议费等；配套资金来源为WWF合作资金（1）
			建立东北虎区域对虎保护提供咨询建议及技术支持	2			专家咨询费 1.5，现地踏查费用 0.5
			成立咨询委员会的相关文件，包括组织机构、职责、例会制度等	1	3	WWF、WCS	GEF：协调会议\聘请专家；配套：WCS1.0，WWF2.0
	研究如何解决老虎栖息地保护工作为经济活动/工程建设的一部分		调研、制定相应方案，探索解决途径		20	绥阳林业局、穆棱林业局、绥阳老爷岭东北虎保护区管理局、穆棱东北红豆杉国家级保护区管理局	调研、规划、专家论证，组织实施等费用；配套资金来源主要为天保资金、林业局自有资金、植被恢复费、财政专项资金等和WWF合作资金（2）

（续）

序号	内容概述	项目目标	各单位项目预期成果	投资组成（万美元）GEF	投资组成（万美元）配套	资金配套单位	资金明细：GEF资金用途，配套资金来源
		研究如何解决老虎栖息地保护作为经济工程建设活动/工程建设的一部分	对项目区虎栖息地的经济活动、工程建设进行专家论证，以减少对虎栖息地的干扰	2			专家咨询费1，协调论证会议经费0.5、专家补助0.5
		制定/更新政策	国内外SMART绿色基建示范项目考察学习报告；	2	15	吉林省林业厅、延边州管局、珲春市、汪清县林业局、保护区、有关单位、WWF	GEF：国际差费；地方配套：WWF6.0（国际旅差）、各参与单位1.0
	加强优先生态区域政策框架执行和管理力度，从而更好地保护好黑龙江森工林区的老虎栖息地	制定/更新政策以减少人虎冲突（如：补偿机制）	制定野生动物伤害人畜、毁坏农作物补偿办法、建立补偿机制 1）对人虎冲突进行调研；2）制订黑龙江野生动物伤害经济补偿办法；3）制订项目区野生动物损失经济补偿办法	4		黑龙江省森工总局、绥阳林业局、穆棱老爷岭东北虎保护区管理局、北红豆杉国家级保护区	调研、制定办法、专家论证、组织实施等费用；配套资金来源主要为天保资金、林业局自有资金、植被恢复费、财政专项资金等和WWF资助（2M）
			制订补偿办法2，论证、协调及会议经费1，配套资金来源为森林生态效益补助项目资金森林培育费支出，或采取政策性投入替代	3	0	黑龙江省森工总局、绥阳林业局、穆棱老爷岭东北虎国家级保护区管理局、北红豆杉国家级保护区管理局	
		建立中俄跨界保护协调机制	与俄罗斯建立协调工作委员会和科学委员会，开展保护东北虎合作与交流，实现中俄跨界保护	3	3	黑龙江省森工总局、绥阳林业局、穆棱老爷岭东北虎保护区管理局、北红豆杉国家级保护区管理局	人员差旅费、会务费、调研费等；配套资金来源主要为天保资金、林业局自有资金、植被恢复费、财政专项资金等和WWF合作资金（2）

（续）

序号	内容概述	项目目标	各单位项目预期成果	投资组成（万美元）		资金配套单位	资金明细：GEF资金用途、配套资金来源
				GEF	配套		
	加强优先生态区域政策框架执行和管理力度，从而更好地保护黑龙江森工林区的老虎栖息地	建立中俄跨界保护协调机制	1) 开展中俄边境东北虎生态廊道调查；2) 签订中俄边境东北虎保护合作协议；3) 进行中俄东北虎及东北豹国际合作与交流；4) 考察中俄东北虎保护	4	0		调查经费2，对俄协调及实地考察2
			中俄地方政府主管部门相关协议、年度工作计划；中俄虎豹数据库	7	15	吉林省林业厅、WWF、WCS	GEF：数据库构建 WWF8.0、WCS5.0、省林业厅2.0 地方配套：
二	优先区域生态系统保护的方法，在东北生态区域加大栖息地保护有效性			92	955		
1	改进现有5个保护区的管理效力	制定（更新）每个自然保护区的法规/计划（规划）	制定绥阳老爷岭东北虎保护区和穆棱东北红豆杉国家级保护区规划，并组织实施	2		绥阳老爷岭东北虎保护管理局、穆棱东北红豆杉国家级保护区管理局	调研、考察、论证、审议、组织实施等费用；配套资金来源主要为天保资金、林业局自有资金、财政专项资金等植被恢复等
			基于保护区"自下而上"流程制定的珲春、汪清保护区中长期保护管理计划	2	4	珲春、汪清保护区	GEF：出广西差旅；地方配套：珲春保护区2.0、汪清保护区2.0

（续）

序号	内容概述	项目目标	各单位项目预期成果	投资组成（万美元）		资金配套单位	资金明细：GEF资金用途，配套资金来源
				GEF	配套		
1	改进现有5个保护区的管理效力	增强22个保护区（现有）增强管护能力 站能力建设等	增强绥阳老爷岭东北虎保护区和穆棱东北红豆杉国家级保护区及其8个保护站的能力建设等	16	10	绥阳老爷岭东北虎保护区、穆棱东北红豆杉国家级保护区管理局	保护区、站办公用房建设和设施、设备购置，配套资金来源主要为天保资金、林业局自有资金、植被恢复费、财政专项资金等和WWF资助（4M）
			对乌青山保护区3个保护站（现有）增强管护能力建设、改善设施、更新装备	0	35	东宁县林业局，WWF	配套资金来源为生态建设项目资金管护费、森林培育费、防火、病防、资源监测支出以及由政策性、劳务性投入替代
			珲春、汪清保护区管理局基础设施、巡护交通工具、仪器设备等基本建设	12	443	珲春、汪清保护区\WWF	GEF：购置/改装监测及工作用车；地方配套：WWF6.0，汪清保护区220.0，珲春保护区217.0
2	扩大保护区面积	扩大2个现有的保护区：明确地位和实施安排；制定各地区法规/计划；新建8个保护站	1）将朝阳沟林场纳入青山自然保护区，确定面积、范围；2）进行自然保护区调整科学考察、编制《科考报告》和《总体规划》；3）完成申报；4）新建3个保护站	16	5	黑龙江省林业厅，东宁县林业局	报告及规划编制费3、论证费，协调及会议费2；新建3个保护站设备购置16。配套资金为生态基础设施建设项目资金
			新建汪清天桥岭省级东北虎保护区	2	12	天桥岭林业局	GEF：编制建区技术文件补助；地方配套：天桥岭林业10.0；WWF2.0
			新建东北虎保护小区1个	2	2	珲春林业局	GEF：编制建区技术文件补助；地方配套：珲春林业2.0

（续）

序号	内容概述	项目目标	各单位项目预期成果	投资组成（万美元） GEF	配套	资金配套单位	资金明细：GEF资金用途，配套资金来源
3	对自然保护区和当地林业局工作人员培训	培训保护区和当地林业局保护护理队伍	举办4期培训班	4	4	绥阳林业局，穆棱林业局，绥阳老爷岭东北虎保护区管理局，穆棱东北红豆杉国家级保护区管理局	培训人员差旅费、讲课费、资料费、会议室费等；配套资金来源主要为天保资金、林业局自有资金、植被恢复费、财政专项资金等和WWF合作资金（2）
			1）自然保护区人员培训，每期20人；2）地方野生动物保护管理人员培训，5期，每期30人	7	3	WWF	专家授课费5，差旅费2，会议费3
			保护区及地方政府保护管理队伍培训报告	3	7	WWF，WCS	GEF：聘请专家，赴俄交通食宿费，地方配套：WWF4.0，WCS1.0，各参与单位1.0
4	重新引入猎物种群，改善老虎栖息地	设立补饲点、人工驯养野猪等放归自然、增加猎物种群数量	建立野外补饲点12个，野猪驯养点2处	2	5	绥阳林业局，穆棱林业局，绥阳老爷岭东北虎保护区管理局，穆棱东北红豆杉国家级保护区管理局	场点建设费、种源购买费、管理和养殖人员工资和补助费、交通费等；配套资金来源主要为天保资金、林业局自有资金、植被恢复费、财政专项资金等和WWF合作资金（4）
			1）开展猎物引入试验，重新恢复东北虎猎物种群，引入野猪20头、梅花鹿20头；2）开展冬季补饲试验，重点区域冬季有蹄类补饲，补饲点5处	7	8	黑龙江省林业厅，东宁县林业局，WWF	试验经费2，猎物及饲料采购费用5，配套补助项目资金为森林生态效益补助项目资金护管费支出，或劳务支出替代，或WWF合作资金

（续）

序号	内容概述	项目目标	各单位项目预期成果	投资组成（万美元）		资金配套单位	资金明细：GEF资金用途、配套资金来源
				GEF	配套		
4	重新引入猎物种群，改善老虎栖息地	设立补饲点，人工驯养野猪等放归自然，增加猎物种群数量	鹿类重新引入成效评估报告	2	13	WWF、汪清保护区	地方配套：WWF8.0，汪清保护区5.0
			珲春林业局东北虎监测区域有蹄类野猪补饲等成效评估报告	1	1	珲春林业局	GEF：补饲点设施建设；地方配套：珲春林业局1.0
			珲春四道沟东北虎繁殖地有蹄类补饲点成效评估报告	2	2	珲春市林业局	GEF：饲料运输车及补饲点设施建设；地方配套：珲春市林业局2.0
5	恢复植被，以改善老虎栖息地	停止采伐，恢复植被，改善栖息地质量	停止采伐，退耕还林，人工抚育	124		绥阳林业局、穆棱林业局、绥阳老爷岭东北虎保护区管理局、穆棱东北红豆杉国家级保护区管理局	造林、森林抚育等植被恢复和改善栖息地等人员工资和补助费等；配套资金来源主要为天保资金、林业局自有资金、财政专项资金等
			1）关键区域植被恢复500公顷，工植树造林500公顷；2）森林抚育3000公顷	0	220	黑龙江省林业厅、东宁县林业局	配套资金来源为森林培育费、管护费；助项目资金主要来源为森林培育费、管护费；可采取政政策、劳务性投入等
6	巡山清套（需要衡量指标）	开展巡山清套活动，收缴猎套，打击盗猎活动，设计试点奖励制度	组织巡山清套16次，设计试点奖励制度	2	5	绥阳林业局、穆棱林业局、绥阳老爷岭东北虎保护区管理局、穆棱东北红豆杉国家级保护区管理局	人员差旅费和补助费、交通费等；配套资金来源主要为天保资金、林业局自有资金，植被恢复费、财政专项资金等和WWF合作资金

（续）

序号	内容概述	项目目标	各单位项目预期成果	投资组成（万美元）GEF	配套	资金配套单位	资金明细：GEF资金用途，配套资金来源
6	巡山清套（需要衡量指标）	开展巡山清套活动，收缴猎套，打击盗猎活动，设计试点奖励制度	1）建立野外巡护队伍，开展日常巡护；2）冬季组织清除猎套猎具行动4次；3）限定重点区域猎套清除指标，相应给予奖励		13	黑龙江省林业厅，东宁县林业局，WWF	配套资金来源为生态基础设施建设项目资金管护费支出和WWF
			专业队伍及聘请专家；专业队伍及志愿者清山清套工作总结及盗猎猎势分析报告	3	15	各保护区、珲春市林业局、WCS	GEF：更新设备及聘请专家；地方配套：WCS4.0，WWF6.0，各参与单位5.0
			年度SMART系统试点与示范总结	9	22	保护区、WWF、WCS	GEF：聘请专家、设备购置；地方配套：WWF8.0，WCS8.0，珲春保护区、汪清保护区、珲春市林业局6.0
三	减少生态区域人兽冲突（能力建设、环境教育、促进社区参与保护的激励机制）			63	361		
1	在保护区以外加新建28个保护站	新建（改建）12个保护站			15	绥阳林业局、穆棱林业局	建设办公用房等基础设施；配套资金来源主要为天保资金、林业局自有资金、植被恢复费、财政专项资金等
	强化监测和执法力度	在项目区保护区外新建2个保护管理站		0	40	黑龙江省林业厅，东宁县林业局	配套资金来源为生态基础设施建设项目资金，或采取劳务支出替代

（续）

序号	内容概述	项目目标	各单位项目预期成果	投资组成（万美元）		资金配套单位	资金明细：GEF资金用途、配套资金来源
				GEF	配套		
			珲春林业局新建2个保护站	2	4	珲春林业局	GEF：购置巡护设备；地方配套：珲春林业局4.0
			珲春市林业局新建2个保护站	5	10		GEF：购置巡护设备；地方配套：珲春市林业局4.0
		新建28个保护站	天桥岭保护区新建5个保护站	2	4	天桥岭林业局	GEF：购置巡护设备；地方配套：天桥岭林业局10.0
			汪清林业局新建2个保护站	2	4		GEF：购置巡护设备；地方配套：汪清林业局4.0
			汪清县林业局新建3个保护站	3	6	汪清县林业局	GEF：购置巡护设备；地方配套：汪清县林业局6.0
1	在保护区以外加强监测和执法力度	提高14个保护站能力建设	提高12个保护站能力建设	10	0	绥阳林业局，穆棱林业局	设施、设备购置等；配套资金来源主要为天保资金，林业局自有资金、植被恢复费、财政专项资金等
			在乌青山保护站外新建2个保护站，增强管护能力建设，改善设施、更新装备	7	0		设施设备购置7
			对保护站员工及领导阶层进行培训，举办4期培训班，其中包括12个保护站内的工作人员领导	2	2	绥阳林业局，穆棱林业局	培训人员差旅费、讲课费、会议室费等；配套资金来源主要为天保资金、林业局自有资金、植被恢复费、财政专项资金等
			保护区以外新建保护站人员培训报告	4	5	WWF，WCS	GEF：聘请专家、学员食宿、教材等；地方配套：WWF4.0，WCS1.0

（续）

序号	内容概述	项目目标	各单位项目预期成果	投资组成（万美元） GEF	配套	资金配套单位	资金明细
2	加强社区的宣传教育	利用电视、广播、报刊、标语、传单、标牌宣传活动，提高民众保护东北虎的意识	制作宣教片、广播、标语、传单、标牌、组织开展宣教活动	2	6	绥阳林业局、穆棱林业局、阳老爷岭东北虎保护区管理局、穆棱东北红豆杉国家级保护区管理局	制作宣教片、广播、标语、传单、标牌等；组织开展宣教活动等费用；配套资金主要为天保资金、林业局自有资金、植被恢复费、财政专项资金和WWF合作资金（4）
			1）在东北虎活动重点区域设立警示牌6个；2）在自然保护区重要区域设立标示牌6个；3）印制和发放东北虎及栖息地保护宣传材料20 000份；4）每年举办东北虎保护宣传活动1次；5）组织志愿者参与虎保护及清查活动		12	东宁县林业局，WWF	配套资金来源为生态基础设施建设项目自资金和WWF
			项目区设置警示牌、宣传牌、印制宣传品、举办宣传活动等	12	14	项目参加单位，WWF	GEF：项目宣传品，地方配套：WWF8.0，各参加单位：6.0
3	对更新损失补偿方法进行试点	对东北虎及其猎物造成损失开展补偿，缓解人虎冲突	探索东北虎及其猎物对人畜及农作物等造成损失开展补偿	2	3	绥阳林业局、穆棱林业局、阳老爷岭东北虎保护区管理局、穆棱东北红豆杉国家级保护区管理局	调研、制定补偿方法及实施补偿费用；配套资金来源主要为天保资金、林业局自有资金、植被恢复费、财政专项资金等和WWF合作资金（2）

（续）

序号	内容概述	项目目标	各单位项目预期成果	投资组成（万美元） GEF	投资组成（万美元） 配套	资金配套单位	资金明细：GEF资金用途、配套资金来源
4	开展有利于提高老虎栖息地及农民生计的同时，为东北虎创造良好的栖息良好型经营实践进行试点	开展虎友好型经营活动，在保障职工生计的环境	通过提供技术培训、资料、聘请专家指导等，引导林区群众发展种植、养殖、采集等产业 1)试点虎友好型森林经营方式；2)加强非林产品管理改善野生动物生境；3)发展周边社区替代生计，食用菌、山野菜、养蜂等		93	绥阳林业局、穆棱林业局、绥阳老爷岭东北虎保护区管理局、穆棱东北红豆杉国家级保护区管理局	技术培训、资料、聘请专家指导等费用以及扶持等费用；配套资金来源主要为天保资金、自有资金、植被恢复费、财政专项资金等和WWF合作资金（4）
					20	东宁县林业局	配套资金来源为森林生态效益补助项目资金管护费，或采取政策性投入替代
			中幼林龄抚育，采取生物工程技术措施，增加虎捕食动物食物	0	113	汪清林业局4个中心林场	汪清林业 113.0
5	项目监测评价	按项目监测指标，监测项目进展与阶段成果	年度监测报告	10	10	吉林省林业厅	GEF：聘请专家，办公室差旅，报告编写；地方配套：吉林省林业厅 10.0
四	项目管理			55	110		
1	监测老虎和猎物的种群数量	开展东北虎及其猎物种群数量调查、掌握东北虎及其猎物种群分布、数量，为保护管理和项目实施成效评估提供科学依据	开展野外巡护、监测、调查，为保护管理和项目实施成效评估提供科学依据	2	8	绥阳林业局、穆棱林业局、绥阳老爷岭东北虎保护区管理局、穆棱东北红豆杉国家级保护区管理局	购买巡护、监测、调查设备费用、交通费用、人员工资及补助费用等费用；成果编制和论证等费用；配套资金来源主要为天保资金、自有资金、植被恢复费、财政专项资金等和WWF合作资金（6）

（续）

序号	内容概述	项目目标	各单位项目预期成果	投资组成（万美元） GEF	配套	资金配套单位	资金明细：GEF资金用途、配套资金来源
1	监控老虎和猎物的种群数量	开展东北虎及其猎物种群数量调查，掌握东北虎猎物种群种分布、数量，为保护管理和项目实施成效评估提供科学依据	1) 项目期对东北虎进行长期监测、评估数量及分布区变化；2) 项目期少进行2次（项目初期和期末期）调查，评估种类猎物种群数量变化	5	6	黑龙江省林业厅、东宁县林业局，WWF	监测设备2，监测及统计评估专家经费2，评审及会议经费1. 配套资金来源为森林生态效益补助项目资金管护费，或采取政策性投入替代
			虎及猎物雪地调查与报告	6	20	WWF、WCS、珲春、汪清、天桥岭保护区、珲春市、汪清市县林业局	GEF：聘请专家，设备购置；地方配套：WWF18.0，WCS2.0
			虎豹红外相机监测并提交年度报告	25	42	WWF、WCS、珲春、汪清、天桥岭保护区保护区、天桥岭林业局、汪清县林业局等	GEF：聘请专家，设备购置；地方配套：WWF20.0，WCS12.0，5个参加单位各10.0
2	建立国家和省之间有效的协调机制	在森工总局、黑龙江省林业厅、吉林省林业厅成立项目办公室，协调项目实施工作	在森工总局及绥阳林业局、穆棱林业局、绥阳老爷岭、东北虎保护区管理局、穆棱东北豆杉国家级保护区管理局成立项目办公室，协调项目实施工作	3	10	黑龙江省森工总局、绥阳林业局、穆棱林业局、绥阳老爷岭、东北虎保护区管理局、穆棱东北豆杉国家级保护区管理局	各项目办公室办公及协调经费；配套资金主要来源为天保资金、林业局自有资金、植被恢复费、财政专项资金等和WWF合作资金
			1) 设立省级项目实施办公室，协调员；2) 设立县级项目实施办公室，设立协调员	1	8	黑龙江省林业厅、东宁县林业局	办公室设置经费1. 配套资金来源为生态基础设施建设项目资金、保护区级能力建设资金（3）

（续）

序号	内容概述	项目目标	各单位项目预期成果	投资组成（万美元）		资金配套单位	资金明细：GEF资金用途，配套资金来源
				GEF	配套		
			对项目的实施进行指导、评估	2	3	绥阳林业局，穆棱林业局，绥阳老爷岭东北虎保护区管理局，穆棱东北红豆杉国家级保护区管理局	对项目实施管理、指导、评估等费用；配套资金来源主要为天保资金、林业局自有资金、植被恢复费、财政专项资金等和WWF合作资金（2）
3	有效的实施	通过建立机构、落实资金、培训人员等和有效的组织管理，使项目目标落实到实处	对机构设立、资金落实和项目管理不定期进行项目实施督导，进行2～4次项目实施检查	2.5	5	黑龙江省林业厅，东宁县林业局	差旅费1.5，向导费0.5，交通费0.5
			建立办公室，组织项目申报，仪器设备购置，项目合同签订与监督、检查、验收、运行管理等	8	8	吉林省林业厅/WWF	GEF：聘请技术、财务、行政项目办人员，仪器设备购置；地方配套：WWF4.0，吉林省林业厅4.0
	其他费用			54	0		
	移民不可预见费		移民不可预见费	6.2			
			移民不可预见费	7.4			
			移民不可预见费	16			
	实物/财务不可预见费		实物/财务不可预见费	3.3			
			实物/财务不可预见费	3.8			
			实物/财务不可预见费	8			
	评估费		评估费	2			
			评估费	2.3			
			评估费	4.8			

表8-5 项目时间安排表

序号	内容概述	项目目标	地方单位	各单位项目预期成果	项目实施单位	项目实施时间安排
一	通过各部门间的协调合作使野生动物保护主流化	建议老虎栖息地保护的优先领域	黑龙江林业厅	制订东宁项目区虎保护计划	黑龙江省野生动植物保护协会、东宁县	2014
			黑龙江森工总局	依法加强绥阳老爷岭东北虎和穆棱东北红豆杉保护区管理和执法力度	绥阳老爷岭东北虎保护区管理局、穆棱东北红豆杉国家级保护区管理局	2014—2017
		加强自然保护区法律规范	黑龙江林业厅	1) 调研和编制东宁县野生动物保护管理办法或措施; 2) 调研和制定东宁乌青山自然保护区管理办法	东宁县林业局	2014—2016
		加强优先生态区域政策框架执行和管理力度,从而更好地保护黑龙江森工林区的老虎栖息地	黑龙江森工总局	制定黑龙江省森工国有林区东北虎保护计划	黑龙江省森工总局,穆棱林业局、绥阳老爷岭东北虎保护区管理局、穆棱东北红豆杉国家级保护区管理局	2014—2015
		更新吉林地保护和恢复计划;制定黑龙江省森工林区保护和恢复计划	黑龙江林业厅	1) 制订黑龙江省东北及栖地保护工程计划调研、资料收集; 2) 建设工程计划编制; 3) 提交省发改委	1) 黑龙江省野生动植物保护协会; 2) 黑龙江省林业局; 东宁县林业局	2014—2016
			吉林业厅	《吉林长白山东北虎及栖息地保护恢复建设工程规划》修改、完善文本	吉林省虎项目办公室、WWF	2015—2016

（续）

序号	内容概述	项目目标	地方单位	各单位项目预期成果	项目实施单位	项目实施时间安排
		建立东北虎区域保护咨询委员会	黑龙江森工总局	聘请有关专家成立黑龙江省森工林区东北虎保护咨询委员会	黑龙江省森工总局	2014—2017
			黑龙江林业厅	对东北虎保护提供咨询建议及技术支持	黑龙江省野生动植物保护协会	2014—2017
			吉林林业厅	成立咨询委员会的相关文件、包括组织机构、职责、例会制度等	吉林省林业厅、延边州管局	2015—2017
	加强优先生态区域政策框架执行和管理力度，从而更好地保护黑龙江森工林区的老虎栖息地	研究如何解决老虎栖息地的经济活动、工程建设的一部分	黑龙江森工总局	调研、制定相应方案、探索解决途径	绥阳林业局、穆棱林业局、绥阳老爷岭东北虎保护区管理局、穆棱东北红豆杉国家级保护区管理局	2014—2017
			黑龙江林业厅	对项目区虎栖息地的经济活动、工程建设进行专家论证，以减少对虎栖息地的干扰	黑龙江省野生动植物保护协会	2014—2015
			吉林林业厅	国内外SMART绿色基建示范项目考察学习报告	吉林省虎项目办公室、延边州管局、珲春市、汪清县林业局、保护区、有关单位WWF/WCS	2016
		制定/更新政策以减少人虎冲突（如：补偿机制）	黑龙江森工总局	制定野生动物伤害人畜、毁坏农作物补偿办法、建立补偿机制	黑龙江省森工总局、绥阳林业局、绥阳老爷岭东北虎保护区管理局、穆棱保护区管理局	2014—2017
			黑龙江林业厅	1）对人虎冲突进行调研；2）制订黑龙江省野生动物伤害经济补偿办法；3）制订项目区野生动物损失经济补偿办法	黑龙江省林业厅、东宁县林业局	2014—2017

（续）

序号	内容概述	项目目标	地方单位	各单位项目预期成果	项目实施单位	项目实施时间安排
	加强优先生态区域政策框架执行和管理力度，从而更好地保护黑龙江森工林区的老虎栖息地	建立中俄跨界保护协调机制	黑龙江森工总局	与俄罗斯建立协调工作委员会和科学委员会，开展保护东北虎合作与交流，实现中俄跨界保护	黑龙江省森工总局、绥阳林业局、穆棱林业局、绥阳老爷岭东北虎国家级保护区管理局、穆棱东北红豆杉国家级保护区管理局	2014—2017
			黑龙江林业厅	1) 开展中俄边境东北虎生态廊道调查；2) 签订中俄边境东北虎及东北保护合作协议；3) 进行中俄东北虎及东北豹国际合作与交流；4) 考察中俄东北虎保护	黑龙江省野生动植物保护协会、东宁县林业局	2014—2017
			吉林业厅	中俄地方政府主管部门相关协议，年度工作计划；中俄虎豹地保护数据库	吉林省虎项目办公室、WWF、WCS	2015—2017
二	优先区域生态系统保护的方法，在东北生态区域加大栖息地保护有效性					
1		制定/更新每个自然保护区的法规/计划（规划）	黑龙江森工总局	制定绥阳老爷岭东北虎保护区和穆棱东北红豆杉国家级保护区规划，并组织实施	绥阳老爷岭东北虎保护区管理局、穆棱东北红豆杉国家级保护区管理局	2014—2017
			吉林业厅	基于保护区"自下而上"流程制定的珲春、汪清保护区中长期保护管理计划	珲春、汪清保护区	2015—2016
		改进现有5个保护区的管理效力	黑龙江森工总局	增强绥阳老爷岭东北虎保护区和穆棱东北红豆杉国家级保护区及其8个保护站的能力建设等	绥阳老爷岭东北虎保护区管理局、穆棱东北红豆杉国家级保护区管理局	2014—2017
		增强22个保护站能力建设等	黑龙江林业厅	对乌青山保护区3个保护站增强管护能力建设、改善设施、更新东宁县林业局管护装备	东宁县林业局	2014—2016

（续）

序号	内容概述	项目目标	地方单位	各单位项目预期成果	项目实施单位	项目实施时间安排
1	改进现有5个保护区的管理效力	增强22个保护站能力建设等	吉林林业厅	珲春、汪清保护区管理局基础设施、巡护交通工具、仪器设备等基本建设	珲春、汪清保护区、WWF	2015—2017
2	扩大保护区面积	扩大2个现有的保护区；明确法律地位和实施安排；制定各地区法规/计划；新建8个保护站	黑龙江林业厅	1) 将朗阳沟青山自然保护东北区纳入鸟类东北虎、豹分布区范围，确定面积，考察；2) 进行自然保护区调整科学规划《总体规划》和《科考报告》；3) 完成申报；4) 新建3个保护站	黑龙江省林业厅、东宁县林业局	2014—2016
			吉林林业厅	新建汪清天桥岭省级东北虎保护区	天桥岭林业局	2014—2015
				新建东北虎保护小区1个	珲春兰家	2015—2016
3	对自然保护区和当地林业局工作人员培训	培训保护和当地林业局保护管理队伍	黑龙江森工总局	黑龙江森工总局举办4期培训班	黑龙江省森工总局，穆棱林业局，绥阳老爷岭东北虎保护区管理局，穆棱东北红豆杉国家级保护区管理局	2014—2017
			黑龙江林业厅	1) 自然保护区人员培训，5期，每期20人；2) 地方野生动物保护管理人员培训，5期，每期30人	黑龙江省林业厅、东宁县林业局	2014—2017
			吉林林业厅	保护区及地方政府保护管理队伍培训报告	吉林省虎项目办公室、WWF、WCS	2015—2017
4	重新引入猎物种群，改善老虎栖息地	设立补饲点、人工驯养野猪等放归自然，增加猎物种群数量	黑龙江森工总局	建立野外补饲点12个，野猪驯养点2处	绥阳林业局，穆棱林业局，绥阳老爷岭东北虎保护区管理局，穆棱东北红豆杉国家级保护区管理局	2014—2017

（续）

序号	内容概述	项目目标	地方单位	各单位项目预期成果	项目实施单位	项目实施时间安排
4	重新引入猎物种群，改善老虎栖息地	设立补饲点，人工驯养野猪等放归自然，增加猎物种群数量	黑龙江林业厅	1) 开展虎猎物引入试验，恢复东北虎猎物种群，重引入野猪20头、梅花鹿20头；2) 开展冬季补饲试验，重点区域冬季有蹄类补饲点5处	黑龙江省野生动植物保护协会、东宁县林业局	2014—2017
				鹿类重引入成效评估报告	WWF、汪清保护区	2014—2017
		吉林林业厅		珲春林业局东北虎监测区域有跨省类补饲点成效评估报告	珲春林业局	2015—2017
				珲春四道沟东北虎繁殖地有跨省类饲养地成效评估报告	珲春市林业局	2015—2017
5	恢复植被，以改善老虎栖息地	停止采伐，恢复植被，改善栖息地质量	黑龙江森工总局	停止采伐、退耕还林、人工抚育	绥阳林业局、穆棱林业局、绥阳老爷岭东北虎保护区管理局、穆棱东北红豆杉国家级保护区管理局	2014—2017
			黑龙江林业厅	1) 关键区域植被恢复，人工植树造林500公顷；2) 森林抚育3 000公顷	黑龙江省林业厅、东宁县林业局	2014—2017
6	巡山清套（需要衡量指标）	开展巡山清套活动、收缴猎套、打击盗猎活动、设计试点奖励制度	黑龙江森工总局	组织巡山清套16次	黑龙江省森工总局、穆棱林业局、绥阳老爷岭东北虎保护区管理局、绥阳东北红豆杉国家级保护区管理局、穆棱东北红豆杉国家级保护区管理局	2014—2017
			黑龙江林业厅	1) 建立野外巡护队伍，开展日常巡护；2) 冬季组织清除猎套具有猎具行动4次；3) 限定重点区域清套清除指标，相应给予奖励	黑龙江省野生动植物保护协会、东宁县林业局	2014—2017

（续）

序号	内容概述	项目目标	地方单位	各单位项目预期成果	项目实施单位	项目实施时间安排
6	巡山清套（需要衡量指标）	开展巡山清套活动、收缴猎套，打击盗猎活动，设计试点与奖励制度	吉林林业厅	专业队伍及志愿者清山清套工作总结及盗猎猎势分析报告	各保护区与珲春市、汪清县林业局，WWF，WCS	2015—2017
				年度SMART系统试点与示范总结	珲春、汪清保护区、珲春市林业局，WWF，WCS	2015—2017
三 减少生态区域人兽冲突（能力建设、加强执法、环境教育、促进社区参与保护的激励机制）						
		新建28个保护站	黑龙江森工总局	新建（改建）12个保护站点	绥阳林业局，穆棱林业局	2014—2017
			黑龙江林业厅	在项目区保护区外新建2个保护管理站点	黑龙江省林业厅、东宁县林业局	2014—2016
				珲春林业局新建2个保护站	珲春林业局	2015—2016
				珲春市林业局新建2个保护站	珲春市林业局	2014—2015
			吉林林业厅	天桥岭保护区新建5个保护站	天桥岭林业局	
				汪清县林业局新建2个保护站	汪清县林业局	
				汪清县林业局新建3个保护站	汪清县林业局	
1	在保护区以外加强监测和执法力度	提高14个保护站能力建设	黑龙江森工总局	提高12个保护站能力建设	绥阳林业局，穆棱林业局	2014—2017
			黑龙江林业厅	在乌青山保护区外新建2个保护站，增强管护能力建设，改善设施、更新护站内的装备	黑龙江省林业厅、东宁县林业局	2014—2016
		对保护站员工及领导层进行培训，其中包括各个保护站内的工作人员领导	黑龙江森工总局	举办4期培训班，对保护站员工及领导层进行培训，其中包括12个保护站内的工作人员领导	黑龙江省森工总局，绥阳林业局，穆棱林业局	2014—2017
			吉林林业厅	保护区外新建保护站人员培训报告	吉林省虎项目办公室，WWF，WCS	2015—2017

（续）

序号	内容概述	项目目标	地方单位	各单位项目预期成果	项目实施单位	项目实施时间安排
2	加强社区的宣传教育	利用电视、广播、报刊、传单、标语、标牌等开展宣传活动，提高民众保护东北虎的意识	黑龙江森工总局	制作宣教片、广播、标语、传单、标牌等，组织开展宣教活动	黑龙江省森工总局、绥阳林业局、穆棱林业局、绥阳老爷岭东北虎保护区管理局、穆棱东北红豆杉国家级保护区管理局	2014—2017
			黑龙江林业厅	1）在东北虎活动重点区域设立警示牌6个；2）在自然保护区重要区域设立标示牌6个；3）印制及栖息地保护宣传材料20 000份；4）每年举办东北虎保护宣传活动1次；5）组织志愿者参与虎保护及清查活动	黑龙江省野生动植物保护协会、东宁县林业局	2014—2017
			吉林林业厅	项目区设置警示牌、宣传牌、印制宣传单、举办宣传活动等	吉林省项目办公室、WWF	2015—2017
3	对更新损失补偿方法进行试点	对东北虎及其猎物造成损失补偿，缓解人虎冲突	黑龙江森工总局	探索东北虎及其猎物对人畜及农作物等造成损失补偿	绥阳林业局、穆棱林业局、老爷岭东北虎保护区管理局、穆棱东北红豆杉国家级保护区管理局	2014—2017
4	开展有利于提高老虎栖息地及农民生计的环境友好型经营实践创行试点	开展虎友好型经营活动，在保障职工生计的同时，为东北虎创造良好的栖息环境	黑龙江森工总局	通过提供技术培训、资料、聘请专家指导等，引导林区群众发展种植、养殖、采集等产业	绥阳林业局、穆棱林业局、老爷岭东北虎保护区管理局、穆棱东北红豆杉国家级保护区管理局	2014—2017
			黑龙江林业厅	1）试点虎友好型森林经营；2）加强非林产品管理改善野生动物生境；3）发展周边社区替代生计，食用菌、山野菜、养蜂等	黑龙江省林业厅、东宁县林业局	2014—2017

（续）

序号	内容概述	项目目标	项目监测指标	地方单位	各单位项目预期成果	项目实施单位	项目实施时间安排
4	开展有利于提高老虎栖息地及农民生计的环境友好型经营实践进行试点	开展虎友好型经营活动，在保障职工生计的同时，为东北虎创造良好的栖息环境		吉林林业厅	中幼林龄抚育，采取生物工程技术措施，增加虎捕食动物食物	汪清林业局	2015—2017
5	项目监测评价		按项目监测指标，监测项目进展与阶段成果	吉林林业厅	年度监测报告	吉林省虎项目办公室	2015—2017
四	项目管理						
1	监控老虎和猎物的种群数量	开展东北虎及其猎物种群数量调查，掌握东北虎及其猎物种群分布、数量，为保护管理和项目实施成效评估提供科学依据		黑龙江森工总局	开展野外巡护、监测、调查，为保护管理和项目实施成效评估提供科学依据	黑龙江省森工总局、绥阳林业局、穆棱林业局、绥阳老爷岭东北虎保护区管理局、穆棱保护区管理局、豆杉国家级保护区管理局	2014—2017
				黑龙江林业厅	1) 项目期对东北虎进行长期监测，项目期数量及分布区变化; 2) 项目初期和末期（项目期至少进行2次）调查，评估种群数量变化	黑龙江省野生动植物保护协会和东宁县林业局	2014—2017
					虎及猎物雪地调查与报告	吉林省虎项目办公室、各保护区、珲春市、汪清县林业局、WWF、WCS	2015—2017
				吉林林业厅	虎豹红外相机监测并提交年度报告	吉林省虎项目办公室、保护区、保护局、珲春市、汪清县林业局 WWF、WCS	2014—2017

（续）

序号	内容概述	项目目标	地方单位	各单位项目预期成果	项目实施单位	项目实施时间安排
2	在国家和省之间建立有效的协调机制	在森工总局、黑龙江林业厅、吉林林业厅成立项目办公室，协调项目实施工作	黑龙江森工总局，黑龙江林业厅	在森工总局及绥阳林业局、绥棱老爷岭东北虎保护区管理局、穆棱东北红豆杉国家级保护区管理局成立项目办公室，协调项目实施工作	黑龙江省森工总局及绥阳林业局，绥棱老爷岭东北虎保护区管理局，穆棱东北红豆杉国家级保护区管理局	2014—2017
				1）设立省级项目实施办公室，协调项目实施工作；2）设立县级项目实施办公室，设定协调员	黑龙江省林业厅，东宁县林业局	2014—2017
3	有效的实施	通过建立机构、培训人员等有效的组织管理，使项目落到实处	黑龙江森工总局	对项目的实施进行指导、评估	黑龙江省森工总局，绥阳林业局，绥棱老爷岭东北虎保护区管理局，穆棱东北红豆杉国家级保护区管理局	2014—2017
			黑龙江林业厅	对机构设立、资金落实和项目管理不定期进行项目实施督导，进行2~4次项目实施检查	黑龙江省林业厅	2014—2017
			吉林林业厅	建立办公室，项目申报、组织、仪器设备购置、项目合同签订与监督、检查、验收、运行管理等	吉林省虎项目办公室	2014—2017
其他费用						
	移民不可预见费	移民不可预见费	黑龙江森工总局	移民不可预见费	黑龙江森工总局	2015—2017
			黑龙江林业厅	移民不可预见费	黑龙江林业厅	2015—2017
			吉林林业厅	移民不可预见费	吉林林业厅	2015—2017
	实物/财务不可预见费	实物/财务不可预见费	黑龙江森工总局	实物/财务不可预见费	黑龙江森工总局	2015—2017
			黑龙江林业厅	实物/财务不可预见费	黑龙江林业厅	2015—2017
			吉林林业厅	实物/财务不可预见费	吉林林业厅	2015—2017
	评估费	评估费	黑龙江森工总局	评估费	黑龙江森工总局	2015—2017
			黑龙江林业厅	评估费	黑龙江林业厅	2015—2017
			吉林林业厅	评估费	吉林林业厅	2015—2017

二、社会评价过程及方法

（一）社会评价的任务和目标

根据世行鉴别团对东北虎保护项目社会评价报告编制的要求，项目办针对备选项目内容的特征，为项目作出社会评价。为此，东北虎保护项目社会评价的主要工作任务包括：结合对东北虎保护项目内容及经济社会背景的综合考察，编制东北虎保护项目社会评价报告。

（二）社会评价依据

利用世界银行赠款建设东北虎保护区项目社会评价的主要依据，包括以下内容：

- 《中华人民共和国森林法》
- 国家林业局《关于切实做好全面停止商业性采伐试点工作的通知》
- 《中华人民共和国自然保护区条例》
- 《中华人民共和国野生动物保护法》
- 《吉林省重点保护陆生野生动物造成人身财产损害补偿办法》
- 《吉林省禁止猎捕陆生野生动物实施办法》
- 《吉林省重点保护陆生野生动物造成人身财产损害补偿办法实施细则》
- 《吉林省封山禁牧管理办法》
- 《黑龙江省野生动物保护条例》
- 吉林珲春东北虎国家级自然保护区二期工程建设项目可行性研究报告
- 吉林汪清国家级自然保护区建设工程可行性研究报告
- 吉林汪清国家级自然保护区总体规划（2013—2022 年）
- 汪清国家级自然保护区建设工程可行性研究报告
- 汪清县十二五规划（2011—2020 年）
- 黑龙江省东北虎保护行动计划
- 黑龙江老爷岭东北虎自然保护区总体规划（2013—2020 年）
- 黑龙江老爷岭东北虎自然保护区综合科学考察报告

· 黑龙江穆棱东北红豆杉自然保护区建设项目可行性研究报告
· 黑龙江森工东北虎保护行动计划

（三）工作范围和主要内容

本次社会评估的工作范围和主要评价内容包括以下部分：
· 项目受影响群体及其他利益相关者识别
· 项目对核心利益主体的积极影响和消极影响评价
· 项目目标群体的参与意愿评价
· 项目内容的包容性和排斥性
· 项目制度及机制设计及其评价
· 项目内容的适宜性、实用性、可操作性评估
· 项目内容的经济风险、社会风险、环境风险识别，以及风险减缓和规避措施评估
· 项目社会管理计划及其监测评估方案的制定

（四）项目影响界定

东北虎景观方法的主要工程内容为新建或扩建自然保护区、虎友好型森林经营活动和小型土建类项目（包括保护站和补饲点）。新建或扩建自然保护区将对林场和周边农村生产经营活动造成影响；在原有保护区建设保护站或者补饲点也将增加野生动物的活动范围，这也将对林场和周边农村生产经营活动产生影响。

根据自然保护区功能划分的差异，在不同保护区功能分区上项目将会产生不同的影响。根据各自然保护区总体规划对各分区定义及保护和经营性活动的规定如下：

· 核心区：是自然保护区的重点保护区域，实行绝对保护，严禁任何形式的采伐、狩猎、旅游等活动，仅供观察、研究和资源监测，任何人未经批准，均不得入内，以保持其生态系统尽量不受人为干扰，让其在自然状态下进行更新和繁衍。

· 缓冲区：缓冲区是核心区的缓冲地带，其作用一是减缓外界对核心区的影响和干扰；二是在不破坏其群落环境的条件下，用作某些试验性或生产

性的科学考察、科学试验、教学实习和标本采集，但禁止经营性生产，也不能开展生态旅游活动；三是通过植被恢复，使野生动植物的生境不断改善，从而逐步恢复成核心区。

·实验区：主要用于探索自然保护区可持续发展的有效途径，在不破坏原生性植被和有效保护区内珍稀动植物资源的前提下，对自然资源进行适度利用，开展科学实验、教育培训、生态旅游和多种经营活动，并可适度建设和安排生产、生活和管理项目设施。

（五）社会评价方法

1. 社会评价的方法

鉴于本项目涉及利益主体众多，项目内容复杂，项目区域内不同地区和不同群体之间经济社会发展情况多元，本社会评估的主要方法包括以下几种：

（1）案例分析法。通过典型案例介绍，综合介绍项目的经济社会效益、影响、风险，并为进一步总结和归纳相关行动措施提供依据。

（2）逻辑框架分析法。主要是通过分类指标层层递进的关系，把复杂的项目内容及项目之间的关系，用简明清晰的框图形式表示出来，核心在于通过对项目不同阶段活动，以及每一阶段涉及的利益相关者及可能的影响和风险，针对性的行动措施等逐步展现出来，从而更清晰的分析项目社会影响和风险，并为项目顺利实施制定有针对性的保障措施和执行方案。

（3）利益相关者分析法。通过分析判断与项目有直接和间接利益关系的群体在项目中受到的影响、其对项目的反应以及其对项目的影响来评估不同的利益群体在项目建设过程中的地位和作用，并据此判断项目与受影响利益群体之间的相互关系和适应性。

2. 实地调查的方法

（1）参与式观察。此调查方法贯穿整个实地调查的全过程，核心在于评估团队成员通过对项目所有利益相关者的行为、态度、知识、技能等方面的观察，进一步理解和了解项目区经济社会背景，项目目标群体面临的机遇、困境和诉求等。

（2）实地踏查。本社会评估中，通过对项目区实地考察，了解项目区和

林场以及居民生活区之间的关系。

（3）半结构访谈。半结构访谈主要针对与项目直接或间接相关的关键知情人的调查和访谈，如农村和城镇社区的村支书、村主任以及与项目相关的农户。

（4）关键人物访谈。关键人物访谈主要就访谈对象的特征而言，其过程中所使用的方法主要包括半结构访谈和问卷调查。包括：黑龙江森工东北虎栖息地保护项目执行办公室、黑龙江东北虎栖息地保护项目执行办公室、吉林东北虎栖息地保护项目执行办公室的相关负责人；珲春市吉林珲春东北虎国家级自然保护区所影响的下草帽村、上草帽村、分水岭村、官道沟村、烟筒砬子村、松林村、东阿拉村等农村社区的相关负责人；吉林珲春兰家保护小区兰家村的相关负责人；黑龙江鸟青山拟扩建保护区前营、朝阳沟、庙岭、红星和亮子川的相关负责人；汪清国家级自然保护区的相关负责人；各保护区影响的相关林场负责人。

（5）问卷调查。针对东北虎保护项目内容的特征以及主要涉及的利益相关群体，评估过程中所使用的问卷调查主要包括：农户问卷调查、职工户问卷、林场问卷调查和社区问卷调查。问卷共调研农民 129 户，职工 330 户，合计 459 户。

三、利益相关者分析

（一）项目建设工程影响内容识别

本项目涉及保护站建设工程、新建或扩建自然保护区、虎友好型森林经营活动以及补饲点建设工程 4 项主要类别，经过与各业主单位及调研确认，在多次调整规划后，项目工程建设范围均在国有林场范围，不涉及征地和拆迁，但这些活动均可能减小林场职工和农户的生计活动范围见表 8-6。

（二）利益相关者识别

根据项目内容及项目经济社会发展现状，本项目可能涉及的主要利益相关者，总体上包括项目组织实施和管理方、项目直接受影响利益群体，以及在项目中受间接影响且不涉及重要利益冲突的普通公众。

表 8-6　本项目所涉及的建设项目相关情况

工程类别	工程名称	建设单位	所在县市	建设内容与规模	涉及征地	涉及拆迁	减小生计区域	备注
		黑龙江森工项目办	穆棱市	维护改造 13 个保护站，总面积 1 615 平方米	×	×	√	建设地点在国有林场、不涉及征地、拆迁
		黑龙江森工项目办	东宁县	维护改造 7 个保护站，总面积 485 平方米	×	×	√	建设地点在国有林场、不涉及征地、拆迁
		黑龙江项目办	东宁县	新建 3 个保护站，总面积 320 平方米；维护改造 2 个保护站，总面积 360 平方米	×	×	√	建设地点在国有林场、不涉及征地、拆迁
保护站建设工程		吉林项目办	汪清县	维护改造 15 个保护站，总面积 4 030 平方米	×	×	√	建设地点在国有林场、不涉及征地、拆迁
保护站建设工程		吉林项目办	珲春市	维护改造 10 个保护站，总面积 3 874 平方米	×	×	√	建设地点在国有林场、不涉及征地、拆迁
	小计			新建 3 个保护站，总面积 320 平方米；维护改造 47 个保护站，总面积 10 364 平方米	×	×	√	建设地点在国有林场、不涉及征地、拆迁
汪清保护区管理局用房建设工程		吉林项目办	汪清县	1 350 平方米	×	×	√	建设地点在国有林场、不涉及征地、拆迁
珲春保护区东北虎远程监测中心站建设工程		吉林项目办	珲春市	700 平方米	×	×	√	建设地点在国有林场、不涉及征地、拆迁

（续）

工程类别	工程名称	建设单位	所在县市	建设内容与规模	涉及征地	涉及拆迁	减小生计区域	备注
新建或扩建自然保护区	黑龙江乌青山自然保护区扩建工程	黑龙江项目办	东宁县	17 856公顷	×	×	√	建设地点在国有林场，不涉及征地，拆迁；涉及村民租用国有林场耕地的回收问题
	吉林汪清天桥岭自然保护区新建工程	吉林项目办	汪清县	50 055公顷	×	×	√	建设地点在国有林场，不涉及征地，拆迁
	吉林珲春兰家保护小区新建工程	吉林项目办	珲春市	19 800公顷	×	×	√	建设地点在国有林场，不涉及征地，拆迁
森林抚育工程		黑龙江森工项目办	穆棱市	3 260公顷	×	×	√	建设地点在国有林场，不涉及征地，拆迁
		黑龙江森工项目办	东宁县	6 711公顷	×	×	√	建设地点在国有林场，不涉及征地，拆迁
虎友好型森林经营活动		黑龙江项目办	东宁县	3 000公顷	×	×	√	建设地点在国有林场，不涉及征地，拆迁
		吉林项目办	汪清县	4 132公顷	×	×	√	建设地点在国有林场，不涉及征地，拆迁
	小计			17 103公顷	×	×	√	
植被恢复工程		黑龙江项目办	东宁县	500公顷	×	×	√	建设地点在国有林场，不涉及征地，拆迁

（续）

工程类别	工程名称	建设单位	所在县市	建设内容与规模	涉及征地	涉及拆迁	减小生计区域	备 注
		黑龙江森工项目办	穆棱市	新建补饲点6个	×	×	√	建设地点在国有林场，不涉及征地、拆迁
		黑龙江森工项目办	东宁县	新建补饲点6个	×	×	√	建设地点在国有林场，不涉及征地、拆迁
		黑龙江项目办	东宁县	新建补饲点5个	×	×	√	建设地点在国有林场，不涉及征地、拆迁
补饲点建设工程	补饲点建设工程	吉林项目办	珲春市	新建补饲点10个	×	×	√	建设地点在国有林场，不涉及征地、拆迁
		吉林项目办	汪清县	圈养过渡场1处	×	×	√	建设地点在国有林场，不涉及征地、拆迁
		小计		新建补饲点27个，圈养过渡场1处	×	×	√	建设地点在国有林场，不涉及征地、拆迁

结合项目内容及项目区经济社会现状，评估小组通过3次调查表明，本项目主要相关利益相关者包括黑龙江森工林业局及下属部门、黑龙江林业厅及下属部门、吉林省林业厅及下属林业部门、黑龙江保护区及周边务农人员、黑龙江保护区务林职工、吉林保护区及周边务农人员、吉林保护区务林职工。在这些相关利益主体中，评估小组重点识别了该项目所影响的村民和林场范围，对各相关利益主体的不利影响和有利影响的基本判断如表8-7。

通过3次调研评估，评估组收集了24个农村社区和25个林场的基本资料，最终确认14个受影响村和25个受影响林场。经3次调研并和当地林业局确认，14个受影响村分别是黑龙江鸟青山自然保护区前营、朝阳沟、庙岭、红星和亮子川；汪清国家级自然保护区在西南岔林场附近涉及杜荒子村；吉林珲春兰家保护小区涉及春化林场附近的兰家村；吉林珲春东北虎国家级自然保护区排查村庄较多，最终确认官道沟村、下草帽村、上草帽村、分水岭村、烟筒砬子村、松林村和东阿拉村，共7个村。

经3次调研并和当地林业局确认，25个受影响林场分别是汪清国家级自然保护区覆盖的杜荒子林场、大荒沟林场、兰家林场、西南岔林场、金苍林场，吉林天桥岭东北虎自然保护区涵盖的上河林场、内河林场、桦皮林场、向阳林场、西大河林场，穆棱林业局东北红豆杉国家级自然保护区涵盖的共和林场、和平林场、龙爪沟林场，黑龙江东宁鸟青山自然保护区涵盖的朝阳沟林场，黑龙江老爷岭东北虎自然保护区暖泉河林场、三岔河林场、三节砬子林场、园山林场、中股流林场，珲春东北虎自然保护区和兰家自然保护小区共同涵盖的春化林场，珲春东北虎自然保护区涵盖的其他林场包括青龙台林场、三道沟林场、杨泡林场、板石林场和敬信林场。

项目实施过程中也会影响到林场职工的生计转型、周边社区的人口以及相关的弱势群体等。6个项目区共有4个项目区对周边农户有影响，共14个村，其中涉及的农户数量1 462户，共4 559人。这些农户均有可能受动物肇事的影响，另外有13个村约250户农户种植木耳，涉及728人，他们可能受林场禁伐而无法获得锯末等生产木耳的伐木剩余物的影响；采集林下产品的农户也可能因为林场禁伐建保护区而受影响，共涉及444户，共1 299人；另外有的家庭养有牛，这些可能受动物肇事和国有林场升级为保护区后功能调整的影响，共涉及77户，207人；东宁朝阳沟国有林场变更

表8-7 相关利益主体受影响状况

工程类别	工程名称	建设单位	所在县市	建设内容	黑龙江森工局及下属林业部门	黑龙江林业厅及下属市县林业部门	吉林林业厅及下属林业部门	黑龙江保护区务农职工及边农户	黑龙江保护区务农职工	吉林保护区场务农职工和职工及周边农户	吉林保护区务农区职工	偷猎人
保护站建设工程	保护站建设工程	黑龙江森工项目办	穆棱市	维护改造13个保护站	+			—	+	=	+	—
		龙江森工项目办	东宁县	维护改造7个保护站	+			—	+	=	+	+
		黑龙江项目办	东宁县	新建3个保护站；维护改造2个保护站			+	—	+	=	+	—
		吉林项目办	汪清县	维护改造15个保护站			+	—	+	=	+	—
		吉林项目办	珲春市	维护改造10个保护站			+	—	+	=	+	+
	汪清保护区管理局用房建设工程	吉林项目办	汪清县	1 350平方米用房			+			=	+	—
	珲春保护区东北虎远程监测中心站建设工程	吉林项目办	珲春市	700平方米用房			+			=	+	+
新建或扩建自然保护区	乌青山自然保护区扩建工程	黑龙江项目办	东宁县	17 856公顷		+		—	+	=	+	—
	汪清天桥岭自然保护区新建工程	吉林项目办	汪清县	50 055公顷			+	—	+	=	+	—
	珲春兰家保护区新建工程	吉林项目办	珲春市	19 800公顷			+	—	+	=	+	—

（续）

工程类别	工程名称	建设单位	所在县市	建设内容	黑龙江森工局及下属林业部门	黑龙江林业市及下及下属县市属林业部门	吉林林业厅及下及下属林业部门	黑龙江保护区务农职工及周边农户	黑龙江保护区务林职工	吉林保护区林场务农职工和及周边农户	吉林保护区务林职工	偷猎人
优友好型森林经营活动	森林抚育工程	黑龙江森工项目办	穆棱市	3 260公顷	+			−	+	=	+	−
		黑龙江森工项目办	东宁县	6 711公顷	+			−	+	=	+	−
		黑龙江项目办	东宁县	3 000公顷		+		−	+	=	+	−
		吉林项目办	汪清县	4 132公顷			+	−	+	=	+	−
	植被恢复工程	黑龙江项目办	东宁县	500公顷				−	+	=	+	−
补饲点建设工程	补饲点建设工程	黑龙江森工项目办	穆棱市	新建补饲点6个	+			−	+	=	+	−
		黑龙江森工项目办	东宁县	新建补饲点6个	+			−	+	=	+	−
		黑龙江项目办	东宁县	新建补饲点5个		+		−	+	=	+	−
		吉林项目办	珲春市	新建补饲点10个			+	−	+	=	+	−
		吉林项目办	汪清县	圈养过渡场1处			+	−	+	=	+	−

注："+"表示"受益"，"−"表示"受损"，"="表示即受损又受益。

为保护区后，将回收现已经租赁给农户在国有林场承包耕种的林场，涉及122户，352人。

项目共涉及25个林场，禁伐面积约5 095 575亩*，涉及林场职工户数1 515户，影响职工及其家庭人口4 344人；木耳种植共涉及18个林场，影响职工户数约1 182户，人口3 327人；受影响的放牧区域共涉及两个保护区的4个林场，涉及户数11户，影响人口33人；林下采集共涉及9个国有林场户数725户，人口2 150人。

（三）利益相关者分析

1. 黑龙江森工林业局及下属部门

此项目中，黑龙江森工林业总局为项目主要执行方之一，其下属部门主要有黑龙江省绥阳林业局、黑龙江省穆棱林业局，分别负责黑龙江老爷岭东北虎自然保护区、黑龙江穆棱东北红豆杉国家级自然保护区相关工程的建设。项目区和黑龙江林业厅所辖林业资源以及和吉林林业厅所辖林场资源有交汇。

黑龙江森工林业局及下属单位是项目的主要受益方，保护区的改建和扩建涉及黑龙江森工林业局的下属林场。2014年1月国家林业局下发了《关于切实做好全面停止商业性采伐试点工作的通知》，2014年4月1日起，黑龙江省森工林区要全面停止木材的商业性采伐，对黑龙江森工的原木采伐收入影响极大。由此，黑龙江森工林业局及下属林业局希望继续转型，把生态旅游作为转型之路后的支柱产业，截至2013年底成效已经非常显著——2002年，龙江森工旅游产业年产值只有1.4亿元，游客接待量35万人次，到2013年底分别飙升到41亿元、790万人次。"中国东北野生动物保护景观方法项目"目标和方法符合黑龙江森工林业局及下属单位发展旅游业的需求。

在此背景下，黑龙江森工林业总局及下属部门面临以下需求：

· 完成黑龙江老爷岭东北虎自然保护区、黑龙江穆棱东北红豆杉国家级自然保护区相关工程的建设的需求；

· 利用"中国东北野生动物保护景观方法项目"进一步发展和壮大其所辖区域的旅游业的需求；

---

* 亩为非法定计量单位，1亩＝1/15公顷。——编者注

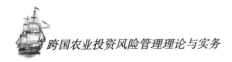

·在 2014 年出台《关于切实做好全面停止商业性采伐试点工作的通知》的背景下，通过保护区建设项目实现林区职工就业转型的需求；

·解决保护区与林场职工资源冲突的问题，如解决动物肇事的补偿问题、采摘松茸等森林产品受到限制的问题；

·提升能力，完成保护区建设和管护任务的需求；

·和黑龙江和吉林林业厅协作好保护区的建设、管理以及未来的收益分配需求。

2. 黑龙江林业厅及下属市县林业部门

黑龙江林业厅为项目的主要执行方之一，其下属单位为东宁县林业局，在此项目中负责：①东宁县新建 3 个保护站，维护改造 2 个保护站；②鸟青山自然保护区扩建；③东宁县 3 000 公顷森林抚育工程；东宁县新建 5 个补饲点。该项目与黑龙江森工在黑龙江老爷岭东北虎自然保护区、黑龙江穆棱东北红豆杉国家级自然保护区负责的项目建设有交汇之处。扩建的黑龙江省东宁鸟青山自然保护区于 2007 年被黑龙江省政府正式批准建立，黑龙江林业厅下属石门子林场将在此次扩建范围。保护区的建立也会引起保护区和当地农户资源的竞争，东宁县自 2013 年开始就全面禁伐，同时由于 2014 年 1 月国家林业局下发了《关于切实做好全面停止商业性采伐试点工作的通知》，黑龙江原木采伐收入将受到很大的影响。

在此背景下，黑龙江林业厅及下属市县林业部门有以下需求：

·完成以下保护区建设的需求：东宁县新建 3 个保护站，维护改造 2 个保护站；鸟青山自然保护区扩建；东宁县 3 000 公顷森林抚育工程；东宁县新建 5 个补饲点；

·升级鸟青山自然保护区为国家级自然保护区、争取更多资金的需求；

·解决保护区和当地农户资源争夺的需求，如解决动物肇事的补偿问题、采摘蘑菇松茸等森林产品受到限制的问题、偷猎的问题等；

·提升能力，完成保护区建设和管护任务的需求；

·和黑龙江森工林业局协作好的建设、管理以及未来的收益分配需求。

3. 吉林省林业厅及下属林业部门

吉林省林业厅为项目的主要执行方之一，辖本项目的汪清林业局、汪清县林业局、天桥岭林业局、珲春市林业局和珲春林业局，在此项目中负责：

①维护改造汪清县 15 个保护站、珲春市 10 个保护站；②建设汪清保护区管理局 1 350 平方米用房，建设珲春保护区东北虎远程监测中心站 700 平方米用房，建设用地均为汪清县林业局和珲春市林业局自有用地；③实施汪清天桥岭自然保护区新建工程、珲春兰家保护小区新建工程；④在汪清县开展森林抚育 4 132 公顷；⑤在珲春市新建 10 个补饲点，在汪清县建 1 处圈养过渡场。

在保护区和人类资源竞争问题上，吉林省于 2006 年就出台了《吉林省重点保护陆生野生动物造成人身财产损害补偿办法》，从法律层次解决了动物肇事损失补偿问题，因此不存在建立解决动物肇事损失的机制问题。

几个主要的项目工程中，汪清国家级自然保护区实际上 2003 年已经是国家级自然保护区，在其范围包括省林业厅下属的兰家林场、西南岔林场、杜荒子林场、金苍林场和大荒沟林场开展保护站建设；新建汪清天桥岭自然保护区自国家天然林保护工程的实施以来，木材采伐就受到了限制，该区域主要包括西大河林场、向阳林场、内河林场、桦皮甸子林场、上河林场；珲春兰家保护小区涉及春化林场，同时周边还涉及兰家村，珲春市近年来偷猎行为普遍，2012—2013 年，春化镇保护站就清除各种狩猎套子 2 200 多个。

在此背景下吉林省林业厅及下属林业部门有以下需求：

· 完成该项目的相关工作的需求；
· 扩建保护区争取更多地资金支持的需求；
· 提升能力，完成保护区建设和管护任务的需求；
· 解决保护区和当地农户资源争夺的需求，特别是偷猎的问题等。

4. 黑龙江保护区及周边务农人员

黑龙江保护区及周边务农人员包括保护区林场职工务农的工作人员以及保护区周边务农的工作人员。调查资料显示周边农民拥有耕地面积户均44.5 亩。随着保护区建设力度的加大，整个黑龙江省出现动物肇事的可能性将进一步升高，并且涉及范围大。黑龙江尚未正式出台的动物肇事补偿文件，东宁县动物肇事补偿有县级地方补偿办法，但地方财政资金短缺。另外，《关于切实做好全面停止商业性采伐试点工作的通知》出台将影响木材采伐，由此影响到种植木耳农户的原材料来源，因此农户的收入有可能受到负面影响。另外农户采集森林产品的活动范围也将受到影响，采集范围将进一步缩小。项目建设过程中，可以吸纳保护区及周边农民参与森林抚育、野生动植物监测和保护以及开办农家乐等方式促进共同受益。

基于此背景，黑龙江保护区及周边务农人员主要有以下需求：

- 动物肇事损失补偿需求；
- 生计可持续发展需求；
- 林业抚育、野生动物监测和保护需求。

5. 黑龙江保护区务林职工

黑龙江保护区务林职工在出台《关于切实做好全面停止商业性采伐试点工作的通知》后，将面临转岗问题，实际上各大林场早已经开始发展林副业、种植和养殖业，建设保护区将实现一批工人由采伐工作转变为保护工作；一些林场职工还可能转为从事林副业、种植和养殖业。在此背景下，黑龙江保护区务林职工主要有以下需求：

- 提升开展保护工作的能力需求；
- 造林抚育工作岗位的需求；
- 开展林副业、种植业和养殖业的需求。

6. 吉林保护区及周边务农人员

吉林省保护区及周边务农人员包括保护区林场职工务农的工作人员以及保护区周边务农的工作人员。调查资料显示，周边农民拥有耕地面积户均15.4亩。随着保护区建设力度的加大，整个吉林省东北与黑龙江、俄罗斯、朝鲜相邻的区域出现动物肇事的可能性将进一步升高，并且涉及范围大。保护区及周边务农人员粮食作物和畜禽有可能受到动物肇事的影响，吉林省于2006年出台了《吉林省重点保护陆生野生动物造成人身财产损害补偿办法》，调研发现，一旦发生损失，该损失能够足额获得相应的补偿，但有可能出现牲口无尸体无证据而不能获得补偿的现象。另外，保护区建设将影响木材采伐，由此影响到种植木耳农户的原材料来源，因此农户的收入有可能受到负面影响。另外农户采集森林产品的活动范围也将受到影响，采集范围将进一步缩小。项目建设过程中，可以吸纳保护区及周边农民参与森林抚育、野生动植物监测和保护等方式促进共同受益。

基于此背景，吉林省范围内的保护区及周边务农人员主要有以下需求：

- 生计可持续发展需求；

· 林业抚育、野生动物监测和保护的需求；

· 减小动物肇事损失的需求。

7. 吉林保护区务林职工

吉林省保护区务林职工在出台《关于切实做好全面停止商业性采伐试点工作的通知》以及实施项目后，将面临转岗问题。实际上自实施天然林保护工程后，各大林场早已经开始发展林副业、种植和养殖业，工人由采伐工作逐步转变为保护工作。项目的实施将进一步推进林场职工转岗。在此背景下，吉林省保护区务林职工主要有以下需求：

· 提升开展保护工作的能力需求；

· 造林抚育工作岗位的需求；

· 开展林副业、种植业和养殖业的需求。

8. 偷猎人

尽管猎杀野生动物尤其是国家级保护动物是被法律绝对禁止的，黑龙江省和吉林省对偷猎野生动物执法甚严，但两地均存在偷猎现象。项目将新建野生动物保护区，野生动物的种类将进一步增加，偷猎现象还将存在。目前偷猎的主要方式是在林区布置狩猎套子，这些偷猎人多数是为了经济利益。他们的需求主要表现于以下方面：

· 经济利益；

· 生活习惯。

9. 弱势群体

项目区在新建或扩建的保护区中及周边农村，存在部分弱势群体。其中涉及林场职工17户，共40人；涉及农户8户，共21人。见表8-8。

表8-8　林场和周边社区的弱势群体名单及情况

保护区名称	林场名称或村名	家庭人口数量（人）	困难情况描述
吉林天桥岭东北虎保护区	西大河林场	3	无工资收入，身体多病
		2	无工资收入，身体多病、离异
		3	无工资收入，身体多病
		3	无工资收入，身体残疾
		3	无工资收入，身体残疾

（续）

保护区名称	林场名称或村名	家庭人口数量（人）	困难情况描述
吉林天桥岭东北虎保护区	上河林场	3	低收入
		4	低收入
		3	低收入
		2	低收入
	桦皮林场	2	低收入
		3	低保户
		1	残疾人
汪清国家级自然保护区	大荒沟林场	4	老人和夫妻二人有疾病，孩子上学
	金苍林场	1	孤寡老人
		1	低保户
		1	孤寡老人
		1	残疾人
汪清国家级自然保护区	杜荒子村	2	户主患有心脏病
		2	户主患有心脏病、高血压
		1	户主患有肝硬化、
		3	户主是低保户
		2	户主患有心脏病、贫困户
		4	户主患有心脏病
		2	户主患有脑血栓后遗症
	大荒沟村	5	身体多病，孩子上学
合计		61	

四、参与过程与结果

（一）参与过程及方法

根据世行环境及社会安保政策，项目过程中要求进行事先的、被告知的、充分且自由的社区参与。社会评价实地调查也是有效发现并规避项目社会风险的重要手段，是项目准备阶段进行充分社区参与的重要环节。

社会评价过程中,对本项目重要利益相关者开展了多种形式的告知、社会调查和社区协商,具体调查方法和数量如表 8-9 所示。

表 8-9 相关利益主体参与过程和方法

被调查利益相关者	调查方法	调查工作量	调查地点
黑龙江森工局及下属林业部门	会议、协商	6 次	北京、哈尔滨
	关键人物访谈	4 次	哈尔滨
	焦点小组访谈	3 次	哈尔滨
黑龙江林业厅及下属市县林业部门	会议、协商	6 次	北京、哈尔滨
	关键人物访谈	4 次	哈尔滨
	焦点小组访谈	3 次	哈尔滨
吉林林业厅及下属林业部门	会议、协商	6 次	北京、长春
	关键人物访谈	4 次	长春
	焦点小组访谈	3 次	长春
黑龙江保护区务农职工	问卷调查	75 份	穆棱市
	焦点小组访谈	1 次	穆棱市
黑龙江保护区务林职工	问卷调查	65 份	穆棱市
	焦点小组访谈	1 次	穆棱市
黑龙江保护区周边农户	关键人物访谈	2 次	东宁县
	问卷调查	48 份	东宁县
	焦点小组访谈	1 次	东宁县
吉林保护区林场务农职工	关键人物访谈	10 次	汪清县
	问卷调查	6 份	汪清县
	焦点小组访谈	10 次	汪清县
吉林保护区务林职工	关键人物访谈	10 次	汪清县、穆棱市
	问卷调查	89 份	汪清县、穆棱市
吉林保护区周边农户	关键人物访谈	5 人	珲春市
	问卷调查	50 份	珲春市
	焦点小组访谈	5 次	珲春市
猎人	二手资料(属于非法狩猎,难找到相关对象)	——	——

(二)项目知晓率调查

从问卷调查的统计分析可得,被调查林场职工和农户对"野生动物景观保护方法"项目的了解程度占 62％，尽管超过一半，但也还仍有 38％的农户并不了解该项目。这就说明仍需进行深入宣传。

从分地区的角度来看，如表 8－10 统计数据所示，项目在黑龙江省所调查的农民知道项目的比例为 68.8％，林场工作人员知道项目的比例为 58％，这说明调查中黑龙江项目区在宣传项目过程未能将所有被调查农民和林场工作人员知晓项目，而且林场工作人员的知晓率还低于农民对项目的知晓率。而吉林项目区的调查结果却跟黑龙江不同，其林场工作人员对项目的知晓率高于农民对项目的知晓率，前者为 70.1％，后者仅为 49％。说明吉林项目区需加强对项目周边农民的宣传力度，而黑龙江则需加强对林场工作人员的宣传力度。项目区总体情况是林场工作人员的知晓率高于农民的知晓率，因此项目整体仍需加强对农民的宣传。

表 8－10 您是否知道中国东北野生动物保护景观方法项目

省区	被调查对象	统计量	知道	不知道
黑龙江	农民	人数	33	15
		百分比	68.8％	31.3％
	林场工作人员	人数	83	60
		百分比	58.0％	42.0％
吉林	农民	人数	25	26
		百分比	49.0％	51.0％
	林场工作人员	人数	68	29
		百分比	70.1％	29.9％
合计	农民	人数	58	41
		百分比	58.6％	41.4％
	林场工作人员	人数	151	89
		百分比	62.9％	37.1％

从知晓渠道来看，对项目宣传路径的剖析可有针对性地改进项目进一步的宣传效果。

表 8 - 11　获知项目的渠道

省区	被调查对象	统计量	文件	会议	媒体	宣传单	公告栏	其他
黑龙江	农民	人数	0	0	9	19	1	3
		百分比	0.00%	0.00%	28.10%	59.40%	3.10%	9.40%
	林场工作人员	人数	8	15	45	10	1	1
		百分比	10.00%	18.80%	56.30%	12.50%	1.30%	1.30%
吉林	农民	人数	1	1	15	6	2	0
		百分比	4.00%	4.00%	60.00%	24.00%	8.00%	0.00%
	林场工作人员	人数	10	20	25	9	2	1
		百分比	14.90%	29.90%	37.30%	13.40%	3.00%	1.50%
总计	农民	人数	1	1	24	25	3	3
		百分比	1.80%	1.80%	42.10%	43.90%	5.30%	5.30%
	林场工作人员	人数	18	35	70	19	3	2
		百分比	12.20%	23.80%	47.60%	12.90%	2.00%	1.40%

　　从表 8 - 11 所示统计数据可见，在黑龙江项目区的调查发现，被调查的农民中知晓项目的主要渠道是宣传单，占比为 59.4%，其次是从媒体知晓项目，占比为 28.1%，其他知晓项目的渠道较少。而林场工作人员知晓项目的渠道中排第一的则为媒体，占比为 56.3%；知晓项目渠道占比居第二位的为会议，占比为 18.8%，其次为宣传单。这说明黑龙江项目区林场工作人员知晓项目的渠道更多，且多于农民。而在吉林项目区被调查对象中，农民知晓项目的渠道则主要是媒体，占比为 60%，其次为宣传单，占比为 24%，再次为公告栏等，而知晓项目的林场工作人员主要的知晓渠道中占比最多的也为媒体，占比为 37.3%，其次为会议，再次为文件。这说明媒体对吉林项目区的宣传力度无论是农民还是林场工作人员均较高，而由于林场属于一个独立的组织，因此其职工获取项目的渠道就会便捷，从会议和文件获取渠道较宽就可看出。

　　从项目总体看，农民主要获取项目信息渠道为宣传单，而林场工作人员知晓项目的渠道主要为媒体，因此两个项目区需加强其他渠道的知晓率。

（三）项目认同度调查

项目认同度的高低直接关系到项目自身的可持续性，在对村民和林场职工进行问卷调查后发现（表8-12），村民和林场职工支持该项目的比例高达89.4%，不支持的仅为1.2%，也有部分村民和林场职工对项目的态度表现出无所谓的态度，这种事不关己态度的村民比例为9.4%。这说明大部分村民和林场职工都是支持该项目的。

表8-12　被访谈农户和林场职工对项目的总体看法

类别	频率	百分比
支持	296	89.4%
不支持	4	1.2%
无所谓	31	9.4%
合计	331	100.0%

被访谈村民和林场职工对项目的参与意愿也能进一步印证他们对项目的认同度。如表8-13统计所示，村民和林场职工愿意参与项目实施的比例为90%，不愿意的仅有1.8%，对项目实施采取无所谓态度的村民比例仅为8.2%。

表8-13　您愿意参与到这个项目中来吗

类别	频率	百分比
愿意	297	90.0%
不愿意	6	1.8%
无所谓	27	8.2%
合计	330	100.0%

以上调查问卷的统计表明，村民和林场职工对项目的认同度较高。尽管项目会限制村民的林地经营空间，并可能带来一定的环境破坏，但由于项目有专业和科学的规划，并且提供村民可持续生计途径，故村民对项目总体是支持的。

表 8－14　分省项目区调查对象对项目态度

省区	被调查对象	统计量	支持	不支持	无所谓
黑龙江	农民	人数	43	0	3
		百分比	93.50%	0.00%	6.50%
	林场工作人员	人数	124	2	11
		百分比	90.50%	1.50%	8.00%
吉林	农民	人数	38	2	11
		百分比	74.50%	3.90%	21.60%
	林场工作人员	人数	91	0	6
		百分比	93.80%	0.00%	6.20%
合计	农民	人数	81	2	14
		百分比	83.50%	2.10%	14.40%
	林场工作人员	人数	215	2	17
		百分比	91.90%	0.90%	7.30%

从表 8－14 的数据统计结果可以看出，黑龙江项目区的被调查农民对项目的态度持支持的比例为 93.5%；林场工作人员对项目持支持的比例为 90.5%。吉林项目区的被调查农民中持支持项目的比例为 74.5%，而"无所谓"态度的比例为 21.6%；林场工作人员对项目持支持的比例为 93.8%。对比两省区被调查农民和林场工作人员对项目的态度看，被调查农民对项目的支持在吉林的比例小于黑龙江，而被调查林场工作人员对项目支持在吉林的比例高于黑龙江，这进一步说明项目应在黑龙江项目区加强对林场工作人员的宣传，增强他们对于项目理念的认同；而吉林则应加强对项目区农民的宣传和降低不利影响，促进农民对项目的认同。

表 8－15　分省区被调查对象参与项目的意愿

省区	被调查对象	统计量	愿意	不愿意	无所谓
黑龙江	农民	人数	43	0	3
		百分比	93.50%	0.00%	6.50%
	林场工作人员	人数	126	3	9
		百分比	91.30%	2.20%	6.50%

（续）

省区	被调查对象	统计量	愿意	不愿意	无所谓
吉林	农民	人数	38	2	10
		百分比	76.00%	4.00%	20.00%
	林场工作人员	人数	90	1	5
		百分比	93.80%	1.00%	5.20%
总计	农民	人数	81	2	13
		百分比	84.40%	2.10%	13.50%
	林场工作人员	人数	216	4	14
		百分比	92.30%	1.70%	6.00%

在两个省项目区的调研过程中发现（表8-15），不同省项目区的不同调查对象对项目的参与意愿存在着一定差异，这无疑给项目实施的分区操作提出了更高的要求。黑龙江被调查农民愿意参加项目的比例为93.5%，林场工作人员愿意参加项目的比例为91.3%；而调查中的吉林项目区，则表现出林场工作人员对项目的参与意愿高于农民的情况。总体统计结果表现出林场工作人员对项目的参与意愿强于农民。因此项目在实施过程中既要考虑总体的农民与林场工作人员对参与项目的意愿，又要分地区考虑不同被调查对象对项目的参与意愿，唯此才可使项目得到更广的认同。

（四）社区参与的主要发现

尽管村民对项目持支持的态度，但对项目执行过程中对自身家庭、参与项目方式和用工方式方面也持不同的看法，了解村民视角对项目的期待对项目的基层实践具有重要的意义。

由于任何项目都会对既定的社会经济格局带来或多或少的影响，其中尤其以负面影响最为引人关注。从表8-16农户视角项目对家庭的负面影响中我们可以发现，这些负面影响主要有"生产活动被限制导致收入减少""改变生活习惯"以及"其他"，村民对各个负面影响的认知中表示肯定的比例最高的是项目会改变他们的生活习惯，占比为65%，而肯定项目会缩小生产经营活动范围并导致收入减少的比例为31.3%，肯定"其他"的比例仅为6.7%。这就说明农户对项目改变他们生活习惯的担忧甚于项目对他们生计的影响，在农户看来，文化生活习惯重于生计收入，这跟居民收入水平提升有较大关联，但也警示项目实践者在执行项目的过程中入乡随俗，项目的执行要以不影响村民生活习惯或影响减至最低为宜。

表 8-16　农户和林场职工视角项目对家庭的负面影响

类别	收入减少	占比	改变生活习惯	占比	其他	占比
是	75	31.3%	156	65.0%	16	6.7%
否	165	68.8%	84	35.0%	224	93.3%
总计	240	100.0%	240	100.0%	240	100.0%

正如前文所分析的那样，保护区周边农户和林场职工对参与项目整体是持支持态度的，在调查过程中发现他们对于参与项目的形式主要有"参与巡护管理""调整或转产经营"以及"参与林业组织"，对于各种参与形式持肯定态度的比例分别为 61.42%、16.36% 和 24.38%（表 8-17）。从三个选择的意涵可以看出，农户希望获得新的生计可持续来源。

表 8-17　农户和林场职工愿意参与项目的形式

类别	参与巡护管理	百分比	调整或转产经营	百分比	参与林业组织	百分比
是	199	61.42%	53	16.36%	79	24.38%
否	125	38.58%	271	83.64%	245	75.62%
合计	324	100.00%	324	100.00%	324	100.00%

对于具体参与项目的方式，农户和林场职工的态度有较大差异。"长期参与""合同工""临时工""其他"（表 8-18）。所占的比例分别为 62.97%、6.01%、26.9% 和 4.11%。鉴于生计长久可持续的考虑，农户长

表 8-18　农户和林场职工参与项目的用工方式

类别	频率	百分比
长期参与	199	62.97%
合同工	19	6.01%
临时工	85	26.90%
其他	13	4.11%
合计	316	100.00%

期参与的比例最高，但也有 26.9%的农户倾向于以临时工的身份参与项目，原因可能是农户会外出务工。此外农户对于以"合同工"的形式参与项目的比例较低，反映出保护区周边农户就业心态的灵活性。

五、社会影响及互适性评价

项目实施过程中必然对当地社会生产、生活及习俗等产生一定的社会影响，因此需对这些社会影响进行互适性评价。

(一)法律和政策层次和项目的适应性

项目符合《中华人民共和国自然保护区条例》规定。该条例规定自然保护区可以分为核心区、缓冲区和实验区。自然保护区内保存完好的天然状态的生态系统以及珍稀、濒危动植物的集中分布地，应当划为核心区，禁止任何单位和个人进入，也不允许进入从事科学研究活动。核心区外围可以划定一定面积的缓冲区，只准进入从事科学研究观测活动。缓冲区外围划为实验区，可以进入从事科学试验、教学实习、参观考察、旅游以及驯化、繁殖珍稀、濒危野生动植物等活动。

项目将在吉林汪清国家级自然保护区、黑龙江老爷岭东北虎自然保护区、黑龙江穆棱东北红豆杉国家级自然保护区实施，该区域原为自然保护区，涉及范围为相关林场的林地，不涉及居民生活区。吉林珲春东北虎国家级自然保护区 2003 年成立时将 21 个社区覆盖在缓冲区和试验区内，虽然在保护区从事经营活动不符合《中华人民共和国自然保护区条例》规定，但社区和保护区已经在习惯上形成了共生关系，2014 年，吉林珲春东北虎国家级自然保护区申请将在缓冲区和试验区的村庄调出保护区外，并于 2015 年1 月已在吉林省环保厅公示。因此新项目对原保护区无负面影响，并且符合《中华人民共和国自然保护区条例》规定。目前实施项目权属均为各林业局所有，权属为国有林地。

黑龙江鸟青山自然保护区、林珲春兰家保护小区、吉林天桥岭东北虎自然保护区为扩建或者新建工程，其扩建范围涉及主体为各国有林场林地，不涉及农户生活区。同时，项目区可以和农民生活区建立共生关系，比如已经建成的吉林汪清国家级自然保护区，其与杜荒子村就是共生关系，杜荒子村为汪清国家级自然保护区保护和试验区林下资源采集提供了大量的劳动力。因此符合《中华人民共和国自然保护区条例》规定。目前实施项目权属均为各林业局所有，权属为国有林地。

项目符合目前中国和黑龙江省及吉林省关于森林保护的相关法律和政策的要求，同时也有利于促进项目区由森林采伐向森林抚育、管护、自然保护区保护和生态经济转型。黑龙江省、吉林省以及黑龙江森工各自的项目点均为国有林场区域，2014 年 1 月国家林业局发布《关于切实做好全面停止商业性采伐试点工作的通知》要求的禁伐政策，黑龙江省国有林场已于 2014 年开始全面禁伐。新项目支持森林抚育，与政策相吻合。2015 年 4 月，吉林省也出台了《吉林省林业厅转发国家林业局关于扎实做好全面停止商业性采伐工作的紧急通知》，规定吉林从 2015 年 4 月 1 日起全面停止木材商业性采伐。新项目支持森林抚育，与政策相吻合。项目的实施符合当前禁猎政策的需要。《吉林省禁止猎捕陆生野生动物实施办法》规定"自然保护区管理局、国有林业局、森林经营局、国有林场和武警森林部队应当建立巡护制度，确保本管理区域内禁猎工作的实施"。《黑龙江省野生动物保护条例》规定"在自然保护区、禁猎区、禁猎期和禁渔期内，禁止猎捕和其他妨碍野生动物生息繁衍的活动"。

（二）社会风俗习惯和项目的适应性

项目内容主要是保护站建设工程、森林抚育工程、植被恢复工程、补饲点建设工程均不涉及移民以及其他直接影响居民生产和生活的活动，因此不存在社会风俗习惯适应性的问题。

鸟青山自然保护区、汪清天桥岭自然保护区、珲春兰家保护小区扩建工程涉及国有林场转变为保护区，实际上扩建保护区也是与国家林业局新出台的禁伐政策有很大的关系，由此国有林场可以由采伐抚育职能转变为森林抚育、野生动物保护职能。对于国有林场职工将存在风俗习惯适应的问题，这些职工将重新学习与动物保护等相关的新技能。

鸟青山自然保护区、汪清天桥岭自然保护区、珲春兰家保护小区扩建工程也将进一步缩小偷猎范围。随着保护站的扩建，保护区保护站的活动范围

将进一步扩大，巡山清套的范围也将进一步扩大，由此也将限制偷猎者的偷猎范围。偷猎者将面临重新选择新的谋生手段的问题。

专栏：珲春市偷猎习惯

2013年12月12日，一男子在珲春市春化镇太平沟村附近的大山里下套子偷猎狍子时，被珲春市林业局野生动物监测保护站巡护队员当场抓获，巡护队员当场解除、收缴狩猎狍子的套子43个，野兔套子5个，猎获的野兔一只。目前，此案已移交珲春市公安局林业公安大队进一步审理。

近年来，市林业局通过野外监测所掌握的信息，发现有多只东北虎、东北豹等濒危猫科动物拓展了活动范围，201省道以北的山区，东至春化兰家，西至哈达门河山等地，均监测到了东北虎和东北豹的踪迹，鉴于此，市林业局在春化镇成立了保护站，重点对珲春东北虎国家级自然保护区外围进行清山巡护，2012年至今，清除各种狩猎套子2 200多个。

资料来源于：http://news.365jilin.com/html/20131214/2009426.shtml.

（三）林业行政部门和项目的适应性

林业行政部门与项目的适应性高。林业行政部门包括黑龙江省林业厅、黑龙江森工林业局、吉林省林业厅及下属项目单位，自中国天然林保护工程实施开始，国有林场如何转型一直是上述单位所考虑的问题。2014年1月国家林业局发布《关于切实做好全面停止商业性采伐试点工作的通知》，转型发展问题将更为突出。实际上各林场早已经开始转型，黑龙江森工林业局及下属林场已开拓林业副业、种植业和养殖业，目前已经开发13类300多个品种的生产，产品涉及坚果系列、食用菌系列、蜂蜜系列、山野菜系列、保健品系列、饮品系列等，2013年仅黑木耳的销售额就达40亿元以上。

东北野生动物保护景观方法项目有利于进一步促进项目林业转型，同时有利于县市林业局、森工林业局从财政上申请从事野生动物保护的资金支持，实现保护区行政单位由采伐向管护和保护的转型。

（四）保护区林场职工和周边农户生计和项目的适应性

保护区林场职工和周边农户生计能够适应项目的实施。该项目实施之前，国家林业局已经出台《关于切实做好全面停止商业性采伐试点工作的通知》，并在黑龙江和吉林国有林场逐步开始禁伐，国有林场已经开始考虑职能转型；在此之前天然林保护工程也促使很多国有林场转型，林业经济逐步成为国有林场的主业，比如蘑菇种植和木耳种植等。另外，依据森工集团关于提高天保工程森林管护工作的补助标准，拟禁伐后在天保二期工程上增加补助 1 000 元/立方米。这个标准的补助资金超过林场伐木收入，有利于国有林场从采伐向管护和保护转型。

项目的实施首先需要考虑农户和林业工人的主要生计手段——土地，由表 8-19 中分省区的统计数据可见，黑龙江项目区的被调查农民土地户均平均有 44.49 亩，其中大部分为旱地，为 42.89 亩；吉林项目区被调查农民拥有土地户均平均值为 15.36 亩，旱地均值为 13.25 亩。

表 8-19 项目区林业工人和农户的土地情况

单位：亩

所在省	被调查对象	统计	土地	旱地	水田
黑龙江	农民	均值	44.49	42.89	4.33
		最小值	10	10	1
		最大值	205	203	45
吉林	农民	均值	15.36	13.25	5.52
		最小值	1.1	0.4	0.4
		最大值	60	60	16
总计	农民	均值	30.24	28.73	4.77
		最小值	1.1	0.4	0.4
		最大值	205	203	45

从表 8-20 中的数据统计可以看出，总体来看，被访谈农户对于项目实施对他们家庭的负面影响持"不知道"的态度，"不会"有负面影响的比例为 29.59%，而有 7.14% 的农户认为项目的实施会对他们产生负面影响。这首先说明由于项目的未来不可预测性或不确定性，导致村民对项目给自己家

庭的负面影响无法评价，而有少部分村民对项目实施对自己家庭的负面影响表示了肯定的态度，这说明项目还需进一步向农户解释项目的科学性，以打消农户的疑虑。

表 8 - 20 项目的实施对农户家庭是否带来负面影响

会	不会	不知道
7	29	62
7.14%	29.59%	63.27%

对国有林场职工的影响。项目实行后，由于会提供更多抚育林场等工作机会，这也给国有林场的职工增加收入来源。但从表 8 - 21 中数据统计结果可以看出，从总体被调查的林场工作人员中可以发现，约 67.1% 的林场工人认为项目实施不会给自己家庭带来负面影响，仅有 7.69% 的林场工人认为会给自己家庭带来负面影响；其余为"不知道"项目的实施是否给自己家庭带来负面影响。这说明，国有林场总体宣传效果较好。

表 8 - 21 项目对林场工作人员家庭的是否有负面影响

会	不会	不知道
18	157	59
7.69%	67.09%	25.21%

（五）脆弱群体生计和项目的适应性

结合当地林场的实际，脆弱群体主要是林场周边的贫困农户。在项目实施后，由于新保护区的建立必然导致他们采伐林木等森林产品的数量，这就会导致他们生计手段的减少，因此需对其生计来源的扩展做更多规划。

相比于富裕户，贫困户为相对脆弱群体，贫困户中有的是林场职工，有的是周边农户，这些都对当地资源依赖较大。从表 8 - 22 可以发现所调查的农户或林场工人中温饱户占最大比例，贫困户比例次之为 10.5%，两者的总比例为 97.3%，因此需进一步观察项目对他们的实际影响。

表 8 - 22　被调查农户或林场工人的生活水平层次

类型	频率	百分比
贫困	35	10.5%
温饱	289	86.8%
富裕	9	2.7%

从表 8 - 23 中我们可以发现，贫困户认为项目会对他们家庭带来负面影响的比例仅为 17.6%，而"不知道"的比例为 47.1%；而温饱户认为项目会给他们带来负面影响的比例仅为 6.5%，认为"不知道"的比例为 35.5%，因此可以看出，相对于温饱户，贫困户对项目所可能带来的负面影响的反应更为脆弱。

表 8 - 23　贫困户和温饱户认为项目给他们家庭是否带来负面影响

类别	统计量	会	不会	不知道	合计
贫困户	人数	6	12	16	34
	百分比	17.6%	35.3%	47.1%	100.0%
温饱户	人数	18	162	99	279
	百分比	6.5%	58.1%	35.5%	100.0%

为了进一步分析项目实施给各个生活水平人群的具体负面影响情况，从表 8 - 24 可以发现，温饱户认为项目对他们的收入和生活习惯影响最大，而贫困户次之，项目对富裕户收入减少和生活习惯影响是最小的。

表 8 - 24　各个生活水平人群对项目影响收入和生活习惯的认知

	收入减少				改变生活习惯			
	是	否	比例	比例	是	否	比例	比例
贫困	12	14	16.2%	8.8%	10	16	6.6%	19.3%
温饱	59	144	79.7%	90.0%	139	64	92.1%	77.1%
富裕	3	2	4.1%	1.3%	2	3	1.3%	3.6%

因此项目在实施过程中，不仅要注意项目会给弱势群体带来的潜在负面影响，同时也要将弱势群体分类，将项目对不同类别弱势群体的负面影响分别考量，以便达到项目负面影响最小化的结果。

六、风险评价

任何项目在实施运作过程及未来发展趋势均存在各种各样不可预测的风险，而合理、客观地对这些不可测风险的分析则有利于项目的可持续实施。由于该项目主要目的是为了保护东北虎等野生动物，这就可能产生动物肇事风险、森林资源使用风险等，又由于项目涉及扩建和新建保护区、保护站，因此就涉及较多的工程建设，尽管不存在临时占地风险，但却存在施工期的环境风险等其他风险。

（一）动物肇事风险

由于项目的内容中包括新建一个保护区、一个保护小区、扩建一个保护区以及新建其他保护站，这势必会减少原先保护区周边村民进行农业生产的经营范围，而村民对于新保护区在并未完全适应或熟悉的情况下可能会无意间进入新建保护区，进而会增加老虎等大型猫科动物攻击的概率，这就会增加村民及其牲畜遇袭的风险，同时也可能增加野猪等动物对农作物的肇事风险，即动物肇事风险。

从表 8-25 中的统计可以发现，在项目区范围内近年来发生了各类野生动物肇事事件，其中发生次数最多的是东宁县，为 47 次；其次为穆棱市为 28 次，占该市调研发生野生动物肇事比重的 38.9%，不过调研中穆棱林业局发生野生动物肇事的案例虽然仅为 12 次，但所占被调研人员遭遇动物肇事事件比例却高达 80%。

表 8-25 不同区域利益相关者因野生动物肇事而遭到损失

区域/选项	统计量	有	没有
汪清县	户数	17	79
	户数	17.7%	82.3%
珲春市	百分比	8	35
	户数	18.6%	81.4%
东宁县	百分比	47	0
	户数	100.0%	0.0%

（续）

区域/选项	统计量	有	没有
穆棱市	百分比	28	44
	户数	38.9%	61.1%
绥阳林业局	百分比	8	43
	户数	15.7%	84.3%
穆棱林业局	百分比	12	3
	户数	80.0%	20.0%

由以上分析，我们可以发现，在项目区范围内发生野生动物肇事的案例较多，尽管发生该类事件在区域之间存在差异，但对于项目实施过程及之后均需提防此类风险，在保护中防范动物肇事风险；由于野生动物伤畜、破坏庄稼的现象在增多。2011 年，吉林省珲春市向农民发放野生动物伤畜、破坏庄稼补偿款，116 户农民将得到总计近 68 万元的补偿款，因此项目实施中需特别注意动物肇事风险及其补偿事宜。

（二）森林资源使用冲突风险

在项目实施过程中存在着森林资源使用的冲突风险。风险主要是扩建或者新建保护区将一些国有林场纳入到保护区范围，但在过去周边村民可以进入林场采摘松茸等菌类及其他各种森林产品。虽然周边村民的行为在过去也是非法行为，但是实际上由于林场范围大，难以做到全面巡护，因此村民的行为也是被默许的。划分保护区后，进入保护区核心区和缓冲区采集松茸等菌类及其他森林产品的行为将被视为违法行为，保护区保护站也将巡视偷采行为，由此村民采集森林产品的空间将受到限制。经过排查，目前农户采集林下产品的区域集中在现有林区规划保护区的实验区范围。即使如此，在现有保护区，一部分村民采集森林野生资源的行为依然存在，因此项目实施后，估计在较长时间内，村民和保护区之间依然存在资源冲突的问题。

（三）偷猎对项目实施的风险

新建和扩建保护区的一个重要目标是保证东北虎等野生动物食物链的完整性，而偷猎行为却对项目的实施带来诸多挑战和风险。如补饲的小型

动物可能被非法猎人偷猎，同样偷猎也可能对东北虎等野生动物造成损伤。

（四）木耳种植原材料短缺的风险

木耳种植原料短缺将增大保护区林业职工和周边农民将再次以当地森林资源为生的可能性。项目区项目的实施，加上国家林业局《关于切实做好全面停止商业性采伐试点工作的通知》的影响，木材剩余物严重短缺、替代原料尚未面世，林场和周边农户食用菌产业原材料将出现不足，这也是黑龙江其他各区域所面临的普遍现象。但黑龙江2014年禁伐至2015年3月社评组评估期间，木耳种植受影响总体不大，当地使用俄罗斯进口锯末占本地耗费量的60%，另有15%从吉林珲春等地运来，20%从哈尔滨周围拉来，还有5%来自本地。进口锯末由东宁的很多边境贸易公司经营。2014年4月黑龙江禁伐，2015年3月至黑龙江调研时，尚未发现锯末短缺的影响。

不过目前木耳种植户越来越多，市场竞争越来越激烈，2014年在黑龙江已经出现亏损现象，在朝阳沟林场访问了6户木耳种植职工，其中4户挣了钱，2户赔钱，1户做了8万袋，赔了3万元，另一户因为房屋起火烧了2万袋，所以也赔了钱。

吉林天桥岭和汪清调研的木耳种植户锯末来源主要是集体林区采伐剩余物。汪清国家级自然保护区周边国有林场生产木耳每年需要采伐剩余物9 000吨左右，资产2 000吨左右，还需在周边购置7 000吨左右；天桥岭所辖国有林场木耳种植原料对外依存度也达80%左右，周边农户木耳原材料均来自于附近集体林采伐剩余物和外省，比如有在黑龙江通化县购买的。

（五）施工期环境风险

在新建设保护区或扩建保护区的过程中，由于涉及各种土方建设和道路维修，在此过程中，不可避免地会破坏林区现有自然风貌，改变林区生态的自我更新能力，并且还会产生很多不能被有效清理的建筑垃圾和生活垃圾。这都会对林区原生态的环境带来一定的破坏作用，并进而产生环境不可恢复性风险。

项目执行过程中，从事保护站管理、森林抚育、投饲的工作人员会产生

生活垃圾，包括塑料袋、残余食品、分辨等，这些均可能影响项目执行的
效果。

七、少数民族影响分析

根据世行环境和社会安排政策 OP4.10，凡是项目涉及对少数民族影响
的，都需要进行少数民族分析，并制定少数民族发展计划。根据 OP4.10 对
少数民族概念的界定，符合该项目少数民族者须具备以下核心要素：
· 自认为和他人亦认定是项目区特定的文化群体。
· 固守位于项目区内的祖先领地及其自然资源。
· 具有与项目区主流社会相区别的传统文化、经济、社会和政治组织。
· 有通常与项目区主要语言或官方语言不通的自己的语言。

本项目所辖吉林珲春东北虎国家级自然保护区、吉林汪清国家级自然保
护区、黑龙江老爷岭东北虎自然保护区、黑龙江穆棱东北红豆杉国家级自然
保护区，均在国有林场维护保护站建设，开展补饲点建设；黑龙江鸟青山自
然保护区、吉林天桥岭东北虎自然保护区为新建或扩建，但其范围均在国有
林场，不涉及居民生活区。

项目区吉林珲春兰家保护小区，虽然项目区域不在国有林场范围，但与
保护区相邻，随着保护区建设力度的加大，整个吉林省东北与黑龙江、俄罗
斯、朝鲜相邻的区域出现动物肇事的可能性将进一步升高，并且涉及范围
大。保护区及周边务农人员粮食作物和畜禽有可能受到动物肇事的影响，吉
林省于 2006 年出台了《吉林省重点保护陆生野生动物造成人身财产损害补
偿办法》，因此一旦发生损失，该损失能够获得相应的补偿。另外，保护区
建设将影响木材采伐，由此影响到种植木耳农户的原材料来源，因此农户的
收入有可能受到负面影响。另外农户采集森林产品的活动范围也将受到影
响，采集范围将进一步缩小。项目建设过程中，可以吸纳保护区及周边农民
参与森林抚育、野生动植物监测和保护以及开办农家乐等方式促进共同
受益。

这些受影响的人口集中在吉林珲春兰家保护区和吉林珲春东北虎国家级
自然保护区以及汪清国家级自然保护区，受影响的人口情况如表 8-26。

表 8 - 26　受影响的少数民族人口

保护区名称	乡镇	村	少数民族			
			民族类别	户数	人口（人）	人口占农村社区人口比例
吉林珲春兰家保护小区和吉林珲春东北虎国家级自然保护区	春化镇	兰家村	朝鲜族	26	75	39.47%
		官道沟村	朝鲜族	26	63	28.38%
		下草帽村	朝鲜族	16	57	21.27%
		上草帽村	朝鲜族	12	35	20.71%
		分水岭村	朝鲜族	16	50	33.33%
		烟筒砬子村	朝鲜族	39	100	100.00%
	杨泡乡	松林村	满族	48	136	21.28%
			朝鲜族	76	215	33.65%
		东阿拉村	朝鲜族	179	544	60.38%
汪清国家级自然保护区	复兴镇	杜荒子村	朝鲜族	6	12	4.03%
			回族	1	1	0.34%
			满族	1	3	1.01%
合计				446	1 291	30.87%

朝鲜族、回族、满族户数 446 户，其中回族 1 户，满族 49 户，共 1 291 人，占社区人口数 30.87%。基于此背景，吉林省周边过去依赖国有林场采伐生活的朝鲜族居民主要有以下需求：

　　·动物肇事补偿的需求。

　　·木耳种植替代技术、林下采集以及发展其他生计替代技术的需求。

经过调查，杨泡乡烟筒砬子村朝鲜族占 100%，松林村朝鲜族和满族共占 54.93%，东阿拉村朝鲜族占比 60.38%。3 个村少数民族人口超过 50%，社评组将制定专门的《少数民族发展计划》。

八、社会管理计划

（一）社会影响减缓计划

为了减缓建设自然保护区的影响，制定相关的社会影响减缓计划。具体减缓计划的相关内容见《程序框架》。

1. 减缓对林场职工的影响

林场职工由于保护区建设项目实施将面临岗位转型问题，减缓项目对其影响的措施有：

· 对林场职工开展野生动物保护管理知识方面的培训，并安排相关的岗位；

· 对林场职工开展森林抚育知识的培训，并安排相关的岗位；

· 对林场职工开展种植业和养殖业方面的培训，改善其生计。

对禁伐影响林场采伐的采集进行财政补贴，并可通过天然林保护工程专项来实施，目前国家林业局拟禁伐后在天保二期工程上根据禁伐量增加补助1 000 元/立方米，这个标准超过林场伐木收入。

2. 减缓对保护区周边农户生计的影响

项目将可能影响到保护区周边农户采取原国有林区的资源，减缓项目影响的措施有：

· 对周边农户开展野生动物保护管理知识方面的培训，并安排相关的岗位；

· 对周边农户开展森林抚育知识的培训，并安排相关的岗位；

· 对周边农户开展种植业、药材种植和养蜂等方面的培训，改善其生计。

3. 减缓对贫困户生计的影响

项目区贫困户有的是林场职工，有的是周边农户，减缓项目对其影响的措施有：

· 开展野生动物保护管理知识方面的培训，并安排相关的岗位；

· 开展森林抚育知识的培训，并安排相关的岗位；

· 开展种植业、药材种植和养蜂等方面的培训，改善其生计。

（二）风险减缓计划

项目的实施可能产生不可预知的风险，特制定如下风险减缓计划。

1. 减缓动物肇事风险的措施

保护区的完善和扩建不可避免地会增加动物肇事的风险，吉林省已经出台了《吉林省重点保护陆生野生动物造成人身财产损害补偿办法》《吉林省

重点保护陆生野生动物造成人身财产损害补偿办法实施细则》，黑龙江省尚未有动物肇事补偿正式措施。建议通过以下方式减缓动物肇事风险：

· 着手动物肇事损失立法；

· 在项目周边区域所涉及的县市设立动物肇事专项资金，国家林业局将黑龙江省纳入野生动物肇事补偿专项支持计划；

· 参照《吉林省重点保护陆生野生动物造成人身财产损害补偿办法》《吉林省重点保护陆生野生动物造成人身财产损害补偿办法实施细则》设立黑龙江省动物肇事补偿认定和补偿机制；

· 在虎豹等动物出没点设立警示牌，告知村民林下经济活动的危险性。

2. 减缓森林资源使用冲突风险

减缓保护区周边农民进入保护区采集森林产品的措施：

· 建立周边社区与保护区共管的机制，并通过共管机制建立周边社区与村民的利益共享机制，存在部分进入国有林场进行林下采集的行为，并在现有林区规划保护区的实验区，项目实施后应该继续允许农户进入实验区采集；

· 对周边社区开展林下种植技术的培训，通过提升农户收益减少其对保护区的依赖。

3. 减缓偷猎影响的措施

减缓偷猎对项目不利影响的措施：

· 对销售粘网、夹子等猎捕工具的单位及销售情况做好跟踪监测；

· 与周边社区实施保护区共管措施，招聘周边社区居民参加清除保护区狩猎套工作；

· 建立周边社区压力机制，根据保护站清除狩猎套情况，对所在保护区区域狩猎套少的社区实施经济奖励；

· 吸纳有经验的猎人参与保护区保护工作，实现由猎到护的工作转变；

· 对周边社区实施相关的林下种植技术培训。

4. 减缓木耳种植原料短缺的风险

木耳种植原料短缺将增大保护区林业职工和周边农民再次以当地森林资源为生的可能性，可以采取以下减缓措施：

· 对当地农民开展林下蘑菇种植、北药种植等技术培训；

·吸纳周边农民参与保护区建设和管理。

5. 减缓环境影响的措施

减缓环境影响重点采取以下措施：

·项目施工和运行期间产生的臭气、噪声、粉尘、污水、污泥、水土保持和交通等影响，施工单位应该研究按照设计要求和前述的风险规避措施，使得在工程建设上尽量减少对周边居民和野生动植物的负面影响；

·项目运行期间，严格执行环境法规和高标准执行行业技术标准，在技术和管理上妥善处理好保护站的生活垃圾，尽最大努力减少环境影响。

6. 减缓少数民族影响的措施

编制《少数民族发展计划》，重点解决珲春市少数民族种植木耳对锯末的依赖问题。

7. 减缓非自愿移民的措施

虽然项目经过多次优化设计，规避了征地拆迁，但如果项目实施过程中，发生了非自愿移民，则需有准备《移民安置政策框架》。

（三）利益增强计划

本项目的积极影响表现在环境效益、经济效益和社会效益等方面。通过采取相应的社会管理措施，进而扩大项目的积极效益，有利于更好的实现项目目标。

1. 环境管理制度建设

本项目的实施中将进行生态环境的改善，开展东北虎及其猎物栖息地的友好型经营环境营造，促进中国东北地区野生动物资源的保护和恢复。同时，本项目涉及的保护站设施维护和建设、虎友好型森林经营活动（包括人工造林、森林抚育、生计替代等）、新建或扩建自然保护区和补饲点建设等项目包含工程建设方面的内容，均对当地社区生活、生态环境以及动植物种群落产生一定的积极影响，达到保护项目区域内生态环境的要求。

项目环境管理制度建设的具体内容包括：

·加强自然保护区法律规范；

·更新吉林省保护和恢复计划；

·制定黑龙江省森工林区保护和恢复计划；

·建立东北虎区域保护咨询委员会；

·制定/更新每个自然保护区的法规/计划（规划）；

·扩大 2 个现有的保护区；

·明确法律地位和实施安排；

·设立补饲点、人工驯养野猪等放归自然，增加猎物种群数量；

·利用电视、广播、报刊、标语、传单、标牌等开展宣传活动，提高民众保护东北虎的意识等。

2. 增强社会效益措施

项目区的发展将促进周边经济发展和社会安定，具有明显的社会效益。从社会效益增强的角度，本报告建议应采取以下具体措施：

·在不影响保护区正常的野生动物保护功能的情况下，应允许周边农民和下岗职工摆放流动摊点，如森林特产摊点、水果摊点等，但应规范和加强对流动摊点的合法管理；

·可尝试与学校签订科研教学基地，对学生进行更直观的科普学习和宣传教育，同时也增加保护区的社会影响力。

3. 增强经济效益的措施

本项目具有的环境效益和社会效益，显然不能简单地用直接的经济指标来测算衡量，但其产生的间接效益的经济价值是无法估量的，其将远远大于直接的经济效益。增加经济效益的措施如下：

·保护区在生态旅游发展起来后，保护区缓冲区外围可以作为生态景观接待相关游客，建立保护区和周边社区共管机制，发展旅游业，并带动其他行业的发展；

·以社区共管的方式开展社区生计发展和自然保护区保护项目，比如可以将周边社区开展林下产品采集、放牧和自然保护区巡视和管护结合，发挥周边农户对保护区的动物监测和保护（如清理猎套等）功能，既会降低保护区保护和监测的工作量，又能确保采集户收入不降低；建议选择 2～3 个社区与保护区开展共管试点；

·除此之外，林场培训北药种植、开展北药生产可以将周边农村社区纳入计划，通过订单农业的方式形成规模效益，充分发挥当地的资源优势。

(四) 培训计划

从项目顺利实施和有效运行管理的角度，项目设计中把项目管理人员和其他相关人员培训，作为本项目的培训计划。根据项目设计，主要的培训计划及内容如表 8-27 所示（培训内容可以根据项目实施具体情况进行调整，重点是缓解项目影响和项目风险）。

表 8-27　项目培训计划

序号	培训人员	项目区林场职工及周边农户	自然保护区人员、县、市和森工林业局管理能力提升培训	项目办管理人员能力培训	项目区林场管理人员
1	培训目的	促进林场职工由森林采伐向发展林下经济和野生动物保护转变	提升项目运行管理能力	世行项目建设全过程的管理和监测能力	提高项目区林场管理能力
2	培训内容	林下蘑菇种植、人参、北药种植等种植技术	自然保护区管理、野生动物保护区管理培训	工程、货物采购培训、招投标服务培训、财务人员能力培训、监测能力培训等	国内和国外社区共管考察活动
3	培训时间	2015—2018 年	2015—2018 年	2015—2018 年	2015—2018 年
4	培训负责机构	黑龙江林业厅、黑龙江森工林业局、吉林林业厅	黑龙江林业厅、黑龙江森工林业局、吉林林业厅	黑龙江林业厅、黑龙江森工林业局、吉林林业厅	黑龙江林业厅、黑龙江森工林业局、吉林林业厅
5	培训人数及培训批次	2 157 人/次；4 次/年	50 人/次；2 次/年	14 人/次；2 次/年	50 人/次；2 次/年
6	培训地点	绥阳林业局、东宁县林业局、穆棱林业局、珲春市林业局、珲春林业局、汪清林业局、汪清县林业局、天桥岭林业局及下属项目受影响区国有林场	绥阳林业局、东宁县林业局、穆棱林业局、珲春市林业局、珲春林业局、汪清林业局、汪清县林业局、天桥岭林业局及下属项目受影响区国有林场	黑龙江林业厅、黑龙江森工林业局、吉林林业厅	绥阳林业局、东宁县林业局、穆棱林业局、珲春市林业局、珲春林业局、汪清林业局、汪清县林业局、天桥岭林业局及下属项目受影响区国有林场
7	预算	次部分内容在移民安置中预算，少数民族部分在少数民族计划中预算	400 000 元	224 000 元	160 000 元

（五）林场职工及周边农户参与及申诉抱怨机制

在项目的规划、设计、准备、实施、监测、评估等环节，选择适当的利益相关者参与计划有助于项目的开展。利益相关者参与计划具体包括参与机制和申诉机制。参与机制又包括参与目标、参与方式、参与条件和参与内容，当然还有参与的机构及人员、时间、地点、预算等。利益相关者参与机制包括参与目标、方式、主要内容和责任主体。申诉抱怨机制是指在利益相关者实施参与活动之后，仍然没有得到满意的解决方案，可以向相关的机构进行申诉和抱怨。

1. 收集不满和抱怨的方式

通过项目办公室的报告，收集和了解包括群众抱怨、进度、工作措施、存在的问题。

- ·业主建设单位施工现场巡查中发现的协调问题。
- ·外部监测机构反映的有关信息。
- ·受影响人的来信、来访。
- ·项目执行单位派出机构的情况反映。

2. 申诉和抱怨程序

在本工程设计计划编制和实施过程中，始终鼓励林场职工和周边农户的参与，但在实际工作中或多或少地会出现各种问题，为使问题出现时能得到及时有效地解决，以保障工程建设的顺利进行，除各级林业部门现有的信访申诉渠道外，本工程针对受影响群众建立了透明而有效的申诉渠道，制定了申诉与抱怨程序。

3. 处理申诉和抱怨的原则

对群众提出的抱怨问题必须实地调查研究，充分征求群众意见，耐心反复协商，根据国家法规和项目规定的各项原则和标准，客观、公正提出处理意见。对无能力处理的抱怨问题必须及时向上级部门反映情况，并协助搞好调查。

如前一阶段的决定机构没在规定日期对上诉问题作出答复，申诉人有权上诉。

4. 答复申诉的内容和方式

（1）答复的内容。

·抱怨者的不满简述。

·调查事实结果。

·国家有关规定、项目实施的原则和标准。

·处理意见及具体依据。

（2）答复抱怨的方式。

·对个别现象的抱怨问题，答复采取书面材料直接送抱怨者的方式。

·对反映较多的抱怨问题，通过开职工大会、村民委员会或发文件的形式通知其所在林场及社区。

·无论采取哪种答复方式，都必须将答复资料送抱怨者所属的林场和社区。

5. 申诉与抱怨的记录和跟踪反馈

在项目设计计划执行期间，监测小组要配合各部门做好抱怨资料和处理结果资料的登记与管理，定期以书面材料形式报项目管理办公室。项目管理办公室将对抱怨处理登记情况进行定期检查。为了完整记录受影响人口的抱怨与相关问题的处理情况，项目管理办公室制定了受影响人口抱怨和申诉处理情况登记表（表8-28）。

表8-28　"中国东北野生动物保护景观方法"项目抱怨与申诉登记表

接受单位		时间		地点	
申诉人姓名	申诉内容	要求解决方式		拟解决方案	实际办理情况
申诉人（签名）				记录人（签名）	

注：1. 记录人应如实记录申诉人的申诉内容和要求；

　　2. 申诉过程不应受到任何干扰和障碍；

　　3. 拟解决方案应在规定时间内答复申诉人。

此外，有关申诉与抱怨的渠道将向本项目受影响人群公开发布，并在项目实施之前，以公开的宣传材料形式送至每一个受影响林场和社区。

(六) 组织机构安排

目前，"中国东北野生动物保护景观方法"项目已经初步形成了以林业系统为核心的项目运行和管理机构体系，其主要结构和框架如图8-1所示。

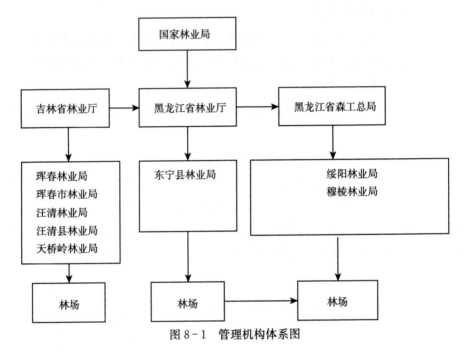

图8-1 管理机构体系图

1. 国家林业局领导小组

为加强项目管理、协调和配合，由国家林业局牵头成立东北虎栖息地保护项目领导小组，领导小组设在国家林业局。

国家林业局领导小组负责项目实施中的协调、管理、监督和服务工作，同时向世行报告项目实施进度，协调各相关部门并对相关项目活动实施技术援助、研究及培训进行协调。

2. 省领导小组

国家林业局领导小组分别在吉林省林业厅、黑龙江省林业厅以及黑龙江省森工总局下设东北虎栖息地保护项目执行办公室。项目办负责项目实施中各单位内部各部门和项目活动的协调、管理、监督和服务工作；组织相关招标采购工作；编制年度财务计划；工程项目的质量控制；并组织各单位项目区域内的技术援助、研究及培训。

3. 市、县领导小组

参照省领导小组组建模式，各市县成立了"中国东北野生动物保护景观方法"项目工作领导小组，组长由市、县林业局主要领导担任，成员由县林业局、发改局、建设局、规划局、财政局、国土局、环保局、农业局、审计局、公安局等相关科局镇主要领导组成。

市县、项目领导小组主要职责是协调各有关单位开展项目建设工作，不定期召开会议，检查、督办工程建设质量和进度，对项目建设效果及时作出评价，通报项目工作情况，解决项目建设过程中的重大疑难问题。

为了项目的顺利开展，"中国东北野生动物保护景观方法"项目成立了项目建设管理机构，项目办下设综合组、财务组、管理组、招投标组。

综合组负责业务联系、资料文件传递、管理人员的培训、技术交流与考察等工作，定期向领导小组和上级项目办汇报项目情况。

财务组负责及时办理世界银行贷款资金的收支工作，完成各类财务报告，配合审计部门做好项目资金审计工作。

管理组负责项目的具体实施，协调咨询、设计和施工等部门按照世界银行要求开展项目的实施及项目运行管理等工作，协助世界银行对项目进行监测。

招投标组负责按照世界银行要求组织实施项目土建工程、货物和设备的招标采购活动。

项目实施过程中的决策、指挥、执行、招投标以及谈判与联络等均由项目实施负责人负责。

专栏：项目办在项目实施管理中的主要职责

设备采购、安装和土建施工采用招投标方式确定，项目执行单位负责编制设备采购和土建施工的标书文件，其技术部分由承担项目设计的单位协助编制。项目的设计、供货、施工、安装等执行单位，应履行相应的法律法规，违约责任应按照国家的有关法律执行。

项目执行单位应与项目履行单位协商制定项目实施计划表，并于履行前提前通知有关各方。初步的项目实施步骤与进度安排见后面叙述。

项目执行单位应为履行单位开展工作积极创造条件，项目履行单位也应服从项目执行单位的指挥和调度。

为保证工程项目的顺利实施，各子项目的项目办应全面承担项目实施的管理工作，项目办应抽派与项目建设相关专业的技术和管理人员组成，建议项目实施管理机构各职能部门的职责分配如下：

行政管理：负责日常行政工作以及与项目履行单位的接待、联络等工作。

计划财务：负责项目的财务计划和实施计划安排与项目履行单位办理合同协作与手续，以及资金使用安排及收支手续。

技术管理：负责项目的技术文件、技术档案的管理工作、主持设计图纸的会审、处理有关技术问题、组织技术交流，组织职工的专业技术培训、技术考核等工作。

施工管理：负责项目的土建施工安装的协调与指挥、施工进度与计划的安排，施工质量与施工安全的监督检查及工程的验收工作。

材料管理：负责项目设备以及材料的订货、采购、保管、调拨等验收工作。

4. 项目运营管理机构

"中国东北野生动物保护景观方法"项目成立了旨在确保项目竣工之后运行管理和维护的领导小组，有林业局主要领导和相关部门负责人组成。主要职责在于制定运行管理机制、监督工程资产的移交、协调各公共职能部门在项目运行管理中的职责等。

专栏：项目组织管理机构安排介绍

"中国东北野生动物保护景观方法"项目执行机构和运行管理安排

为了有效地管理和顺利实施世界银行贷款项目，根据现行体制和政府职能的特点，设置如下项目管理（执行）机构和项目营运管理方式。

一、项目执行机构

本项目是"中国东北野生动物保护景观方法"项目，项目执行的主体项目业主，为了工作上的协调和便利，本项目设立项目领导小组。

1. 成立"中国东北野生动物保护景观方法"项目领导小组

领导小组的职责：

(1) 负责项目的统筹规划。

(2) 各部门的工作协调。

(3) 配套资金的筹措。

(4) 贷款资金的报账、拨付与偿还。

(5) 为项目的准备、实施、营运管理提供相应的经费。

(6) 项目资金的使用和工程质量监督。

2. "中国东北野生动物保护景观方法"项目办公室

项目办公室职责：

(1) 项目识别与准备。

(2) 项目的规划与可研。

(3) 项目的设计与评审。

(4) 项目的实施与建设。

(5) 项目的监测与评价。

(6) 项目竣工验收与结算。

(7) 项目的运行与管理。

二、项目营运管理机构

项目竣工建成后，成立"中国东北野生动物保护景观方法"项目营运管理领导小组。

项目营运管理领导小组主要职责：

制定工程营运管理机制、工程资产的移交、项目效益的监测评价、贷款的偿还、解决和筹措一定的项目管理经费等。

项目资产的经营管理和贷款的偿还仍然按照部门经营管理的习惯。例如道路移交给公路局管理，给水系统移交给自来水公司经营管理，排水系统移交给市政公司管理，绿化移交给绿化办管理等。

在移交工程的同时交割债务。

（七）社会管理计划的监测评价

1. 监测评价组织机构安排

项目实施过程中的监测评价包括自我监测评价和独立监测机构评价两部分，不同组织机构及利益相关者，在此过程中的责任和义务如表 8 - 29 所示。

表 8 - 29　监测评价的组织机构安排

相关机构	在监测评价中的角色	
	自我监测评价	独立监测机构评价
国家林业局、省林业厅、森工	组织者、协助者	组织者、协助者
县市林业局、国有林场、保护站	执行者	组织者、协助者、信息提供者
保护区周边社区居委会/村两委		
林场周边农户、居民户等	协助者、信息提供者	协助者、信息提供者
项目工程施工方		
县政府相关责任部门		
项目监测机构	—	执行者

2. 监测评价内容及指标

针对社会评价报告所涉及内容，监测评价的主要内容如下：

· 根据社会管理计划确定的社会监测与评估指标，对社会管理计划的执行情况进行跟踪监测与评估；

· 依据跟踪监测的调查成果，分析评估项目实际产生的效益、影响及风险监测；

· 重点跟踪各类负面影响减缓行动方案的执行情况，及时提出消除妨碍项目社会目标实现的措施等，必要时可提出调整方案；

· 对项目执行过程中存在的社会问题、社会风险进行识别和分析，提出纠正与完善的措施建议。

监测评价的指标安排预计如表 8 - 30：

表 8 - 30 监测评价指标

指标类型	目 的	核心指标
项目实施及建设指标	了解项目实施的进度	项目实施与建设内容、时间、地点、财务管理、物资管理、人员管理、工程管理等
项目投入产出指标	了解项目实施的进度	项目资金投入总量、资金来源结构、资金投入领域及结构等；项目直接产出和间接产出
制度设置	提高项目的社会可行性	动物肇事补偿机制建立情况 项目申诉抱怨机制建立情况 国有林场改革机制的变化 国家森林管理和保护区管理机制的变化
社会影响	提高项目的社会可行性	林场职工收入结构和量的变化情况 周边农户收入结构和量的变化情况 贫困户收入结构和量的变化情况
社会风险	提高项目的社会可行性	动物肇事量、赔偿标准及是否符合受损人意愿 林场职工、社区居民保护区继续采集森林资源的意愿 偷猎案件及偷猎设施收缴情况 采用木耳种植替代技术的情况 从事保护区管理的工作人员环境行为
公众参与	提高项目的社会可行性	林场职工知晓率、参与意愿和满意度 保护区周边农户知晓率、参与意愿和满意度
利益相关者	提高项目的社会可行性	重点分析各利益相关者对项目的知晓、支持和参与意愿以及满意度

九、结论与建议

(一) 结论

通过对项目区经济社会背景的详细阐述，以及"中国东北野生动物保护景观方法"项目内容及初步设计的考察，从社会评价的角度，本报告得出以下基本结论：

第一，本项目总体上具有较高的环境效益、经济效益、社会效益，符合目前中国森林由采伐转向保护的政策需要，特别是 2014 年中国国家林业局出台了《关于切实做好全面停止商业性采伐试点工作的通知》禁伐的背景下，项目有利于促进项目区不同利益主体的职能和生计转型，缓解禁伐政策带来的影响，符合相关者的现实需要，同时也满足项目区中长期经济社会发展的需要，具有较强的经济、社会和生态功能互适性。

第二，项目的建设将明显改善生态环境，营造出东北虎及其猎物栖息地的友好型经营环境，促进了中国东北地区野生动物资源的保护和恢复。

第三，项目前期对场址已尽量优化设计，将周边社区调出自然保护区外围，并有与周边社区实施共管的策略，使项目实施无移民安置影响。

第四，项目区域农户已经基本上不依赖于保护区林业资源生存，存在部分进入国有林场进行林下采集的行为，并在现有林区规划保护区的实验区，项目实施后应该继续允许农户进入实验区采集，并通过农业技术培训可以缓解影响。

第五，在国家林业局出台禁伐的背景下，林场的伐木收入、保护区周边农户生计、贫困农户的生计会受到一定程度影响。其中，林场伐木收入损失将由国家林业局以天然林保护工程专项资金补缺。

第六，吉林省周边过去依赖国有林场采伐生活的朝鲜族居民的生计会受到项目影响，需要编制《少数民族发展计划》。

第七，项目尚不涉及周边农村社区和国有林场非自愿移民，业主单位经过调整规划、并承诺不涉及到非志愿移民，但考虑到未来一旦涉及非自愿移民，因此需编制《移民安置政策框架》。

第八，吉林省以建立动物肇事补偿机制，黑龙江项目区尚未建立动物肇事补偿机制，尚缺乏正式应对动物肇事损失补偿的正式机制。

第九，偷猎、林场职工和周边农户可能缺少锯末材料种植木耳而重新依赖森林资源、保护区工作人员环境行为是项目实施期的风险，通过锯末替代技术培训可以减缓影响。

第十，项目的社会影响减缓计划、风险减缓计划、利益增强计划以及培训计划严格针对社会评价中发现的问题建立。

第十一，项目的公众参与机制正在建立，特别是国有林场参与项目设计、运营、监测和评估的机制正在形成。

（二）建议

项目实施过程中，建议重点关注以下内容：

第一，做好对项目区国有林场职工、农民和贫困人群的生计监测，特别是监测这些人群的生计收入的变化的趋势。

第二，加大林场职工和保护区周边农户的参与，建立保护区的共管机制，在实验区以及未设立保护区的林场采集林下产品和野生动物监测、清猎套方面建立共管机制；建议选择2～3个社区与保护区开展共管试点。

第三，黑龙江省要着手完成野生动物肇事补偿相关的政策，在政策未正式建立前，建议国家林业局、黑龙江省林业厅协调相关部门建立动物肇事补偿认定机制及补偿资金的财政专项，以为项目顺利实施提供前期准备。

第四，设立专项资金用于保护区林业职工和保护区周边农户北药种植和养殖培训，降低木材禁伐产生的可能影响。

第五，增强项目信息的透明度，通过网络、电视、报纸、橱窗等媒介进行信息公开，介绍项目进展情况、宣传项目意义，增强对项目的归属感。

第六，项目加强保护区建设可能导致动物肇事行为增加，需编制《少数民族发展计划》。

第七，项目为了缓解上述加强保护区建设以及新建和扩建保护区对周边村民生计和林场职工生计的影响，需要制定《程序框架》。

第九章 世界银行中国贷款项目 移民安置的案例解析

第八章给大家展示了社会评价的具体开展案例,旨在从社会稳定风险宏观控制的角度来展示相关的投资社会风险防控原则、评价方法和风险缓解机制。在具体实施中,还有一个和当地人利益直接相关的内容需要关注,那就是是否涉及移民安置。世界银行等知名国际投资机构均非常重视投资项目是否涉及征地和拆迁,因为这直接关系到本土相关利益主体的直接利益。稍有马虎,则可能遭到当地人为了利益诉求的抗议,从而导致项目搁浅。因此移民安置评价是其非常关心的内容,并要求每一个项目如果涉及移民安置,则要制订详细的移民安置计划。

一、项目基本情况

(一)项目简介

近年来,随着 Z 镇社会经济的发展,城镇化进程进一步加快,城镇建设呈现新的面貌。但城镇发展过程中也面临一些较为严峻的问题和困难,城乡"二元"结构仍旧存在,部分社会矛盾和社会问题比较突出。如区域产业发展面临市场瓶颈及技术瓶颈,生态环境保护压力增大,环境治理任务艰巨,建设资金及融资渠道不足,城镇建设矛盾突出,公共服务设施缺乏,市政工程规划不合理,基础设施不配套以及质量较差等,进而影响到城镇的人居环境质量,制约了区域的可持续发展。为了进一步加快推进 Z 镇的健康发展,积极探索富有地方特色的城镇化道路,改善 Z 镇城镇基础设施建设资金严重短缺的现状以及改善城镇生活环境,扩大农产品出路问题等,根据国际发展机构贷款"改善环境,促进可持续发展"的宗旨,从 Z 镇的实际情况出发,经省、市、县发改部门和专家现场勘察,确定利用国际发展机构贷款项目加快推进建设经济综合开发示范镇，切实促进城镇的健康发展和城镇的可持续发展。通过世贷项目引进城乡一体化的专业知识、专业技能和国际经验，提高产业积聚，完善城镇基础配套，改造城镇环境，提升城镇功能，增强农民技能，拓宽农民就业渠道，增加农民收入，打造融资平台，拉动民间资本注入，促进城乡经济共同发展，为小城镇建设探索有益的发展模式。

2011年1月，为进一步加快推进国际发展机构贷款建设经济综合开发示范镇项目的工作进程，Z镇人民政府委托项目H省国际工程咨询中心编制利用国际发展机构贷款建设经济综合开发示范镇的可行性研究报告。2011年2月至7月，专家组赴现场调研，根据Z镇当前所面临的实际情况，并与Z镇政府商议研究制定了建设方案与内容，确定了利用国际发展机构贷款建设上下街改造、ZX内河治理以及农产品交易物流中心建设等三个建设项目，并开始制定移民安置计划。

三个建设项目建设内容包括：①上下街改造；②ZX内河治理；③农产品交易物流中心。初步计划在2012年6月以前完成前期工作，项目建设工期24个月，即从2012年7月至2014年6月。

1. Z镇上下街改造

（1）项目实施背景。Z镇上下街建于1973年，沥青路面，从TT超市开始至QG路止，长1 500米，路幅宽18米，其中车行道10米，两边人行道4米。上下街是原来Z镇商业主街，随着国有、集体企业的全部破产，国有、集体商业、食品单位的破产改制，其商业繁华的面貌不断衰退，两边临街房屋逐步成为Z镇下岗失业人员赖以生存的临街门面。目前路面破损严重，下水堵塞，雨天被淹，热天扬尘，直接影响居民的生活和店铺的经营。

（2）建设内容。对整条道路全长约1 500米进行改造。新建的上下街，车行道宽9米，两边人行道4.5米。对车行道进行混凝土硬化，人行道进行重新铺设，下水道改造成雨污分流制体系，居民供水重新改造成250管径的PE供水主管。

2. ZX内河治理

（1）项目背景。ZX河传说有99道弯，全长20公里，宽约40米，其中规划区内长4.8公里，计划清理沿街东西走向ZX内河3公里。20世纪70年代以前，小河清澈见底，游鱼如织，是Z镇的养殖基地。随着城镇的发展，生产、生活污水、污物大量排泄其中，现在已成为污水河、垃圾河。严重影响了人们的生活质量，影响了城市的生态环境。而且，随着城镇建设的加快，城区内水面不断减少。为了保持城镇内这一主要水体，增加居民憩息场所，改变城镇环境，计划对小河城区段进行治理。

（2）建设内容。清淤、清污、岩砌护坡，埋设主下水道、填土、通道硬化、绿化。治理 ZX 内河城区段长度 3 公里。工程量为：挡土墙砼 3.11 万立方米，土方开挖 7.2 万立方米，土方填筑 16.8 万立方米，挡土墙 20 厘米厚砂垫层 0.38 万立方米，两侧绿化带 18 000 平方米。

3. 农产品交易物流中心建设

（1）项目背景。Z 镇既是项目县的农业大镇，而且 Z 镇还是县城北部地区农副产品的集散地。农产品主要汇集区域为原 ZX 区乡镇，包含四个镇和两个乡的范围。Z 镇现有果园 3 000 亩，产量 2 022 吨；稻田 82 000 亩，产量 33 000 吨；油料 27 000 亩，产量 3 500 吨；棉花 7 200 亩，产量 720 吨；蔬菜 15 000 亩，产量 20 000 吨；淡水养殖 4 200 亩，水产品 1 600 吨，合计 60 842 吨。另有生猪 60 000 头，出栏 36 000 头，羊 27 000 头，家禽出笼 100 万羽。与 Z 镇农业发展不适应的是，Z 镇现有市场散乱狭小，场地矛盾突出。市场管理粗放，市场基础设施落后，卫生条件差，容易滋生细菌，与国家规定的无公害安全卫生要求相距甚远。为提升城镇功能，利用农业特色种养产品优势资源，充分发挥本地的交通、区位优势，增强农民技能，拓宽农民就业渠道，增加农民收入，急需建设一个现代化的农产品交易物流中心，促进城乡经济共同发展，为小城镇建设探索有益的发展模式。

（2）建设内容。市场部分用地 26.87 亩，主要是蔬菜市场、农产品交易物流中心及市场管理用房、综合楼、食堂、垃圾站等附属设施。总建筑面积 10 572 平方米，其中蔬菜市场 4 898 平方米，农产品交易物流中心 3 152 平方米，市场管理用房 820 平方米，综合楼 1 250 平方米，门卫 56 平方米，食堂 396 平方米。另建设地埋式垃圾站一个。

（二）项目准备及进展情况

项目工程准备与实施时间见表 9-1。

表9-1　项目准备与实施时间表

项　　目	时间	完成情况
可行性研究报告的编制及其审批工作	2010.11—2011.3	完成
工程测量、工程地质勘察和实物量初步调查	2010.11—2011.3	完成
征地拆迁详细的实物量调查以及协商补偿费	2011.3—2011.7	完成
移民安置计划及社会评价报告	2011.7	完成
用地预审	2011.8	计划
完成初步设计	2011.9	计划
施工图设计	2011.12	计划
项目实施	2012.7—2014.6	计划
项目验收和移民安置影响终期评估	2012.5—6	计划

(三) 相关联项目鉴别

相关联项目是指在本项目准备与实施过程中，与本项目建设功能或效益直接发生关系的其他项目。项目设计过程中，项目单位十分重视相关联项目的识别，项目办会同项目移民安置规划小组对所有工程均进行了关联分析。

经调查确认，本项目无关联项目。

(四) 项目受影响区

1. 项目的积极影响

整个项目收益最大的是 Z 镇。Z 镇全镇共辖 6 个居委会，31 个村，共有人口 5.7 万人，其中城区人口 3 万人。全镇总面积 105 平方公里，城镇建成区面积 4 平方公里。

Z 镇上下街改造后，对于整个 Z 镇的交通条件将有加大改善，另外对于 Z 镇上下街居民将有更加直接的积极影响。具体而言，其将有利于解决以下问题：①上下街路面状况差，坑坑洼洼太多，车辆行人难以通行的问题；②下水道排水体系不完善导致路面经常积水的问题；③人行道路面差导致人行道积水会灌入临街门面；④上下街给水管道陈旧，供水不能保证；⑤路灯照明不稳定；⑥因为条件太差而直接影响到购物环境，上下街商户销售额一直停滞不前。

ZX 内河治理后，有利于改善 Z 镇整体的村容、生活环境，同时也有利于解决 ZX 内河上游两岸农业生产种植，特别是对于 ZX 两岸城镇居民和农村居民有直接的影响。具体而言，ZX 治理将有利于解决改善和解决以下问题：①通过雨污分离，改善生活污水、污物等污染源对河体的污染；②解决城区垃圾部分倾倒在内河，城镇下水道建设不配套，生活污水排放至内河，生活垃圾随意丢弃至内河，导致内河淤积，污染严重的问题；③通过疏通河床，解决上游两岸农业种植在雨季涝、旱季旱的问题。

农产品交易物流中心的建设有利于 Z 镇整体的发展。Z 镇既是项目县的农业大镇，而且 Z 镇还是县城北部地区农副产品的集散地。农产品主要汇集区域包括六个镇和两个乡的辐射范围。与 Z 镇农业发展不适应的是，Z 镇现有市场散乱狭小，场地矛盾突出。市场管理粗放，市场基础设施落后，卫生条件差，容易滋生细菌，与国家规定的无公害安全卫生要求相距甚远。修建农产品交易物流中心，有利于促进 Z 镇农业和农村整体的发展，特别是有利于从事农业的居民；另外对于农产品交流物流中心区位的周边居民，都将受到积极的影响，能够获得更多的非农就业机会。

2. 项目的征地、拆迁影响

项目征地和拆迁影响发生在农产品交易物流中心建设项目，这将给受征地和拆迁影响的居民带来不便。上下街改造和 ZX 内河治理将不涉及征地和拆迁问题。本项目三个子项目均不涉及临时占用地问题。影响概况见表 9-2。

表 9-2　国际发展机构贷款项目"经济综合开发示范镇项目"影响概况

序号	子项目名称	工程内容	涉及征地	涉及拆迁
1	上下街改造	对整条道路全长约 1 500 米进行改造。新建的上下街，车行道宽 9 米，两边人行道 4.5 米。对车行道进行混凝土硬化，人行道进行重新铺设，下水道改造成雨污分流制体系，居民供水重新改造成 250 管径的 PE 供水主管，路灯改造成专用地埋式照明系统。	×	×
2	ZX 内河治理	清淤、清污、岩砌护坡，埋设主下水道、填土、通道硬化、绿化。治理 ZX 内河城区段长度 3 公里。工程量为：挡土墙砼 3.11 万立方米，土方开挖 7.2 万立方米，土方填筑 16.8 万立方米，挡土墙 20 厘米厚砂垫层 0.38 万立方米，两侧绿化带 18 000 平方米。	×	×

（续）

序号	子项目名称	工程内容	涉及征地	涉及拆迁
3	农产品交易物流中心	市场部分用地 26.87 亩左右，主要是蔬菜市场、农产品交易物流中心及市场管理用房、综合楼、食堂、垃圾站等附属设施。总建筑面积 10 572 平方米，其中蔬菜市场 4 898 平方米，农产品交易物流中心 3 152 平方米，市场管理用房 820 平方米，综合楼 1 250 平方米，门卫 56 平方米，食堂 396 平方米。另建设地埋式垃圾站一个。	26.87 亩	4 179.1 平方米

（五）项目总投资及实施计划

本项目移民安置总费用约为 709.5 万元，总工期计划为 2 年，从 2012 年 6 月开工，预计 2014 年完工。与项目工期一致，项目移民实施计划 2012—2014 年。

（六）减少工程影响的措施

1. 项目规划和设计阶段

在项目规划和设计阶段，为了减少项目建设对当地社会经济的影响，项目县 Z 镇利用国际发展机构贷款建设项目工作小组多次召开由各个咨询单位和设计单位参加的联席会议，就项目设计方案的优化、尽量减少移民安置带来的社会经济影响进行协调。

在项目设计阶段，最后达成的项目优化以减少移民安置影响的原则是：

第一，进行方案优化比选，尽可能多地考虑项目建设对当地社会经济的影响，在不可避免占地时，尽可能占用空置土地，减少对耕地的占用。

第二，在拆迁不可避免时，尽可能减少拆迁量，并将此作为方案优化比选的关键性因素。同时，为本项目与其他市政设施的衔接预留出合理的空间。

第三，在比较不同设计方案时，充分考虑征地动迁的因素，尽量减少征地拆迁量。

基于以上原则，在项目规划和设计阶段，为了减少项目建设对当地社会经济的影响，设计单位和项目业主采取了一些有效的措施：

Z 上下街为 Z 镇主要街道，位于 ZX 和 Y 江之间，与 ZX 和 Y 江大致平行。呈西南——东北走向，Z 上下街改造和 ZX 小河治理均为原地改造。

为了选好 Z 镇农产品交易物流中心的场址，镇政府有关部门对镇内进行了踏勘，对多处选点进行了初步比较，重点推荐出两个场址。后又经项目省国际工程咨询中心组织专业人员并会同有关部门对上述两场址进行了进一步踏勘调查与评价，在此基础上作出了方案的比选。

（1）方案一：Z 镇李家社区，在城镇西区，占地约 60 亩。北临 WF 农业开发公司以机耕道为界；东临 ZR 公路，路临街有 3 户住宅，1 家小型加工厂，3 户已批未建住宅基地；南临规划桂林路；西临李家社区居民住宅。用地范围内主要是水田，规划为建设用地。该用地位于省道边，离高速出口约 7 公里。扩张需过一条规划街道。拆迁 4 户，建筑面积约 1 800 平方米。水电入户在用地范围附近。

（2）方案二：Z 镇东部工业园区，距最近的高速出口 1 公里。计划征地面积 296 亩，本项目一期建设用地 26.87 亩。需拆迁 15 户（含分户），总建筑面积 2 900 平方米。目前已拆除建筑 5 栋，约 1 000 平方米。用地范围内主要是农田，城市规划为建设用地。水电入户在用地范围附近。

表 9-3　各种方案具体比较

序号	项　目	方案一	方案二
1	Z 上下街	原地改造，不涉及征地拆迁	—
2	ZX 内河治理	原地改造，不涉及征地拆迁	—
3	农产品交易物流中心	用地规模偏小，发展余地不大，拆迁少	用地范围较大，有利于今后扩建物流仓库等建筑物，且南临公路，距高速公路和 Y 江万吨码头很近，交通十分便利，有利于物流运输。用地内需拆迁 16 户，总建筑面积 2 900 平方米，房屋已破旧，主要位于公路边

经综合比较（表 9-3），从农产品交易物流中心建设的经济可行性的角度来看，可行性研究确定方案二为拟建场址。拆迁安置方案基本确定，已和拆迁户达成共识。

2. 工程项目施工阶段

在征地拆迁工程实施过程中，将采取以下措施，尽量减少给受影响人口带来的不便：

（1）减少扬尘的措施。工程施工中挖出的泥土堆在路旁，旱季风致扬尘和机械扬尘导致尘土飞扬，影响附近居民和工厂。为了减少工程施工对周围环境的影响，在工程施工中遇到连续晴好天气又起风的情况下，对弃土表面洒水，防止扬尘。施工单位将按计划及时对弃土进行规划处理，并在装运过程中不要超载，采取措施保证装土车沿途不洒落，车辆驶出前将轮子上的泥土用高压水冲洗干净，防止沿程弃土满地，影响环境整洁，同时施工单位门前道路实行保洁制度，一旦有弃土应及时清扫。

（2）控制施工噪声。施工开挖、运输车辆喇叭声、发动机声、混凝土搅拌声以及复土压路机声造成施工的噪声，为减少施工对周围居民的影响，工程在距居民居住区 200 米区域内不允许在晚上十一时至次日上午六时内施工，同时施工单位应在施工设备和施工方法的选择上优先考虑，尽量采用低噪音机械。对夜间一定要施工而又影响周围居民声环境的工地，应对施工机械采取除噪声措施，同时也可在工地周围或居民集中地周围设立临时的声障之类装置，以保证居民区声环境质量。

（3）施工区现场废弃物的处理。项目开发者及工程施工单位应及时与当地环卫部门联系，及时清理施工现场的生活废弃物，以保证施工区现场整洁，防止因长期堆放而产生扬尘。

（4）减少管道开挖时造成的影响。在管道开挖的过程中，作业面适当喷水，使其保持一定的湿度，同时采用围栏或部分围栏，减少施工扬尘扩散范围，以减少扬尘量。建筑材料和建筑垃圾应及时清运。慎防运输车装载过满，并尽量采取遮盖、密闭措施，减少其沿途抛洒，并及时清扫散落在路面的泥土和灰尘。

3. 项目临时征地移民行动计划和实施阶段

根据国家土地征收补偿标准，项目业主与受影响户当面协商临时占地补偿各项费用。当征地拆迁和移民安置不可避免时，为降低工程建设对当地的影响，将采取以下措施：

（1）加强基础资料收集，对当地社会经济现状和未来发展作深入分析，

结合当地实际制定切实可行的移民行动计划，保障受工程影响人员不因工程建设而受到损失；

（2）通过与受影响户的协商，基于国家征地补偿标准，制订详细具体的临时占地补偿标准，确保不同受影响区域居民获得公平合理的补偿；

（3）积极鼓励公众参与，加强信息披露，接受群众监督；

（4）加强内部和外部监测，建立高效、通畅的反馈机制和渠道，尽可能缩短信息处理周期，以保障工程实施过程出现的各种问题得到及时的解决。

二、项目影响

根据实物调查分析，项目的影响类别主要包括：①土地征/占损失影响；②居民房屋及附属物拆迁影响；③地面附属设施等。

（一）涵义界定

本项目影响的实物调查范围是根据项目规划设计单位最后选定的第二套方案确定的实际占地范围，用地范围内主要是农田和集体建设用地。水电入户在用地范围附近。由于本项目移民安置实物调查时，项目还处于优化设计的过程中，工程设计单位还可能对线路进行优化设计，征地拆迁数据可能会有所调整。项目安置办将以最终实际影响的数据作为移民安置工作的根据。

本项目影响涵义界定如下：

（1）永久性占地：位于项目占地范围内、需要永久占用的各类耕地及非耕地。耕地主要包括旱地、菜地、果园等；非耕地主要包括宅基地、建设用地等。

（2）拆迁建筑物：位于项目占地范围内的所有建筑物，主要包括框架结构、砖混房、砖木房以及简易房等类型。建筑物所有权性质均属于私人建筑物。

（3）受影响的土地附着物：位于项目占地范围内的土地附着物。主要有围墙、菜园、果树、水泥坪等。

（4）受影响的公用设施：位于项目影响范围内的公共设施及公用服务设施。

（5）受影响的家庭户：凡有土地、建筑物或土地附着物位于项目占地范围或直接影响范围内的家庭户。

（6）受影响的社区：凡有土地、建筑物或土地附着物位于项目占地范围内或直接影响范围内的社区。

（7）项目影响人口：受到各个子项目征地拆迁影响家庭户和企事业单位人口构成项目影响人口。

（8）受影响的劳动力：在受影响店铺、企业或单位工作的劳动力，或者在被征用土地上从事农业生产的劳动力。

（9）受影响的租赁人：根据契约在受项目影响建筑物内租住或者从事经营活动的所有人口。

（10）弱势群体：弱势群体是指居民中由于社会参与能力和社会保障以及残疾、贫困等原因而变得容易受到伤害、缺乏应对社会变化能力、在社会中处于不利地位的社会群体。弱势群体主要包括以下几种类型：孤寡老人、女性单亲家庭、孤儿、享受最低生活保障家庭、残疾病人等。

本项目不涉及临时占地情况，无受影响的企、事业单位。

（二）影响调查

2011 年 7 月，评估小组受项目省发展与改革委员会委托负责准备移民行动计划。在项目县 Z 镇利用国际发展机构贷款建设项目工作领导小组及相关单位的大力配合下，评估小组对项目省利用国际发展机构贷款建设综合经济示范镇项目 Z 镇工程进行了社会经济调查，并对调查结果进行了分析。

移民安置调查包括两个组成部分：一是对项目建设可能涉及的征地拆迁实物进行调查，二是对受征地影响人口和单位的社会经济调查。

移民安置调查的内容可以分为三大部分，分别是：

（1）文献调查。

a. 包括项目市项目县以及项目所在区社会经济统计资料。

b. 国家、项目省、项目市、项目县以及其他与征地拆迁安置工作有关的地方性法规。

（2）社会经济背景资料调查。

a. 调查内范围受影响家庭基本情况、脆弱家庭情况。

b. 公众意见和建议。

c. 调查范围内受影响村的基本情况：人口、劳动力、产业结构、耕地等。

（3）征地拆迁受影响实物调查。

a. 土地征收和征用情况，位置、类别、面积。

b. 拆征建筑物及其他土地附着物：位置、类别、数量、产权归属。

c. 各类公共设施的类别与数量。

在多次调查中，共计收集了 16 个受征地影响的家庭和 14 个受拆迁影响的家庭的信息，并对所有家庭户进行了家庭基本情况的抽样调查，初步掌握了项目的基本影响情况，为《移民安置行动计划》的编制提供了资料准备。与此同时，本次调查还收集了受影响地区近年社会经济发展统计资料、受影响地区土地征收和房屋拆迁有关的政策和地方法规、涉及移民安置的补偿标准等资料。这些调查资料为制定项目的补偿政策提供了参考依据。

（三）影响概况

本项目受影响区包括 Z 镇上下街路旁的上街社区和下街社区，ZX 内河两岸的上街社区、下街社区、解放社区、T 村（李家社区和郊区村）、L 村，以及农产品交易物流中心建设的 GYQ 村九组村民。Z 镇上下街改造、ZX 内河治理均为原地改造，不涉及征地拆迁问题；Z 镇上下街改造涉及临街商户在铺面门口的人行道上搭建的临时售货店面的拆除（人行道为公共用地，铺面搭建未经法律或行政许可），共涉及 56 户；农产品交易物流中心建设涉及拆迁面积 4 179.1 平方米，共 14 户，55 人，涉及征地面积 26.87 亩，共 16 户，59 人。项目可行性研究报告的设计中对项目施工设施和工程挖土都有详细计划，不涉及其他临时占用地问题。项目征地和拆迁影响的总体情况见表 9-4。

表9-4　项目征地拆迁影响一览表

| 影响镇 | 子项目名称 | 子项目区域 | 永久性征地 | | | | 临时占地 | | | |
			征地总面积（亩）	被影响的农户总数（户）	拆迁农户总数（户）	被影响的商户数量（户）	耕地面积（亩）	被影响的农户总数（户）	搬迁的居民数量（户）	被影响的商户数量（户）
Z镇	Z镇上下街改造	上街社区、下街社区	0	0	0	0	0	0	0	56
	ZX内河治理	上街社区、下街社区、解放社区、T村、Z村	0	0	0	0	0	0	0	0
	农产品交易物流中心	原东村9组	26.87	16	14	0	0	0	0	0

项目征地影响的权属和相关单位的影响情况见表9-5。

表9-5　项目受影响情况汇总表

项目名称	征用国有土地（亩）	征收集体土地（亩）	拆迁面积（平方米）	影响企事业单位（个）	临时影响营业铺面（个）	拆迁户/人数（户/人）	征地户数/人数
Z镇上下街改造	0	0	0	0	56	0	0
ZX内河治理	0	0	0	0	0	0	0
农产品交易物流中心	0	26.87	4 179.1	0	0	14/55	16/59
合计	0	26.87	4 179.1	0	0	14/55	16/59

（四）农村集体土地征收

根据调查统计，农产品交易物流中心建设子项目需要征收的集体土地26.87亩，全部归属原东村，征收土地全部为农村集体用地，无国有土地。征收的集体土地中耕地16.13亩，非耕地10.74亩，共涉及16户，59人。被征收的耕地目前的利用类型见表9-6。

表9-6　被征收集体土地的类型与数量

项目	影响村	被征土地类别		面积（亩）	影响户数（户）	影响人口（人）
农产品交易物流中心	GYQ村	耕地	旱地（棉花和油菜轮作）	9.63	10	38
			果园	6	4	16
			菜地	0.5	1	6
			小计	16.13	10	38
		非耕地	非耕地	10.74	14	55
	合　计			26.87	16	59

（五）拆迁农村居民房屋

农产品交易物流中心子项目涉及农村房屋拆迁，拆迁影响见表2-4。项目共涉及拆迁居民房屋总面积4 179.1平方米，影响14户55人。其中砖混一类704平方米，砖混二类2 212.5平方米，砖木一类230平方米，砖木二类356平方米，猪舍279.2平方米，偏屋243平方米，棚屋和杂物154.4平方米。农村居民房屋拆迁影响面积详见表9-7。

表9-7　被拆迁私人房屋类型及面积

项目	影响村	砖混一类（平方米）	砖混二类（平方米）	砖木一类（平方米）	砖木二类（平方米）	猪舍（平方米）	偏屋（平方米）	棚屋、杂屋（平方米）	小计（平方米）	户数（户）	人数（人）
农产品交易物流中心	GYQ村	704	2 212.5	230	356	279.2	243	154.4	4 179.1	14	55

房屋拆迁的相关附属设施的情况见表9-8。

表9-8　房屋拆迁的相关附属设施影响

拆迁类别	项目	单位	数量	户数（户）	人数（人）
房屋拆迁附属设施	水泥坪	平方米	834	14	55
	手压井/机井	台	14	14	55
	太阳能热水器	台	1	1	4
	空调	台	13	11	46

（六）受影响的营业门面

本项目受影响的营业门面包括：农产品交易物流中心建设涉及的房屋拆迁，其中有 5 户农户住房底层做商铺使用，有外来人口在此短期租用（租期最多为 1 年，年均为 150 元/月）。当地补偿方式以涉及拆迁的间数计算，2 间的有 8 户，3 间的 4 户，4 间的有 1 户。Z 镇上下街改造则将拆除 56 户商户在自己商铺门口的人行道上搭建的临时活动售货棚，临时活动售货棚所占用的人行道为公共用地，道路建设后将改造，在人行道上搭建的临时售货棚未获得法律许可。见表 9-9。

表 9-9　被拆迁营业门面类型

项目内容	涉及的社区	影响内容	户拥有间数	户数（户）	人数（人）
农产品交易物流中心建设	原东村 9 组	作商铺使用的住房拆迁，户均出租租金 150 元/月	5	5	21
		拆迁	2	8	29
		拆迁	3	4	15
		拆迁	4	1	4
Z 镇上下街改造	上街社区、下街社区	拆除人行道搭建的临时售货棚	—	56	—

（七）临时占用地影响

根据本项目设计单位湖南国际咨询中心可行性研究的方案设计，本项目上下街改造、ZX 治理和农产品交易中心建设均不涉及临时占用地问题。

上下街改造项目临时堆放设施均在上下街道上，均属国有用地，不涉及临时占用地问题；项目施工挖方 2 280 立方米，填方 1 245 立方米，多余挖方将移至附近的中心路的坑塘处填埋，也不涉及临时占用地问题。

ZX 小河治理也不涉及临时占用地。小河源头以被水坝截断，成为无水河，小河有河水的季节只发生在雨水季节，另外则有生活污水排放。项目实施将扩宽小河两旁的道路，设计将在渠道两侧各设 1 米绿化带，再设 3 米宽的混凝土路面的通道，计划挖方 72 000 立方米，填方 168 000 立方米，施工

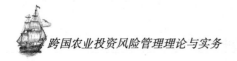

挖方均可用作填方，不涉及临时占用地问题。

农产品交易物流中心项目施工设施将在项目区内存放，挖方临时堆放可堆放在项目区内，最终将运送至中心路坑塘或者当地废弃的垃圾填埋场处填埋。

（八）受影响人口

项目省利用国际发展机构贷款建设综合经济示范镇项目 Z 镇工程各个子项目的直接影响如下：Z 镇上下街改造、ZX 内河治理不涉及拆迁、征地；Z 镇上下街改造将影响临街在人行道上搭建临时售货棚的 56 户商户；农产品交易物流中心建设影响拆迁户 14 户，55 人，征地影响 16 户，共 59 人；另外农产品交易物流中心建设将影响 5 户已经将农房作商铺短期出租的村民的租金，影响户数为 5 户，共 21 人。本项目直接影响人口详见表 9 - 10。

表 9 - 10　受项目影响人口情况

影响内容		Z 镇上下街改造	ZX 内河治理	农产品交易物流中心建设
征收土地	户数	0	0	16
	人数	0	0	59
拆迁房屋	户数	0	0	14
	人数	0	0	55
农房改造的营业门面拆迁	户数	0	0	13
	人数	0	0	48
营业门面的经营	户数	0	0	5
	人数	0	0	21
拆除人行道搭建的售货棚	户数	56	0	0
	人数	—	0	0

（九）受影响的弱势群体

1. 受影响弱势群体的认定

弱势群体是指项目受影响人中最易受到伤害、不具备适应项目建设带来变动之能力的群体。弱势群体的类型主要包括以下几种：

· 孤寡老人。指 65 岁以上单身且无法定赡养义务人的老年人。

· 单亲家庭。指户主单身且有未成年子女的家庭。

· 孤儿。指没有父母的 16 岁以下儿童。

· 贫困家庭。城镇家庭中持有《项目县农村居民最低生活保障领取证》的家庭。农村家庭成员中经认定的特别贫困户。

· 残疾人。指在心理、生理、人体结构上，某种组织、功能丧失或者不正常，全部或者部分丧失以正常方式从事某种活动的人。

· 有其他特别困难的家庭。

弱势群体的认定，将根据相关政策、法规的要求及现场调查的基础上得出。在本项目实施过程中，移民安置部会通过入户调查、邻里访问、社区居委会证实等方式予以确认。

2. 受影响弱势群体的家庭

根据农户调查和村民互评，在项目受影响人口中，属于弱势群体的家庭有 2 户，共 4 人。受项目影响的弱势群体家庭名单见表 9-11。

表 9-11　受影响脆弱家庭情况

姓名	家庭人口	困难情况描述	生活来源
刘某	1	属 1973 年水库修建伤残民工对象，脊柱受伤，不能从事重体力劳动（在村民互评中，其家庭情况属于中等）	无地；依靠子女赡养
李某乙	3	家里贫困，房屋破旧，孩子在镇上上小学，不在拆迁之列，只属征地范围（村民互评中，家庭情况属于下等）	家里 1 老人，从事农业，拥有土地 3 亩，种植棉花，年收入 1 万元；外出打工人员 1 人，年收入 2 万元

（十）受影响地面附属物及专项设施

农产品交易物流中心建设项目中涉及拆迁农户的附着物有零星橘树 60 棵，株高均在 1.8 米以上，胸径为 8 厘米左右。上下街改造中涉及地面附着物及专项设施主要包括行道树（荷花玉兰）525 棵以及自来水管道 3 900 米。ZX 内河治理涉及拆除临河居民在河道内开垦的临时菜地，菜地种植的河道属于国有，其开垦未获得法律或者行政许可，面积约 2.64 亩。具体数量如

表 9-12。

表 9-12　地面附着物及专项设施统计表

项　　目	类　　别	单位	数量
Z 镇上下街改造	行道树（荷花玉兰）	棵	525
	自来水管道	米	3 900
农产品交易物流中心建设	橘树（胸径 8 厘米）	棵	60
ZX 内河治理	河道内开垦的菜地	亩	2.64

三、项目影响的社会经济状况调查结果

为了解项目的影响情况，根据国际发展机构的要求，2011 年 3 月 Z 镇国际发展机构贷款工作小组对项目涉及的移民影响进行了摸底调查。为了解项目影响及项目影响区社会经济情况，2011 年 7 月，移民安置评估团对项目影响区的社会经济及移民安置方案进行了正式调查。直接受征地和拆迁影响的居民数量仅有 16 户，本次调查对这些农户的社会经济状况进行了普查，占受直接影响户数的 100%。除此之外，项目查阅了 Z 镇"十一五"的相关总结、规划远景资料以及《2010 年农业部统计报表》，分析当地的整体社会经济状况。

（一）受影响区社会经济被影响概况

本项目征地拆迁所涉及的区域为 GYQ 村，项目区社会经济被影响概况分析结论如下：

项目征地、拆迁对生计影响不大，受影响地区的农户的收入来源以打工为主，农业收入所占比例仅为 13%。项目主要对以农业为生的农户产生影响，特别是那些收入完全依靠农业的 3 户农户产生影响。若无其他生活来源则将完全依靠子女赡养，对子女的生计压力也将增大。

对于临街的 12 户被拆迁农户，都拥有底层可做营业门面的住房，过去有 5 户向外出租，每月的平均收入为 150 元，年收入为 1 800 元。

当地生活用水均纳入城镇供水系统，饮用水为自来水，生活用电供给保障良好。使用能源为煤和罐装煤气，拆迁后不会对能源使用造成影响。

当地上小学一般在 Z 镇，上高中在项目县，拆迁重建地位于目前居住区旁，拆迁后上学距离和便利程度不会发生改变。

拆迁地采取本地安置，原来邻居的距离基本上未发生改变，不会带来融入新社区的问题。

（二）乡镇社会经济概况

Z 镇共辖 6 个居委会，31 个村，共有人口 5.7 万人，其中城区人口 3 万人。全镇总面积 105 平方公里，城镇建成区面积 4 平方公里。2009 年实现国民生产总值 20.57 亿元，工业产值 10.67 亿元，农业总产值 7.07 亿元，地方财政收入 1 027 万元，人均纯收入 4 094 元。是省小城镇建设试点镇，项目市的卫星镇。

Z 镇既是项目县的工业重镇也是农业大镇，还是县城北部地区农副产品的集散地。2009 年，全镇规模以上工业企业 15 家，实现工业总产值达 10.67 亿元。WF 农业开发企业四期扩改、上市筹备工作全面启动，其他两家公司三期扩改顺利完成和四期扩改筹备工作有序进行。农副产品精深加工、环保建筑建材和机械制造等主导产业在不断做大做强，新的工业体系在逐步形成。

"十二五"期间，Z 镇准备以 WF 农业开发公司为依托，在李家社区建立农业产业园区，全面配套基础设施，开展农业公共技术研究，推广农业新技术，积极引导水稻、柑橘、油茶等精深加工项目进入园区。还将继续支持企业农副产品精深加工项目的顺利投产，促进 WF 农业开发企业做大做强顺利上市。在东林工业区，对园区道路实施全面建设配套，以两家已有的建材公司为依托，实施水泥技改，建立高新科技、建筑建材产业；以机械公司四期扩建为契机辅以船舶制造提升机械制造产业；以突出的地域、水陆空交通优势发展成立新的物流中心。

农产品市场交易物流中心的建立，有利于促进 Z 镇农产品贸易，为农产品加工企业和农户提供更好的交易平台，从而促进当地农业，特别是水稻种植的发展。

（三）项目所涉及社区的概况

该项目涉及征地和拆迁的社区仅为原东村。原东村共有 1 171 户，总人口 3 481 人。其中因征地和拆迁影响到的区域为原东村九组。原东村目前共有农户 625 户，人数为 1 787 人，耕地总面积约为 1 200 亩，人均耕地面积约为 0.7 亩。由于该村有不少外迁户，2003 年以来的外迁户并没有分得耕地，目前与村集体签订耕地承包合同的农户为 450 户，所涉面积为 1 188 亩。

表 9 - 13　2010 年人口及其变动情况统计年报表

单位名称	年末总户数（户）	年末总人口（人）								
		合计			性别		年龄			
		合计	非农人口	未落常住户口人员	男	女	18 岁以下	18～35 岁	35～60 岁	60 岁以上
原东村	625	1 787	139	7	848	939	268	431	826	262

该村共有多个规模工业企业，并且吸引了当地大量劳动力就业。原东村约有劳动力 1 250 人，在此就业的劳动力约有 200 多人，另有 300 多人从事各类生意，400 人左右外出打工，余下 200 人主要从事农业生产。相关规模企业的大体情况如下：机械有限公司，以男性劳动力就业为主，大约 600～700 人就业规模；石材科技有限公司，均招收男性劳动力，就业规模为 100 人；墙材科技有限公司吸纳的男女劳动力各一半，就业规模 300～400 人；混凝土公司，吸纳男性劳动力，规模为 100 人；木业公司以女性劳动力就业为主，就业规模 100 人；混凝土有限公司尚正在筹建，将以男性劳动力就业为主；WF 农业开发棉业，招收女工多，就业规模在 400～500 人；米业公司，招收男劳动力多，就业规模在 50～60 人。这些企业主要招收 45 岁以下的劳动力。

（四）涉及拆迁或者征地农户的人口普查概况

本项目涉及拆迁或者征地的农户在原东村，共涉及 14 户房屋拆迁农户和 16 户征地农户，其中 16 户征地农户中，有 14 户同属于房屋拆迁农户。

项目评价小组，对此 16 户农户进行了普查。

被拆迁或者征地的农户共有 16 户，人数共 59 人，其中男性 27 人，女性 32 人。年龄段主要分布在 16～45 岁，共 36 人，这些劳动力若不在上学则以外出打工或者做生意为主；45～60 岁的有 11 人，这些人口以在家务农或在当地打工为主。被调查人口文化程度以初中为主，其外出打工也无从事高新技术职业的人口（表 9-14）。

表 9-14　被拆迁或者征地的农户人口情况

类别	统计量	频次
人口数量	户数（户）	16
	人数（人）	59
性别	男（人）	27
	女（人）	32
年龄	0～16 岁（人）	4
	16～45 岁（人）	36
	45～60 岁（人）	11
	60 岁以上（人）	8
民族	汉（人）	59
受教育程度	文盲（人）	0
	小学（人）	10
	初中（人）	41
	高中（人）	4
	大专及以上（人）	4

（五）拆迁或者征地对生计的影响

项目征地、拆迁对生计影响不大，受影响地区的农户的收入来源以打工为主，农业收入所占比例仅为 13%。项目主要对以农业为生的农户产生影响，特别是那些收入完全依靠农业的 3 户农户产生影响。具体分析如下。

1. 对经济收入来源的影响

受拆迁影响和征地影响的这些农户现有 10 户人有耕地，有 6 户为 2003 年移居至此，无耕地。从收入结构来看，本地区的农户以外出打工为主要收入来源，占总收入的 73.52%，农业收入占总收入的 13%，铺面出租收入占 0.71%，其他收入为 9.46%。由此可以判断，就征地的影响而言，16 户受拆迁影响的人中，有 6 户不会因此受到影响（表 9-15）。

表 9-15　被征地农户的经济收入结构

	农业收入	外出打工收入	经商收入	铺面出租收入	其他收入	总计
户均收入（元）	6 875	38 875	1 750	375	5 000	52 875
比例	13.00%	73.52%	3.31%	0.71%	9.46%	100%

2. 对依赖耕地资源农户的影响

农产品交易物流中心的建设所涉及的征地和拆迁将征用村民的全部耕地，这将影响到以农业为生的农户的生计。

本次涉及征地的农户共有 10 户，所有农户的耕地均被 100% 征收，成为完全失地农民。其中有 8 户有从事农业生产的收入；另外两户中，1 户将地租给了别人，还有 1 户免费给邻居种植了。8 户从事农业生产的农户中，有 3 户的收入主要来自于农业，见表 9-16。

在从事农业生产的农户中，户均耕地面积为 1.61 亩，人均耕地面积 0.27 亩。其中耕地以种植棉花和油菜为主，约占各类作物的 84.06%，棉花和油菜各为一季，采取轮作的方式生产，每亩收入约 3 000 元左右。果园户均面积为 0.6 亩，仅有 4 户有果园，每年每户的收入约为 1 000 元。菜园的比例约为耕地面积 5.19%，仅有 1 户有 0.5 亩单独的菜园，每年蔬菜收入约为 3 000 元。征地后，李尚、李凯以及冯清三个家庭的生计来源将受到较大影响，若无其他生活来源则将完全依靠子女赡养，对子女的生计压力也将增大。

表 9-16　各个从事农业的农户农业收入的情况

户主	农业收入占总收入比例	家庭情况
李某甲	100.00%	在家务农，与孩子分家，夫妻年龄在 60 岁以上；孩子均在外打工，经济条件较好，相邻居住
李某乙	99.97%	在家务农，与孩子分家，夫妻年龄在 60 岁以上；孩子均在外打工，经济条件较好，相邻居住

（续）

户主	农业收入占总收入比例	家庭情况
杜某	14.29%	1个人从事农业，1个人在当地镇上做小生意，儿子和儿媳外出打工
钟某	25.00%	3人外出打工，2人从事农业（种棉花和菜），1人上高中
冯某	100.00%	2人从事农业，60岁以上，与孩子分户生活；子女经济条件较好，一起居住
李某丙	33.33%	1人从事农业，2人外出打工
李某丁	16.67%	1人从事农业，并开拖拉机，3人外出打工
李某戊	12.50%	2人外出打工，1人从事农业
刘某	0%	耕地免费给邻居种了
黄某	2.5%	耕地租给邻居种了

3. 对房租收入的影响

对于临街的12户被拆迁农户，都拥有底层可做营业门面的住房，过去有5户向外出租，每月的平均收入为150元，年收入为1 800元。

4. 对其他社会支持网络的影响

涉及征地和拆迁的农户在养老方面的社会支持主要来自于子女供养、种植业和部分铺面租金。对于有耕地的农户来说，种植业目前是最主要的供给来源；对于无耕地的农户而言，依靠子女外出打工收入供给；临街的12户中的5户每月有150元左右的铺面租金。征地后种植业和铺面租金均会受到影响（表9-17）。

表9-17　被调查农户的主要社会支持来源

项目	支持来源	受益农户
养老	子女赡养	李尚、李凯、冯清等的家庭
	种植业（果园、棉花和蔬菜）	有耕地的家庭
	铺面租金	临街的5户
医疗	新型农村合作医疗保险	全部村民
困难补助	民政的相关政策	刘某

5. 对享有公共服务的影响

当地生活用水均纳入城镇供水系统，饮用水为自来水，调查到的涉及拆迁的14户农户均有保障；生活用电供给保障良好。使用能源为煤和罐装煤

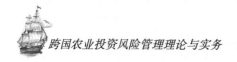

气，拆迁后不会对能源使用造成影响。

当地上小学一般在 Z 镇，上高中在项目县，拆迁重建地位于目前居住区旁，距离不会发生改变。当地小学有校车接送，拆迁后安置点距离公路最近距离为 10 米，最远距离约 300 米，对乘坐校车不会发生影响。

四、法律与政策框架

（一）移民安置主要依据的法律和政策

1. 中央政策

- 《中华人民共和国土地管理法》，1999 年 1 月实施，2004 年 8 月 28 日修订施行
- 《关于深化改革加强土地管理工作的决定》，国务院 2004 年 10 月 21 日发布
- 《关于加强土地调控有关问题的通知》，国务院 2006 年 8 月 31 日发布
- 《中华人民共和国物权法》，2007 年 10 月 1 日起实施
- 《中华人民共和国政府信息公开条例》，2008 年 5 月 1 日起施行
- 《国务院关于深化改革土地管理规定》2006 年第 28 号文件
- 《国务院办公厅关于进一步严格征地拆迁管理工作切实维护群众合法权益的紧急通知》（国办发〔2010〕15 号）
- 《国土资源部关于进一步做好征地管理工作的通知》，国土资源部 2010 年 6 月 26 日发文
- 《关于加强监督检查进一步规范征地拆迁行为的通知》（中纪办〔2011〕8 号）
- 《国有土地上房屋征收与补偿条例》，国务院令第 590 号，2011 年 1 月 21 日施行

2. 项目省人民政府及相关部门颁布的法规政策

- 《项目省土地管理实施办法》（2004 年）
- 《国土资源部关于完善征地补偿安置制度的指导意见》（2004 年 11 月 3 日）

· 《关于公布项目省征地补偿标准的通知》（政发〔2009〕43 号文）
（2009 年）

· 《关于加强农村集体经济组织征地补偿费分配使用监督管理的通知》
（政发〔2008〕15 号）

· 《项目省人民政府办公厅关于发布项目省征地年产值标准的通知》
（政办发〔2005〕47 号）

· 《项目省人民政府办公厅关于发布项目省征地年产值标准的通知》
（政办发〔2005〕47 号）

· 《省人民政府办公厅关于加强农村宅基地管理工作的通知》

· 《项目省农村最低生活保障办法》（省人民政府令第 21 号）

· 《项目省人民政府办公厅转发省劳动保障厅关于做好被征地农民就业
培训和社会保障工作指导意见的通知》

3. 项目市人民政府及相关部门颁布的法规政策

· 《关于公布项目市征地拆迁有关设施补偿标准的通知》（价服〔2007〕
68 号文）

· 《项目市征地房屋拆迁补偿安置办法》（政发〔2007〕11 号文）

· 《项目市农村最低生活保障办法》（市人民政府令第 1 号）

4. 项目县人民政府及相关部门颁布的法规政策

· 《项目县人民政府关于公布项目县征地补偿标准的通知》（政发
〔2010〕5 号）

· 《项目县人民政府征用土地方案公告》（征方字〔2010〕第 5 号）

· 《项目县被征地农民基本养老保险暂行办法》（2011 年，即将正式出
台）

· 《项目县农村最低生活保障办法》（2010 年 6 月）

5. 国际发展机构关于非自愿移民的安置政策

· 国际发展机构业务政策《非自愿移民》及其附件，2002 年 1 月 1 日
起施行

· 国际发展机构业务程序《非自愿移民》及其附件，2002 年 1 月 1 日
起施行

（二）移民安置涉及的相关法律与政策条款摘要

• 《中华人民共和国土地管理法》相关规定

第五十七条　建设项目施工和地质勘查需要临时使用国有土地或者农民集体所有的土地的，由县级以上人民政府土地行政主管部门批准。土地使用者应当根据土地权属，与有关土地行政主管部门或者农村集体经济组织、村民委员会签订临时使用土地合同，并按照合同的约定支付临时使用土地补偿费。

临时使用土地的使用者应当按照临时使用土地合同约定的用途使用土地，并不得修建永久性建筑物。

临时使用土地期限一般不超过二年。

• 《国务院办公厅关于进一步严格征地拆迁管理工作切实维护群众合法权益的紧急通知》（国办发〔2010〕15号）

征地涉及拆迁农民住房的，必须先安置后拆迁，妥善解决好被征地农户的居住问题，切实做到被征地拆迁农民原有生活水平不降低，长远生计有保障。重大工程项目建设涉及征地拆迁的，要带头严格执行规定程序和补偿标准。

• 《国土资源部关于进一步做好征地管理工作的通知》

住房拆迁要进行合理补偿安置。征地中拆迁农民住房应给予合理补偿，并因地制宜采取多元化安置方式，妥善解决好被拆迁农户居住问题。在城市远郊和农村地区，主要采取迁建安置方式，重新安排宅基地建房。拆迁补偿既要考虑被拆迁的房屋，还要考虑被征收的宅基地。房屋拆迁按建筑重置成本补偿，宅基地征收按当地规定的征地标准补偿。

• 《关于加强监督检查进一步规范征地拆迁行为的通知》（中纪办〔2011〕8号）

规定在《土地管理法》等法律法规作出修订之前，集体土地上房屋拆迁，要参照新颁布的《国有土地上房屋征收与补偿条例》的精神执行。

• 《国有土地上房屋征收与补偿条例》，国务院令第590号，2011年1月21日施行

第十九条　对被征收房屋价值的补偿，不得低于房屋征收决定公告之日

被征收房屋类似房地产的市场价格。被征收房屋的价值，由具有相应资质的房地产价格评估机构按照房屋征收评估办法评估确定。

对评估确定的被征收房屋价值有异议的，可以向房地产价格评估机构申请复核评估。对复核结果有异议的，可以向房地产价格评估专家委员会申请鉴定。

房屋征收评估办法由国务院住房城乡建设主管部门制定，制定过程中，应当向社会公开征求意见。

· 《省实施〈中华人民共和国土地管理法〉办法》相关规定

第七条　县（市）、乡（镇）土地利用总体规划应当根据需要划定基本农田保护区、一般农田区、园地区、林业用地区、建设用地区、独立工矿用地区、自然与人文景观保护区、其他用地区等，并明确各分区的土地用途。

第十二条　实行占用耕地补偿制度。非农业建设经批准占用耕地的，占用耕地的单位应当负责开垦与所占耕地的数量、质量相当的耕地；占用耕地的单位没有条件开垦或者所开垦的耕地经验收不合格的，应当按照省人民政府的规定缴纳耕地开垦费。建设单位缴纳的耕地开垦费按照规定作为建设成本，列入建设项目总投资或者生产成本。

第十四条　市、县人民政府应当采取措施，督促占用耕地的单位将被占用耕地的耕作层土壤用于新开垦耕地、劣质地或者其他耕地的土壤改良。

第三十三条　因工程施工、堆料、运输和地质勘查需要临时使用国有土地或者农民集体所有土地的，以及从事种植业、养殖业需要搭建临时建筑的，土地使用者应当根据土地权属与县级以上人民政府土地行政主管部门或者村民委员会、农村集体经济组织签订临时使用土地合同，并按照合同约定支付临时使用土地补偿费。临时使用土地二公顷以下，由县级人民政府土地行政主管部门批准；临时使用土地二公顷以上，由设区的市人民政府土地行政主管部门批准；其中临时使用土地五公顷以上的，应当报省人民政府土地行政主管部门备案。法律、法规规定须事先报经有关部门审核同意的，在报批前，应当先经有关部门同意。临时使用土地的使用者应当按照临时使用土地合同约定的用途使用土地，并不得修建永久性建筑物。临时使用土地的期限一般不超过二年。临时使用土地期满，土地使用者应当退还土地，并恢复土地原状。

· 《项目省人民政府关于公布项目省征地补偿标准的通知》（政发

〔2009〕43 号）

第一，本标准包含土地补偿费和安置补助费两项费用之和。被征收土地上的附着物和青苗补偿，执行市州制订并报省政府批准的补偿标准。

第二，征收集体建设用地、坑塘水面、农村道路及设施农用地等参照执行邻近水田（非基本农田）补偿标准。

第四，各市、县人民政府要根据征地补偿费主要用于被征地农民的原则，制订征地补偿费分配指导意见，确保自征地补偿安置方案公告之日起 3 个月内全额支付征地补偿费。

第五，各市、县要根据当地实际情况确定征地补偿费用于被征地农民社会保障的具体比例和数额。被征地农民社会保障费不落实的不批准征地。

· 《项目省人民政府办公厅关于发布项目省征地年产值标准的通知》（政办发〔2005〕47 号）

青苗补偿政策参照《项目省人民政府办公厅关于发布项目省征地年产值标准的通知》（政办发〔2005〕47 号），其中规定项目县专业菜地的补偿系数为 0.9，专业一类补偿标准为 2 520 元/亩。

· 《项目市项目县人民政府关于公布项目县征地补偿标准的通知》

项目县划分为六类地区，根据《项目省人民政府关于公布项目省征地补偿标准的通知》（政发〔2009〕43 号）公布的标准，分类制定全县统一的最低年产值标准和安置补助费最低标准，各类非农业建设项目征地补偿不得低于相应的征地补偿标准。按区片综合价等级范围共划分为Ⅰ区、Ⅱ区、Ⅲ区、Ⅳ区、Ⅴ区。征地补偿标准为Ⅰ区 40 392 元/亩，Ⅱ区 34 188 元/亩，Ⅲ区 30 834 元/亩，Ⅳ区 28 155 元/亩，Ⅴ区 26 472 元/亩；地类修正系数为：旱地 0.7，经济林 0.55，草地、林地 0.45，园地 0.6。其中，土地补偿费标准为：Ⅰ区 15 147 元/亩，Ⅱ区、Ⅲ区、Ⅳ区、Ⅴ区均为 12 240 元/亩；安置补助费标准为：Ⅰ区 25 245 元/亩，Ⅱ区 21 948 元/亩，Ⅲ区 18 594 元/亩，Ⅳ区 15 915 元/亩，Ⅴ区 14 232 元/亩。《项目县人民政府关于公布项目县征地补偿标准的通知》（政发〔2010〕5 号）。项目县征地补偿标准的区片价为Ⅱ区。

· 《项目县人民政府征用土地方案公告》（征方字〔2010〕第 5 号）

根据《项目县人民政府征用土地方案公告》（征方字〔2010〕第 5 号），

青苗费补偿标准如表 9 - 18：

表 9 - 18　项目县青苗费补偿标准

农作物种类	生长期	补偿标准	农作物种类	生长期	补偿标准
秧苗	√	765 元/亩	棉花	√	700 元/亩

• 《项目县被征地农民基本养老保险暂行办法》（2011 年）

参保范围、对象要求如下：本县城镇（含创元工业区、漳江工业园区）2008 年 9 月 17 日以后发布征地公告和城镇规划区外政府无法进行调地和异地安置的，农村土地依法征用后人均耕地组平少于 0.3 亩，且以家庭为单位享有土地承包经营权的在册农业（村、居民）人口年满 16 周岁以上的，均可参加基本养老保险（以下简称"参保"）。

被征地农民年龄段划分

以征地公告发布之日为界限，根据出生时间，将被征地农民划分为以下三个年龄段：

第一年龄段为男、女均不满 16 周岁。

第二年龄段为女满 16 周岁不满 55 周岁、男满 16 周岁不满 60 周岁。

第三年龄段为女满 55 周岁、男满 60 周岁及以上（其中：第一年龄段被征地农民，按国土部门相关政策享受征地安置补偿费和土地补偿费，待达到就业年龄后参加相关的社会保险。）

参保政策

（一）第二年龄段被征地农民按城乡灵活就业人员身份参保，按以下政策办理：

1. 征地参保时女未满 40 周岁、男未满 45 周岁被征地农民，达到法定退休年龄（女年满 55 周岁、男年满 60 周岁，以下简称"退休年龄"）缴费年限 15 年以上的，可以从征地时起开始按年往后缴纳保险费，也可补缴以前年度养老保险费，增加缴费年限。缴费基数为办理参保时全省平均工资的 60％或 100％，缴费比例为 20％。

2. 征地参保时，女已满 40 周岁，男已满 45 周岁的被征地农民，可按照上述标准一次性补缴基本养老保险费。补缴年限根据参保人年龄确定，即达到国家法定退休年龄时（男满 60 周岁，女满 55 周岁），缴费年限不得少于 15 年。补缴起始时间不早于 1995 年 10 月。

3. 第二年龄段的被征地农民参保后，给予 5 年的养老保险费补贴，补贴标准为缴费基数的 12%。距法定退休年龄 5 年以上的（即男不足 55 周岁，女不足 50 周岁），以后逐年享受补贴；距法定退休年龄 5 年以内的（男满 55 周岁，女满 50 周岁）可往前追补享受和往后续保时享受政府补贴共计 60 个月。

4. 符合被征地农民参保政策的退役军人，其在部队服役期间的军龄视同缴费，但到达退休年龄时实际缴费年限必须满 15 年。

5. 被征地农民已按个体工商户政策参保，由本人出资参保的，同等享受社会保险补贴政策。已达退休并领取养老金的人员，由社保经办机构将补贴资金发放给已退休的参保人员。

6. 参保的被征地农民达到退休年龄时累计缴费年限满 15 年及其以上的，按规定每月发放基本养老金。从办理领取基本养老金手续的次年起，享受国家规定的企业退休人员基本养老金待遇调整政策。

（二）第三年龄段被征地农民按城镇灵活就业人员身份参保，按以下政策办理（表 9-19）：

1. 男已年满 60 周岁、女已年满 55 周岁的被征地农民，本人自愿，可一次性补缴 15 年的基本养老保险费，并从参保的次月起按月领取养老金。

2. 第三年龄段被征地农民补缴养老保险费由个人和政府按比例担负，一次性缴纳。政府补贴办法是：女 55～60 周岁，男满 60 周岁，政府补贴为缴费总额的 20%，男女 61 周岁以上每增加一岁提高补贴 2%，以此类推。

（三）被征地农民参保缴费与待遇享受说明

1. 被征地农民参保享受补贴必须在发布土地征地公布之日起 1 年内办理参保手续，否则视同放弃享受补贴权利，过期如果在要求参保不再享受保险补贴。在有效期内参保，参保人年龄仍按征地公告之日计算，跨年度缴费按新的缴费基数计算。

2. 失地农民未达到退休年龄在缴费期间死亡的，个人缴费额一次性全额退还。

3. 被征地农民办理退休手续后死亡的，未领取完的个人账户额可以继承；符合有关规定的，可以发给丧葬补助费。

表 9 - 19　失地农民已达退休年龄人员养老保险补贴对照表

女　　性					男　　性				
年龄	补贴比例	总缴费额	补贴额	个人缴费总额	年龄	补贴比例	总缴费额	补贴额	个人缴费总额	每月养老金
55	20%	54 000	10 800	43 200						476.65
56	20%	54 000	10 800	43 200						480
57	20%	54 000	108 004	43 200						486.84
58	20%	54 000	10 800	43 200						494.21
59	20%	54 000	10 800	43 200						503.59
60	20%	54 000	10 800	43 200	60	20%	54 000	10 800	43 200	512.37
61	22%	54 000	11 880	42 120	61	22%	54 000	11 880	42 120	523.64
62	24%	54 000	12 960	41 040	62	24%	54 000	12 960	41 040	536.16
63	26%	54 000	14 040	39 960	63	26%	54 000	14 040	39 960	552.31
64	28%	54 000	15 120	38 880	64	28%	54 000	15 120	38 880	570.64
65	30%	54 000	16 200	37 800	65	30%	54 000	16 200	37 800	592.28
66	32%	54 000	17 280	36 720	66	32%	54 000	17 280	36 720	617.42
67	34%	54 000	18 360	35 640	67	34%	54 000	18 360	35 640	651.43
68	36%	54 000	19 440	34 560	68	36%	54 000	19 440	34 560	693.6
69	38%	54 000	20 520	33 480	69	38%	54000	20 520	33 480	754.15
70	40%	54 000	21 600	32 400	70	40%	54 000	21 600	32 400	827.7
71	42%	54 000	22 680	31 320	71	42%	54 000	22 680	31 320	
72	44%	54 000	23 760	30 240	72	44%	54 000	23 760	30 240	
73	46%	54 000	24 840	29 160	73	46%	54 000	24 840	29 160	
74	48%	54 000	25 920	26 080	74	48%	54 000	25 920	28 080	
75	50%	54 000	27 000	27 000	75	50%	54 000	27 000	27 000	
76	52%	54 000	28 080	25 920	76	52%	54 000	28 080	25 920	
77	54%	54 000	29 610	24 840	77	54%	54 000	29 610	24 840	
78	56%	54 000	30 240	23 760	78	56%	54 000	30 240	23 760	
79	58%	54 000	31 320	22 680	79	58%	54 000	31 320	22 680	
80	60%	54 000	32 400	21 600	80	60%	54 000	32 400	21 600	

说明：（1）2011 年全省平均工资为 2 500 元，此对照表按省平均工资 60% 计算（2 500×60%＝1 500元）。（2）不分男女从 61 岁起，年龄每增加一岁起递增补贴 2%，以此类推。（3）养老金根据企业职工调待政策调整。（4）以上数据是按 2011 年全省平均工资水平为依据计算，以后年度缴费额和待遇将根据省平均工资调整而调整。

·《项目市征地房屋拆迁补偿安置办法》（政发〔2007〕11号）

第七条 根据区位条件和经济发展水平确定征地房屋拆迁补偿标准。补偿后的房屋由具体实施房屋拆迁补偿安置工作的单位按照有关规定组织拆除。

第八条 拆迁土地使用证上载明用途为生产（经营）用地的个体工商户自有营业或生产用房，对其合法建筑面积按同类结构的住宅房屋拆迁补偿标准增加150%补偿（不再安排重建和给予其他安置）；载明用途为住宅而擅自改变为生产、经营用房的，按住宅房屋拆迁补偿标准补偿。

第九条 征地房屋拆迁安置以当地人民政府关于集体土地上建设住宅房屋的有关规定为依据，由土地行政主管部门具体负责对被拆迁人进行住房安置资格审查、审定，并予以公示。

第十一条 对符合住房安置资格的被拆迁人的住房安置，采取异地集中联建安置、公寓式安置或货币安置三种方式。市城市规划区内的征地房屋拆迁，分区域采取异地集中联建安置、公寓式安置或货币安置，公寓式安置的具体实施意见和办法另行制定；市城市规划区外的征地房屋拆迁，一般采取异地集中联建安置或货币安置两种方式。

第十三条 属于重建安置的，由被拆迁人按当地规划、土地行政主管部门批准的要求自行修建住房，国家建筑规范内的房屋基础部分由被拆迁人承担。

第十四条 拆迁下列建（构）筑物不予补偿：

（一）违法违章建（构）筑物以及非法买卖的建（构）筑物；

（二）超过批准期限的临时建（构）筑物；

（三）在拟征收土地告知或征收土地公告发布后抢修抢建的建（构）筑物（含房屋内外装饰装修部分）。

第十八条 拆迁经规划、土地行政主管部门依法批准修建或改造的住宅房屋，对利用其住宅房屋做营业门面或家庭作坊（面积以批准的建筑面积为准），并持有有效营业执照且依法纳税的，给予房屋所有权人经营损失补偿（拟征收土地告知后领取证件的不予补偿）。

拆迁经规划、土地行政主管部门依法批准修建或改造的住宅房屋，对利用其住宅房屋出租，有房屋出租备案手续、房屋出租协议（合同）且依法纳税的，根据其实际出租面积给予房屋所有权人房屋出租经营损失补偿（拟征收土地告知后领取证件和签订协议或合同的不予补偿）。

第十九条　拆迁住宅房屋应支付被拆迁人搬家费。搬家费以被拆迁户为单位，按常住人口计算。重建安置或公寓式安置的被拆迁户，计算两次搬家费；货币安置的被拆迁户，只计算一次搬家费。

第二十条　拆迁住宅房屋应支付被拆迁人过渡费。过渡费以被拆迁户为单位，按月计算。重建安置的按六个月计算过渡费；公寓式安置的按被拆迁人交出被拆迁房屋之日起至领取到安置房止，再增加三个月计算过渡费；货币安置的按三个月计算过渡费。

第二十一条　拆迁非住宅房屋的搬家费和过渡费按被拆迁房屋面积一次性计发搬家费和过渡费。

第二十四条　对在规定期限内交出房屋、腾出土地的被拆迁人，按拆除房屋面积，给予按时搬迁奖。

为鼓励提前搬家腾地，对自搬迁规定期限首日起 15 日内搬家腾地的被拆迁人，给予提前搬家奖。其中，7 日内搬家腾地的，给予每户 3 500 元的奖励；10 日内搬家腾地的，给予每户 2 000 元的奖励；15 日内搬家腾地的，给予每户 1 500 元的奖励。

第二十七条　申请征地房屋拆迁的单位应将房屋拆迁补偿安置费用（包括工作费用）在征地补偿安置方案公告后 10 个工作日内一次性支付给从事房屋拆迁补偿安置的工作机构，实行专款专用，不得挪作他用。

·国际发展机构关于非自愿性移民安置的业务政策和程序（OP4.12 和 BP4.12）对非自愿性移民安置政策做出了详细规定，与本项目相关的主要条款包括：

移民安置的政策目标

（一）应探讨其他所有可行的项目设计方案，尽可能避免或减少非自愿移民。

（二）如果避免移民安置行不通，移民安置活动应作为可持续发展方案来构思和执行，提供充分的投资资金，使因该项目而被迫移民的人能够分享项目的利益。应与移民进行认真的商洽，他们应有机会参与移民安置方案的规划和实施。

实现目标的措施

（三）移民安置规划或移民政策框架吸纳相应措施，确保：①移民了解自己在移民安置问题上的选择权和其他权利；②就技术和经济上的可行性备选方案和移民进行协商，向他们提供选择机会和这些方案；③利用全部再安置成本，为移民提供迅速有效的赔偿，抵消由项目造成的直接财产损失。

（四）如果影响包括实物的搬迁，则移民安置规划或移民安置政策框架吸纳相应措施，确保：①在搬迁期间为移民提供援助（如搬迁补贴）；②为移民提供住房或房址，或根据要求提供农业生产场所，且农业生产场所的生产潜力、位置优势及其他因素综合考虑至少和原场所的有利条件相当。

（五）如果有必要实现政策的目标，移民安置规划或移民安置政策框架还应吸纳相应措施，确保：①在搬迁后，根据恢复移民生计和生活水平可能需要的时间，合理估算出过渡期，在此过渡期内为移民提供支助；②还要为移民提供发展援助，例如整地、信贷服务、培训或就业机会。

另外，应该特别关注移民中弱势群体的需要，尤其是那些处于贫困线之下的人、没有土地的人、老年人、妇女和儿童、土著人民、少数民族，或是可能无法受到国家土地补偿法规保护的其他移民。

对于靠土地为生的移民，应当优先考虑以土地为基础的移民安置战略。这些战略可能包括将移民安置在公共土地或为安置移民而收购的私人土地上。无论什么时候提供替换土地，向移民提供的土地的生产潜力、位置优势和其他因素至少应该等同于征收土地以前的有利条件。如果移民并没有将土地作为优先考虑的方案，如果提供的土地将对公园或保护区的可持续性造成不利的影响，或者无法按照合理的价格获取足够的土地，除了土地和其他财产损失的现金补偿，还应另行提供不以土地为基础而以就业或自谋生计的机会为中心的方案。如果缺乏充足的土地，应当按照银行的要求予以说明和记录。

为财产损失支付现金补偿可能适用的条件为：①依附土地为生，但是被项目所征用的土地只是受损财产的一小部分，剩余部分在经济上能够独立发展；②存在活跃的土地、住房和劳动市场，移民利用这类市场，土地和住房的供应充足；③不依附土地为生，现金补偿水平应当足以按照当地市场的足额替换成本，补偿损失的土地和其他财产。

向移民及其社区，以及任何接纳他们的主社区提供及时、相关的信息，就移民安置方案与他们进行协商，并向他们提供参与规划、实施和监控移民安置的机会。为这些群体建立相应的、方便的申诉机制。

在新的移民安置地点或主社区，提供必要的基础设施和公共服务，以便改善、恢复或保持移民和接纳社区的通达程度和服务水平。提供可替代的或类似的资源，以便补偿可供使用的社区资源的损失（如渔区、牧区、燃料或草料）。

根据移民的选择建立与新环境相适应的社区组织模式。在可能的情况下保存移民以及任何主社区现有的社会和文化体制，尊重移民关于是否搬迁至已形成社区的意见。

（三）适合于本项目的政策

1. 集体土地征收补偿政策

根据《省实施〈中华人民共和国土地管理法〉办法》相关规定，非农业建设经批准占用耕地的，占用耕地的单位应当负责开垦与所占耕地的数量、质量相当的耕地；占用耕地的单位没有条件开垦或者所开垦的耕地经验收不合格的，应当按照省人民政府的规定缴纳耕地开垦费。建设单位缴纳的耕地开垦费按照规定作为建设成本，列入建设项目总投资或者生产成本。根据《项目省人民政府关于公布项目省征地补偿标准的通知》（政发〔2009〕43号）本标准包含土地补偿费和安置补助费两项费用之和。被征收土地上的附着物和青苗补偿，执行市州制订并报省政府批准的补偿标准。

根据《项目县人民政府关于公布项目县征地补偿标准的通知》（政发〔2010〕5号），原东村受征地属于项目县征地补偿区域范围的Ⅱ区。经过项目县Z镇政府、商务局与村民充分协商后决定，本项目按照水田进行补偿，征地补偿标准为34 188元/亩，其中土地补偿费为12 240元/亩，安置补助费标准为21 948元/亩。

青苗费的补偿标准可依据《项目省人民政府办公厅关于发布项目省征地年产值标准的通知》（政办发〔2005〕47号）以及《项目县人民政府征用土地方案公告》（征方字〔2010〕第5号）的相关政策。

2. 农村房屋拆迁补偿政策

《国土资源部关于进一步做好征地管理工作的通知》规定，在城市远郊和农村地区，主要采取迁建安置方式，重新安排宅基地建房。拆迁补偿既要考虑被拆迁的房屋，还要考虑被征收的宅基地。房屋拆迁按建筑重置成本补偿，宅基地征收按当地规定的征地标准补偿。《关于加强监督检查进一步规范征地拆迁行为的通知》（中纪办〔2011〕8号）规定，在《土地管理法》等法律法规作出修订之前，集体土地上房屋拆迁，要参照新颁布的《国有土地上房屋征收与补偿条例》的精神执行。

根据《项目市征地房屋拆迁补偿安置办法》（政发〔2007〕11号）第二条规定，需要使用原农村集体经济组织因征收土地其成员全部转为城镇居民后的剩余土地时，其地上建（构）筑物的拆迁安置补偿标准按本办法执行，房屋拆迁补偿费按合法建筑面积结合成新进行计算。房屋补偿费根据该政策规定的不同房屋类别的标准执行。本办法附件中所列各类补偿、补助标准的调整，由市国土资源、物价部门根据经济社会发展的实际拟定，报市人民政府批准后公布实施。

第十九条规定，拆迁住宅房屋应支付被拆迁人搬家费。搬家费以被拆迁户为单位，按常住人口计算。重建安置或公寓式安置的被拆迁户，计算两次搬家费；货币安置的被拆迁户，只计算一次搬家费。第二十条规定，拆迁住宅房屋应支付被拆迁人过渡费。过渡费以被拆迁户为单位，按月计算。重建安置的按六个月计算过渡费；公寓式安置的按被拆迁人交出被拆迁房屋之日起至领取到安置房止，再增加三个月计算过渡费；货币安置的按三个月计算过渡费。第二十一条规定，拆迁非住宅房屋的搬家费和过渡费按被拆迁房屋面积一次性计发搬家费和过渡费。

第十三条规定，属于重建安置的，由被拆迁人按当地规划、土地行政主管部门批准的要求自行修建住房，国家建筑规范内的房屋基础部分由被拆迁人承担。第二十二条规定，对符合住房安置资格，只有一处房屋，且被拆迁房屋面积小、结构等次低，选择重建安置的被拆迁户，建房确有困难的，给予建房补贴。

3. 营业门面拆迁补偿政策

根据《项目市征地房屋拆迁补偿安置办法》（政发〔2007〕11号）第十八条规定，拆迁经规划、土地行政主管部门依法批准修建或改造的住宅房屋，对利用其住宅房屋做营业门面或家庭作坊（面积以批准的建筑面积为准）。拆迁经规划、土地行政主管部门依法批准修建或改造的住宅房屋，对利用其住宅房屋出租，有房屋出租备案手续、房屋出租协议（合同）且依法纳税的，根据其实际出租面积给予房屋所有权人房屋出租经营损失补偿（拟征收土地告知后领取证件和签订协议或合同的不予补偿）。

4. 影响专项设施和地面附着物补偿政策

受项目影响的所有专项设施将根据要求进行复建，项目实施单位将根据与专业项目主管部门协商后的补偿金额予以补偿或列入本项目工程预算，在建设中按照"原功能、原规模、原标准"予以恢复重建。

地面附属物将按照重置价的标准直接补偿给产权人。

5. 临时占地补偿政策

临时使用农民集体所有土地的，由土地所在地社区的市、县人民政府土地行政主管部门批准。土地使用者应当根据土地权属，与土地行政主管部门或者农村集体经济组织、村民委员会签订临时使用土地合同，并按合同的约定支付临时使用土地补偿费。

临时用地的使用者应当按照临时使用土地合同约定的用途使用土地，不得修建永久性建筑物。临时使用土地届满，由临时用地的单位和个人负责恢复土地的原使用状况；无法恢复而造成损失的，应当承担相应的经济补偿责任。

临时使用土地期限一般不超过二年。

6. 失地农民的社会保障政策

《项目省人民政府关于公布项目省征地补偿标准的通知》（政发〔2009〕43号）规定，各市、县要根据当地实际情况确定征地补偿费用于被征地农民社会保障的具体比例和数额。被征地农民社会保障费不落实的不批准征地。

根据《项目县被征地农民基本养老保险暂行办法》（2011年）规定，Z镇已经被纳入失地农民的社会保障政策范畴：①被征地农民参保享受补贴必须在发布土地征地公布之日起1年内办理参保手续，否则视同放弃享受补贴权利，过期如果在要求参保不再享受保险补贴。在有效期内参保，参保人年龄仍按征地公告之日计算，跨年度缴费按新的缴费基数计算。②失地农民未达到退休年龄在缴费期间死亡的，个人缴费额一次性全额退还。③被征地农

民办理退休手续后死亡的，未领取完的个人账户额可以继承；符合有关规定的，可以发给丧葬补助费。

五、补偿标准

本《移民安置行动计划》所列征地拆迁各类补偿标准，是在深入调查研究的基础上，以中华人民共和国以及项目省相关法律、法规和国际发展机构非自愿移民业务指南为依据，以让受影响人口生活水平在安置后短期内得到恢复和提高为目标，并与项目县各区受影响单位、个人和当地政府有关部门充分协商之后拟定的。

（一）集体土地征收补偿标准

征用农村集体土地的补偿费用包括土地补偿费、安置补助费及地上附着物补偿费以及上缴国家的税费。

在移民安置调查以及制定安置计划的过程中，项目县 Z 镇政府、商务局、国土局拆迁事务所与受征地影响的村进行了深入沟通，协商适用于本项目的征地补偿基数。根据本项目征地区域内被征土地的类别、产值、土地区位、农用地等级、人均耕地数量、土地供求关系、当地经济发展水平等多方面的因素，制定了征地区域统一的补偿基数。

根据项目县人民政府关于公布项目县征地补偿标准的通知（〔2010〕5号），原东村受征地属于项目县征地补偿区域范围的Ⅱ区。经过项目县 Z 镇政府、商务局与村民充分协商后决定，本项目征地按照水田进行补偿，征地补偿标准为 34 188 元/亩，其中土地补偿费为 12 240 元/亩，安置补助费标准为 21 948 元/亩（表 9 - 20）。

表 9 - 20　项目县征地补偿标准

类别	土地补偿费和安置补助费	金额（元/亩）	合计（元/亩）	依据文件
旱地、园地、菜地、非耕地	土地补偿费	12 240	34 188	〔2010〕5 号
	安置补助费	21 948		〔2010〕5 号

工程施工将于 2012 年 7 月，届时耕地作物正属于生长期，经与村民协商，青苗费补偿标准如表 9 - 21。

表 9 - 21 项目县青苗费补偿标准

农作物种类	单位	补偿标准
秧苗	元/亩	765
棉花	元/亩	700
菜地青苗	元/亩	2 520

（二）农村房屋拆迁补偿标准

本项目的农村住宅房屋拆迁补偿款以房屋建筑面积为测算依据，补偿费包括房屋拆迁补偿款、装修补偿款、搬家费、过渡费和提前搬家奖励费，以及附着物补偿费等。根据项目办和移民安置规划专家组和村民的协商，根据房屋的重置价格，同时考虑到拆迁户的经济承受能力，房屋拆迁的补偿标准见表 9 - 22。

表 9 - 22 项目县征地房屋拆迁补偿法律标准

补偿类别	类别		单位	补偿标准
房屋拆迁补偿标准	砖混	一类	元/平方米	1 060
		二类	元/平方米	1 000
	砖木	一类	元/平方米	1 000
		二类	元/平方米	1 000
	偏屋类		元/平方米	140
	猪舍、杂屋类		元/平方米	90
设施补偿标准	手压井/机井		元/台	500
	水泥坪		元/平方米	24
	热水器		元/台	100
	空调		元/台	60
其他费用	搬家费		元/户	400（三人以上户每增加一人，增加 100 元）
	过渡费		元/户·月	300（三人以上户每增加一人，增加 100 元）
	重建误工费		元/户·月	1 000（按三个月计算）
	按时搬迁奖		元/平方米	10

以上各类房屋的补偿标准系指拆迁在集体土地上所建房屋的征收补偿单价。房屋拆迁补偿费按合法建筑面积结合成新进行计算。经协商，其他可拆迁并不需要安装的附属设施的补偿经费纳入搬迁费中。

拆迁住宅房屋、拆迁非住宅房屋的搬家费、重建过渡费及重建误工补偿标准以及按时搬迁奖励标准见表 9-22。经过项目县商务局、Z 镇人民政府、移民安置小组与村民数次讨论和协商，搬家费、过渡费和重建误工费均不低于此标准，具体标准根据家庭拥有资产数量等具体计算。上述房屋补偿标准比《项目市征地房屋拆迁补偿安置办法》（政发〔2007〕11 号）规定标准要高。具体分析过程如下。

随着近年来建材价格和劳动力价格上涨，居民和项目安置办公室均认为目前的补偿安置价格低于重置房屋价格，按照村民希望建设的砖混房屋标准，经过评估机构评估，根据《国土资源部关于进一步做好征地管理工作的通知》要求，房屋拆迁按建筑重置成本补偿，宅基地征收按当地规定的征地标准补偿。重置价格如表 9-23。

表 9-23　砖混房屋重置造价分析表

类别	单价（元/平方米）	小计（2 层楼，120 平方米/层）
水泥	80	19 200
沙卵	70	16 800
钢材	120	28 800
环保砖	100	24 000
木材	60	14 400
门窗	70	16 800
水电	60	14 400
人工	160	38 400
装饰	200	48 000
总计	920	220 800

根据相关建筑设计人员估计，2011 年房屋重置价格为 920 元/平方米，高于《项目市征地房屋拆迁补偿安置办法》（政发〔2007〕11 号）规定标准，即使计上房屋的各类附属物，其补偿费用只达到 560 元/平方米，不足以满足房屋重置修建费用。

经过项目县商务局、Z 镇人民政府、移民安置小组与村民数次讨论和协商，砖混一类补偿标准调至 1 060 元/平方米（包含对附属设施，房屋拆除的相关建材和其他附属设施由村民自行处置），砖混二类、砖木一类的补偿标准调至 1 000 元/平方米（包含对附属设施的补偿，房屋拆除的相关建材和其他附属设施由村民自行处置）。新协商的砖混一类和砖混二类的标准目前当地的砖混房屋重置价 920 元/平方米。房屋重建的宅基地由承建单位征收其他用地安置。偏屋和杂屋按照瞄准进行补偿，猪舍按照杂屋的标准进行补偿。

（三）营业门面拆迁补偿

门面拆迁补偿涉及租客的续租以及门面拆迁的补偿，具体补偿标准如下：

当地居民有 5 户将楼底房屋出租，每月租金平均为 150 元，拆迁将影响租客的续租。根据《项目市征地房屋拆迁补偿安置办法》（政发〔2007〕11 号），并经过项目县商务局、Z 镇人民政府、移民安置小组与村民数次讨论和协商，房屋出租的按每月 150 元，补足 1 年的租金，合计每户 1 800 元。

拆迁损失铺面房的农户，以即将在马路对面开发的商铺铺面作为补偿，门面调门面安置，现有 1 个门面的安置 1 个门面，现有 2 个门面及以上的安置 2 个门面；超过部分按 1 个门面补差 5 000 元进行补偿。

门面置换的费用将由政府投资的安置房项目支付，将不纳入本项目计算。

上下街改造将拆除临街 56 户商户在人行道上搭建的临时活动售货棚（该活动售货棚未经法律和行政许可在人行道上临时搭建），根据对商户的调查和协商，最终达成一致意见，业主单位将提前 6 个月告知商户施工时间，由商户自行拆除，改造不涉及对其经营的补偿。

（四）其他附着设施的补偿费

有关果园中的果树以及农户房屋拆迁中的附属物的补偿费，经过商务局、Z 镇人民政府与村民的协商，所涉及的橘树补偿标准见表 9-24：

表 9 - 24　橘树补偿标准

直径 （厘米）	高度 （米）	冠径 （米）	征收补偿标准 （元/株）	备　注
φ8 以上	1.8 以上	φ1.5 以上	45	1. 直径、高度、冠径其中二项达到标准，可按该标准规定予以补偿 2. 直径：取树高离地三分之一处的直径 3. 冠径：取树枝、树叶水平投影的平均直径 4. 表中的"以上"，均不含本数；表中的"以下"，均含本数

另外有关行道树是由 Z 镇建设环保站栽植，经过 Z 镇人民政府与 Z 镇建设环保站商定，对 525 棵行道树将移栽至其他公共用地，不涉及补偿问题。自来水水管管网拆迁后的重建纳入工程中，将居民供水改造成 250 管径的 PE 供水主管，埋设位置为南侧人行道下，不纳入移民安置恢复补偿。

ZX 治理将拆除临街居民在河道内开垦的菜地，河道属于国有用地，菜地的开垦未获得法律许可和行政许可，不涉及补偿问题。

（五）临时占地补偿费

本项目建设过程中的垃圾将由 Z 镇人民政府提供中心路坑塘以及当地废弃的垃圾填埋场处置，因此本项目尚未涉及临时占地。

项目执行中，一旦涉及相关临时占地，临时占地补偿费由项目施工单位直接支付给受影响人口，受影响人自己负责土地复垦。

六、移民生产与生活恢复方案

（一）移民安置目标

对项目工程影响进行合理补偿、妥善安置，确保移民能够得到他们全部损失的补偿，良好恢复使他们能分享项目的效益，并对他们暂时性的困难给予补助，使他们的收入水平和生活标准及企业的生产、获利能力得到提高或至少使其真正恢复到项目开始前的较高水平。

（二）移民安置原则

1. 尽力减少移民影响原则

优化项目设计，注意保护耕地，以尽可能地减少项目的受影响范围，使移民影响减至最少。尽量避开人口稠密区或多层、高层建筑物，将非自愿移民减少至最低程度。施工中采用各项便民措施和减少扰民的施工方案。

2. 等价补偿原则

为确保移民的生活水平不因项目而下降，将实行等价补偿原则。它包括两个方面：一是财产按重置成本补偿，二是其他损失按对等补偿，即移民损失多少、补偿多少。

（1）农业土地被征用或占用时，所有损失将得到合理的补偿，所获补偿将支付受影响人，不可挪作他用。土地补偿费归农村集体组织所有，用于发展集体经济、改善公益设施、安置受影响村民；安置补助费支付给安置单位，或被安置人员个人，或支付被安置人员的保险费用。

（2）房屋或其他财产的补偿为重置价，不应扣除折旧或其他形式的折扣。补偿可采用货币补偿方式，也可采用实物补偿方式。不论是货币补偿还是实物补偿（如产权调换）应至少满足在相同地区购买相等面积、相似结构、相近条件的房屋。

（3）公共设施将全面得到恢复，其功能至少不低于原有的水平，以保持项目建设范围周边未搬迁人的正常生活。

（4）对暂时受项目影响的移民及部分财产受损失而无需搬迁的移民，也将得到等价补偿。

3. 关注重点原则

（1）项目将关注弱势群体（无成年子女同住的老人、寡妇、单亲家庭、残疾人、慢性病人及贫困家庭），在搬迁时，帮助他们选择安置房屋并协助其半价，将给予优惠政策，如住房、就业、医疗等方面的合理照顾。在搬迁后也将进行定期的回访，对其特殊的困难给予帮助，直至移交给当地的民政部门为止。

（2）项目将策划开发性的搬迁，调动当地政府的力量做好移民就业培训并尽可能创造就业机会，使移民能在短期内适应安置点的环境，并在经济上

自力更生，及时将移民安置的责任从安置机构转交给移民本身。

（3）项目将力求移民安置成本效益最大化，努力提高移民安置机构的移民安置工作能力，规范移民安置工作行为，建立完善的内部控制机制，防止资金的浪费、截留、舞弊与腐败，以尽可能使用好移民安置资金，达到最好的安置效果。

（三）移民安置方案

1. 永久性征地影响安置

项目影响区 16 户农户中，10 户有耕地，农业收入占总收入的 13%，总体来说，项目对当地农民的短期生计不大。目前 Z 镇人民政府和村民协商制定的相关安置办法如下：

将土地补偿费用和青苗补偿费直接补偿到农户。

农产品交易物流中心所涉及的征地农户因此将成为完全失地农民，其中 3 户完全以农业为产业的农户李尚、李凯以及冯清三个家庭的成员均满 60 岁，符合缴纳条件，若现在参加，那么女性至少可领取养老金 476.65 元/月，男性至少可领取 512.37 元/月，足以满足生计需要。缴纳养老保险采取自愿原则。根据符合"项目县被征地农民参加基本养老保险政策"规定"农村土地依法征用后人均耕地组平少于 0.3 亩，且以家庭为单位享有土地承包经营权的在册农业（村、居民）人口年满 16 周岁以上的，均可参加基本养老保险（以下简称'参保'）。根据 2011 年新出台《项目县被征地农民基本养老保险暂行办法》（尚未公布，资料来源于项目县社会劳动保险事业管理处），Z 镇已经被纳入被征地农民养老保险参保范围，该地区农户土地被征用后可以参加养老保险。经县商务局、Z 镇人民政府与村民初步商定，参保缴纳金额由个人、政府以及承建单位共同承担，失地居民缴纳规定金额的三分之一，为 18 000 元/人。当地耕地被征用的居民有 10 户，人均耕地面积 0.958 亩，征地补偿标准为 34 188 元/亩，10 户被征地农户人均补偿金额约为 32 763.5 元。总体而言，土地补偿金额足够当地居民的养老保险缴费额。

农产品交易物流中心项目建成后，将优先吸纳当地失地农民就业，对于原从事农业生产、无相关技能的失地农民，优先安排在物流中心的服务性工作；目前原东村村委会与 Z 镇人民政府达成初步意向，建成后安排村民参与物流中心的门卫、清洁卫生等工作。

对于拆迁户而言，除了给予门面的产权置换外，房屋重建地址位于农产品交易物流中心旁，目前农户也计划将住房底层建设为门面房，一旦物流中心建成，人流量增加，农户重建安置房可成为农户新的房租来源，这将弥补因征地而造成的生计影响。

2. 房屋拆迁户的安置

对房屋拆迁户进行妥善安置，是项目移民安置办公室一直最为重视的内容之一，也是与受影响人口进行反复协商的议题。2010 年 11 月至 2011 年 7 月，项目移民安置办公室在受拆迁影响人群中进行了广泛而深入的调查和协商，了解被拆迁家庭安置意愿，针对他们的意见和要求，制定相应的安置政策和措施。

根据协商结果，本项目对拆迁户的安置将采取以下方式进行：

目前所有农户均同意就近重建安置，同时对拆迁的营业门面采取产权置换方式补偿。目前铺面收入仅占总收入的 0.71%，预计将来农产品物流中心区域此处将成为 Z 镇重要的商品市场集散地，铺面有较大的升值潜力，预期能够成为居民生计的重要来源之一。

重建安置将在现居住农户左后侧临公路边土地，集中联建安置，距离原宅基地最远不超过 300 米，目前已经达成征地意愿。同时，就近重建安置可以保证村民的邻居不发生改变，能够确保居民的社会融入。

重建安置宅基地属于原东村，安置地目前为耕地，将由县城投公司按照征收耕地补偿标准给付补偿款，土地产权仍为集体所有，农户拥有使用权。

宅基地的选择通过抓阄来完成，宅基地面积为 220 平方米/户，有 12 户已经参与了项目选址抓阄。

房屋拆迁补偿费按照砖混一类和砖混二类、砖木进行补偿，砖混一类补偿标准为 1 060 元/平方米（包含对附属设施的补偿，房屋拆除的相关建材和其他附属设施由村民自行处置），砖混二类、砖木一类的补偿标准为 1 000 元/平方米（包含对附属设施的补偿，房屋拆除的相关建材和其他附属设施由村民自行处置）；土木结构住房拆迁后重置均按照砖木结构进行补偿，补偿金额为 1 000 元/平方米。

搬迁搬家费、重建过渡费及重建误工补偿标准根据《项目市征地房屋拆

迁补偿安置办法》标准执行。

3. 营业门面拆迁安置

农产品交易物流中心拆迁将涉及农户住房作门面使用的补偿，经过Z镇人民政府在实物量调查的基础上与农户长期协商后，达成一致意见，临街村民的住房底层均按照门面进行补偿。补偿方案如下：

门面补偿方案按照对所拆迁的房屋按照面积调面积的原则进行安置，面积超过部分和不足部分按县廉租房价格进行货币差价补差，门面调门面安置，现有1个门面的安置1个门面，现有2个门面及以上的安置2个门面，超过部分按1个门面补差5 000元进行补偿。补偿门面位置位于农产品交易物流中心临街对面20米处。预计农产品交易物流中心建成后将吸纳大量商户入住和劳动力就业，这将带动周边的经济发展，门面安置方案有利于保持村民可持续的生计。

Z镇上下街改造则将拆除56户商户在人行道上搭建的活动售货棚；货棚所占用的人行道为公共用地，道路建设后将改造，由于在人行道上搭建的临时售货棚未获得法律许可或行政许可，本项目不涉及补偿问题。但业主单位将在项目施工前6个月告知商户施工计划，以便商户做好准备，售货棚均为简易活动棚，拆除方便易行。上下街改造后，将改善营业单位的经营环境，有利于提升当地的购物环境和门面价值。

4. 受影响的基础设施和地面附着物

受影响的基础设施和地面附着物由项目单位给产权单位补偿后，由产权单位恢复重建。对受影响的市政公用设施，拆迁人根据本项目施工图进行拆迁，以不影响工程施工为原则，尽量减少迁移。对受影响管道线路的迁移，拆迁人在保证不影响沿线居民（包括无需搬迁的居民）的正常生活前提下，实行先重建（或迁移）后拆除。总体恢复方案如下：

上下街改造的过程中为了尽量避免给当地居民生活带来负面影响，目前计划不拆除电线杆、变压器、通信电缆等设备设施。

上下街改造所涉及的525棵行道树（荷花玉兰）由镇政府移栽至公共用地。根据Z镇人民政府的计划，移栽行道树的经费不纳入安置计划中。

上下街改造涉及自来水水管管网拆迁的有3 900米，将直接纳入上下街改造预算，由工程将居民供水改造成250管径的PE供水主管，埋设位置为南侧人行道下。该项改造要解决当前水压不够、居民生活用水紧张的问题。

橘树的补偿将按照每株 45 元的价格补偿给农户。

ZX 治理拆除临街居民在河道内开垦的菜地，河道属于国有用地，菜地的开垦未获得法律许可和行政许可，不涉及补偿问题。但经过业主单位和居民的协商，业主单位将提前半年告知临溪居民项目施工时间，以便居民在施工前收获相关的农作物。

5. 受影响弱势群体的安置和恢复

该项目在农产品交易物流中心建设中涉及弱势群体 4 人，共 2 户。对于被拆迁脆弱群体家庭，除了其可自愿参加实地农民养老保险外，各级移民安置部和基层政府将给予特殊的帮助和照顾。主要措施有：

对于只涉及征地的困难户李某乙家庭，房屋 1 层 3 间，破旧，不临边，项目办出于照顾，与其商定将其列为被拆迁户，鼓励其原地修建，改善其居住环境，底层修建为小型门面房，并补偿拆迁费 15 万元；该金额可以满足其修建 2 层 4 间的楼房，底层可作为铺面使用。

对于伤残人士，如刘某，项目办积极与民政部门协商，为其申请免交新型农村合作医疗保险费，并适当给予困难补助。

项目建成后，Z 镇人民政府将优先安排困难家庭成员在农产品物流交易中心就业，目前暂定的岗位是看门和清洁卫生类服务性岗位。

6. 移民培训

除了上述保证被拆迁和征地农户的措施外，本项目还将为当地村民举行符合物流园区就业需求的职业培训，预计涉及的 16 户农户中将有 20 人左右参加，平均每户至少有一个人员可以参加相关的培训。涉及的内容有厨艺、现代物流与农产品流通专业合作社法人、收银员培训、物流园区服务人员及管理人员培训、餐饮服务人员及管理人员培训、劳动法和计算机等。

表 9-25　移民培训计划表

序号	时　间	地　点	方　式	对　象	内　容
1	2011 年 12 月	职业技术学校	技校培训	受影响人	厨艺
2	2012 年 1 月	职业技术学校	技校培训	受影响人	收银员培训

（续）

序号	时 间	地 点	方 式	对 象	内 容
3	2013 年 12 月	职业技术学校	技校培训	受影响人	现代物流与农产品流通专业合作社法人
4	2013 年 12 月	职业技术学校	技校培训	受影响人	物流园区服务人员及管理人员培训
5	2013 年 12 月	职业技术学校	技校培训	受影响人	餐饮服务人员及管理人员培训
6	2013 年 12 月	职业技术学校	技校培训	受影响人	劳动法
7	2014 年 1 月	职业技术学校	技校培训	受影响人	计算机
8	其他不定期技术指导	受影响人	待定		

项目县和 Z 镇人民政府将为项目提供培训经费，每人次培训费用为 1 200 元，每次 1 周，预计共 20 人，共 24 000 元。

七、公众参与

（一）公众参与战略

依据国家、省、市有关临时占地补偿政策和法规，为维护移民合法权益，减少不满和争议，针对本项目的性质，进一步制定好项目临时占地补偿的有关政策和实施细则，编制好移民安置计划，做好实施组织工作，以实现妥善安置移民的目标，本项目在移民安置政策制定、计划编制和实施阶段，都将十分重视移民参与和协商，广泛听取移民的意见。

在项目准备阶段进行可行性研究时，项目办公室已经多次征求项目省项目市政府、项目县政府、人大、政协、群众团体、项目影响人群等对项目的移民安置工作的建议和意见。

由于本项目近涉及 16 户农户永久征地和拆迁，所以程序相对简单。但今后还将采取下列程序和方式鼓励公众参与和协商：

·利用传媒工具宣传报道项目移民安置政策

在报纸上发布信息，在相关政府部门网站上发布工程的影响和移民安置政策。

·发布临时占地公告

公告的主要内容：项目的简要概况、占地范围、移民安置政策（含补偿标准）、移民安置负责的机构、实施时间表、移民的权利和义务、抱怨和申诉、监测评估等。

·移民安置计划公开

将移民安置计划在国际发展机构项目评估之前提交给项目县政府、Z镇政府，让移民能够查阅。Z镇政府将在项目实施之前在当地报纸上刊登公告予以说明移民安置计划查阅地点。

·移民信息册

将移民计划中的主要部分编写成移民信息册，在实施之前将移民信息册发放到移民手中。移民信息册的主要内容有：项目概况、项目影响、补偿政策、实施机构、申诉渠道等。

（二）公众参与调查

2011年7月，移民评估小组对项目影响区的社会经济及移民安置方案进行普查，项目省项目县Z镇国际发展机构贷款经济综合开发示范镇项目领导小组以及相关的各个层级组织了公众意见及建议调查，该调查对象包括对县市级、乡镇级、村级以及移民四个利益相关层级，力求全面了解以及收集各方材料和观点意见。在进行普遍调查期间，邀请镇、村、组负责人及移民代表参与调查工作，并向他们宣传了有关工程建设的必要性、工程效益、工程影响、补偿原则及移民安置进度等，共同商讨移民安置最佳方案。调查结果详见表9-26。

表9-26 公众参与活动时间表

目 的	内 容	时 间	地 点	参与人员
社会经济调查时的项目影响	项目影响各类实物指标的数量以及项目的征地拆迁量初步调查	2010.11—2011.01	项目区行政管理机构、镇政府、村委会、受影响住户	项目县城建投公司与移民设计单位等组成的调查组
	项目影响区的社会经济状况	2010.12—2011.01	项目县政府、镇政府、村委会	项目县城建投公司与移民可研设计单位、移民安置部等组成的调查组、村委会、受拆迁和征地影响的村民

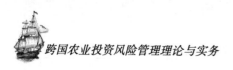

（续）

目 的	内 容	时 间	地 点	参与人员
准备移民安置计划时对补偿政策和搬迁方案的初步协商	听取各级利益主体对项目方案、拆迁和移民安置工作的建议、翔实的实物量调查及其他意见	2011.03	项目区行政管理机构、项目县政府、镇政府、村委会	移民可研设计单位、移民安置部等组成的调查组、村委会、受拆迁和征地影响的村民
	通过电视台扩大项目意义的宣传	2011.04	项目县电视台、项目区	移民安置部等组成的调查组、项目县电视台
	受征地和拆迁影响村民参加拆迁安置工作协商	2011.03—2011.04	项目区	移民安置部、村委会、受拆迁和征地影响的村民
修改移民安置计划时对补偿政策和恢复计划再协商	召开协商会议，集中介绍情况，继续听取意见和建议	2011.04—2011.05	项目区	移民安置部等组成的调查组、村委会、受拆迁和征地影响的村民
	召开动迁大会，宣传安置方案，补偿标准，解答被拆迁人询问	2011.04—2011.07	项目区	移民安置部等组成的调查组、村委会、受拆迁和征地影响的村民

（三）公众意见

2011 年 7 月，项目移民安置专家小组根据项目前期工作对受影响区域进行了一个较大规模的公众参与意见与建议的问卷调查，普查了 16 户家庭，从每一受影响家庭户中选取 15 岁以上家庭成员 1 名，对其进行了问卷式调查，调查汇总结果见表 9-27。

表 9-27　公众意见和建议汇总表

调查内容	意见或建议	回答占比例（%）
一、是否清楚本项目的建设情况（单项选择）	无效回答	0.77
	1. 清楚	65.77
	2. 不太清楚	22.41
	3. 不清楚	11.05

（续）

调查内容	意见或建议	回答占比例（%）
二、是否赞成本项目的建设？（单项选择）	1. 赞成	92.08
	2. 不赞成	7.07
	3. 无所谓	0.85
三、本项目建设可能带来的好处（多项选择）	1. 交通方便	5.65
	2. 投资机会	31.30
	3. 就业机会	46.09
	4. 市场信息	42.23
	5. 其他	7.86
四、本项目可能带来的不利之处（多项选择）	1. 交通不便	5.22
	2. 环境影响	19.57
	3. 人地关系紧张	30.43
	4. 其他	25.65
五、是否了解项目县征地或拆迁补偿政策？（单项选择）	无效回答	3.91
	1. 清楚	67.83
	2. 不太清楚	20.43
	3. 不清楚	7.83
六、对本项目征地拆迁有什么意见建议？（多项选择）	1. 尽量减少拆迁	43.81
	2. 尽量减少征地	33.60
	3. 尽可能方便地方交通	22.61
七、对房屋重建的选择意愿（仅对农村户，多项选择）	1. 统一规划，集中自建	86.96
	2. 自由选择宅基地，报村里批准	32.22
	3. 给予货币补偿、由自己购买房屋	10.43
八、对土地补偿费、安置补助费的使用和分配意见	经村民小组讨论，有地农户不愿参与土地调整，最终确定采取货币补偿方案，直接补偿到户	

通过对表9-27中调查统计数据的分析，可以得出以下几个结论。

第一，在对本项目的了解程度方面，调查数据显示，受影响人群对本项目的基本情况和拆迁补偿政策已比较了解。调查对象中有65.77%的人清楚该项目的基本情况，仅有少部分人不清楚或不太清楚项目情况；而在补偿政策方面，67.83%的人都清楚项目县的征地或拆迁补偿政策，这些移民手中还有从网上下载的项目市和项目县的征地拆迁补偿政策及补偿标准。这表示本项目在宣传力度和影响方面比较到位。但还有30％左右的农户对项目建设和补偿政策方面不清楚或不太清楚，建议加大宣传力度，采取电视、广播等各种宣传手段，广泛地传播有关项目的信息，同时需要加强公众参与，在项目具体实施的过程中给每户发放一册相关文件，使受影响人可以对项目有深刻的了解和充分的认识。

第二，在对本项目的态度方面，受影响人群绝大多数都赞成本项目的实施，约92％的调查对象赞成或不反对本项目的建设。而在具体谈到项目给他们的好处和弊端方面，46.09％的人认为本项目的最大好处是带来就业机会，其次是市场信息，共有42.23％；另外有31.3％认为本项目带来的最大好处是投资机会；对项目带来的弊端，人们认为项目的最大弊端可能是导致人地关系紧张，持这种观点的人约有1/3左右。对项目提出的建议主要在两个方面，尽量考虑减少拆迁。

第三，对于房屋拆迁的安置意愿。87.5％的拆迁户选择重建安置，即进行统一规划，集中重建安置。32.22％的选择自由选择宅基地。12.5％的选择货币补偿，自由购买房屋，这是两户已经在城市，不愿意回村，也不愿意要宅基的农户的态度。

第四，在农村居民的土地补偿费、劳动力安置费的使用和分配方式方面，经村民小组讨论，有地农户不愿参与土地调整，最终确定采取货币补偿方案。在就业方面，居民更倾向于自谋职业，对提供非农就业机会并不是很感兴趣，但也有居民表示还得看所提供就业机会的情况来定。

总体而言，项目办在移民安置政策制定、行动计划编制和实施阶段，均十分重视广大公众参与和协商，并广泛听取各社会团体、政府部门、乡村和移民的意见。鼓励各方参与移民安置及重建工作。在项目准备阶段进行工程可行性研究设计时，项目单位和设计单位就已与地方有关部门人大、政协、群众团体、乡（镇）政府及群众代表对厂址的选择、建设方案、进场道路、移民安置途径、安置方式等移民安置工作广泛征求了意见和建议。在移民安置工作准备过程中，项目移民安置办公室又充分征求了当地地方政府及广大移民代表对移民安置及补偿政策处理的意见，并在当地地方政府的协助下完成了本项目《移民安置计划》的编制。在项目实施阶段，各级移民安置机构将进一步鼓励群众参与移民及恢复和重建工作。

（四）下一步与受影响人口协商的计划

随着工程准备和实施工作的不断推进，移民安置部和项目安置办公室还将展开进一步的协商活动，主要协商内容有：

·受影响人口对工程设计的具体意见。

在施工前，项目安置办公室将把项目设计情况和具体影响通过多种方式告知沿线受影响人口。在施工开始时，移民安置部还将沿线踏勘，与沿线村集体确定构造物的具体位置、尺寸等。对群众反映意见比较大的地方，在满足工程技术标准的前提下，移民安置部将再次组织设计部门修改设计。

·拆迁农户和被征地农户的补偿及其支付进程安排。

·施工阶段受影响的供电供水等功能如何恢复。

·受影响人口关心的其他问题。

各级安置办公室与受影响人口下一步协商的时间安排情况见表9-28。根据移民安置部工作安排，镇和村可以不定期地召开群众协商会，并以报告形式向项目安置办反映情况。监测部门除参加由移民安置部组织的协商活动外，还将独立地就其他监测问题与受影响人口进行协商并收集他们的抱怨和建议，向各级征迁部门提供监测信息。

表 9-28　与受影响人口协商时间安排

时　间	地　点	参与人员	内　容	备　注
2011年7月	镇政府、GYQ村村委会	移民安置部、村委会、受影响村民、承建单位	补偿与安置政策及安置初步方案	准备移民安置计划时对补偿政策的初步协商
2011年8月	镇政府、GYQ村村委会	移民安置部、村委会、受影响村民、承建单位	补偿与安置政策及安置方案	修改移民安置计划时对补偿政策和恢复计划的进一步协商
2011年9月	镇政府、GYQ村村委会	移民安置部、村委会、受影响村民、承建单位	安置政策与方案的个别问题	移民安置计划定稿时对个别问题的补充协商
项目实施全过程	镇政府、GYQ村村委会	移民安置部、村委会、受影响村民、承建单位	供电供水等功能的恢复	协助村民重建安置

（续）

时 间	地 点	参与人员	内 容	备 注
项目实施全过程	镇政府、GYQ村村委会	移民安置部、村委会、受影响村民、承建单位	项目实施过程中出现的问题	处理重建安置中可能出现的新问题
项目实施全过程	镇政府、GYQ村村委会	移民安置部、村委会、受影响村民、承建单位	收集建议和抱怨	旨在解决重建安置中可能出现的申诉
项目完成后	镇政府、GYQ村村委会	移民安置部、村委会、受影响村民、承建单位	失地农民和弱势群体的就业安置	与物流园区协商，优先安排失地农民就业

（五）实施期间受影响人口参与协商的方式

1. 直接方式

·受影响人口座谈会。

·通过与受影响人口代表或村干部座谈，集中受影响人口比较关注的中心问题，收集其意见，并就这些问题征求地方政府和安置部门的建议。

·项目征地拆迁咨询会议。

·征地拆迁咨询会议由移民安置部共同组织召开。征地拆迁咨询会议结束后，由征地拆迁人员登门上户与受影响人进行充分协商后签订"补偿安置协议"。

2. 间接方式

群众通过向村委会（社区）和各级征迁部门、监测部门反映抱怨、意见和建议，安置办公室按照处理程序，反馈处理意见。

（六）政策公开

为了让所有受影响人口及时地、充分地了解本项目移民安置的政策和实施细节，真正做到移民安置工作公开、公正和透明，各级项目安置机构将采取以下措施保证移民安置的政策公开性：

·各受影响村在村干部或其他公众场合公开本村受影响情况、补偿标准、安置措施、抱怨申诉渠道等信息。

·2011年12月31日前，在各受影响区公共场合发放本项目《移民安置行动计划》，所有受影响人口可以随时查阅。

八、申诉程序

（一）可能抱怨的问题及其解决办法

移民安置方案是从整个项目影响区的角度出发，对移民安置方案进行总体规划。在实施过程中，由于实际情况的变化、操作的偏差，都有可能引起移民的抱怨。根据众多在建和已建工程移民的经验，移民抱怨主要有以下几类：

1. 指标问题

由于在调查、统计和计算过程中的误差，占压拆迁的实物指标有可能出现漏项、漏登、错登等现象，影响了移民利益。当这类问题发生后，由受影响者个人或所属村委会口头或书面形式报告移民安置部，移民安置部经整理后以文件形式报送业主和监测单位，由业主牵头，组织专业人员到现场核实，签发处理意见，对属漏项、漏登或错登的实物指标认可登记，并按标准补偿。

2. 补偿标准问题

少数移民对国家移民政策法规不了解，对补偿标准有所疑虑，抱怨补偿标准偏低，不能满足建房和生产安置的要求。设计人员应在移民安置工程实施前和实施过程中，配合各级政府和移民办，进行现场设计交底，宣传国家的移民政策法规文件，解释补偿标准的计算过程，让移民明白补偿标准是依据国家的有关法律法规文件编制的，能保证移民"搬得出，住得稳，能发展"，消除他们心中的疑虑。

3. 资金问题

在实施过程中，有可能出现移民资金不能及时到位的情况，影响移民建房安置和生产安置，进而影响移民的生产生活。这类问题要求移民安置实施管理人员做好资金、进度、质量三控制，保证移民资金专款专用，协调督促财务部门每月按实际进度拨发资金，确保移民工程按进度计划实施。

（二）收集不满和抱怨的方式

- 受影响人的来信、来访。
- 业主建设单位施工现场巡查中发现的征迁协调问题。

·施工单位每天向业主建设单位传真的施工日志，主要是通过施工单位反映的群众影响施工的情况。

·审计、纪检等部门工作检查中反映的相关专题问题。

·通过地方安置办公室的报告，包括群众抱怨、进度、工作措施、存在的问题。

·内部监测专项调查。

·外部监测机构反映的有关信息。

·从开户银行的资金拨款明细表中收集到的征迁费用支出情况。

·业主建设单位派出机构—工作站的情况反映。

（三）申诉渠道和程序

尽管在项目《移民安置计划》的编制和实施过程中，始终鼓励移民的参与，但在实际工作中或多或少地会出现各种问题，为使问题出现时能得到及时有效地解决，以保障工程建设及征地拆迁的顺利进行，除各级地方政府现有的信访申诉渠道外，不定期针对项目的移民建立了一条透明而有效的申诉渠道。基本申诉渠道如下：

·阶段1　如果移民在征地拆迁及移民安置的任何方面中受到任何权利侵害，可向村委会反映，村委会或移民可直接找乡镇移民办或（县）移民办协商解决，移民办接到申诉后，将记录在案，并在2周内与该村委会和移民一起研究解决。

·阶段2　如抱怨者对阶段1的决定感到不满，抱怨者可在收到决定后向项目县Z镇利用国际发展机构贷款建设项目工作领导小组提出申诉，项目县Z镇利用国际发展机构贷款建设项目工作领导小组在2周内作出处理申诉的决定。

·阶段3　移民若对项目县Z镇利用国际发展机构贷款建设项目工作领导小组的决定仍不满意，可以在收到决定后，根据《中华人民共和国行政诉讼法》，逐级向具有管辖权的行政机关申诉，进行仲裁。

·阶段4　移民若对仲裁决定仍不满意，在收到仲裁决定后，可以根据民事诉讼法，向民事法庭起诉。

项目整个移民申诉系统见图9-1。

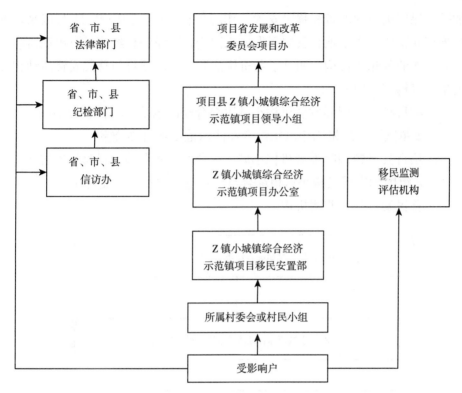

图 9-1 项目移民申诉系统

移民可以针对移民安置的任何方面提出起诉，包括补偿标准等。

上述申诉途径，将通过会议或其他方式告知移民，使移民充分了解自己具有申诉的权利。同时将利用传媒工具加强宣传报道，并将各方面对移民工作的意见和建议整理成信息条文，由各级移民机构及时研究处理。

受理移民申诉的机构不收任何费用，因申诉所发生的费用由项目办公室在不可预见费中支付。

九、机构

(一) 机构设置

机构组成

为了做好移民安置工作，项目县各级政府首先从组织机构的建立和能力

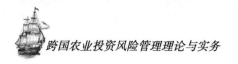

加强上保证项目的准备和移民安置工作的顺利进行。2010 年 11 月以来，逐步规范并正式建立了项目县国际发展机构贷款建设综合经济示范镇项目移民安置工作的各相关机构，明确了各机构的职责。本项目与移民安置活动相关的主要机构有（图 9-2）：

- 项目县 Z 镇国际发展机构小城镇综合经济示范镇项目领导小组
- Z 镇国际发展机构小城镇综合经济示范镇项目办公室
- 项目县 Z 镇国际发展机构小城镇综合经济示范镇项目移民安置部
- Z 镇国际发展机构小城镇综合经济示范镇项目技术支持小组
- **移民安置外部监测机构**

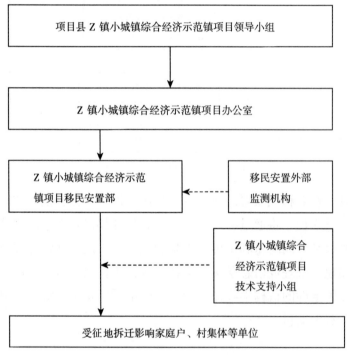

图 9-2 Z 镇小城镇综合经济示范镇项目机构图

（二）机构职能

项目县 Z 镇国际发展机构小城镇综合经济示范镇项目领导小组的职能如下：

- 负责项目的统筹规划。
- 各部门的工作协调。
- 配套资金的筹措。
- 贷款资金的报账、拨付与偿还。
- 为项目的准备、实施、营运管理提供相应的经费。
- 项目资金的使用和工程质量监督。

Z镇国际发展机构小城镇综合经济示范镇项目办公室的职能如下：

- 项目识别与准备。
- 项目的规划与可研。
- 项目的设计与评审。
- 项目的实施与建设。
- 项目的监测与评价。
- 项目竣工验收与结算。
- 项目的运行与管理。

项目县Z镇国际发展机构小城镇综合经济示范镇项目移民安置部的主要职能如下：

- 与移民安置咨询机构一起实施进行移民安置前期准备工作。
- 具体负责制定移民安置行动计划的各项政策。
- 对项目移民安置负责人进行培训。
- 报告移民安置工作实施进度。
- 在移民安置工作实施过程中与其他部门的沟通协调。
- 审核项目移民安置资金计划。
- 向项目领导小组上报移民安置资金计划并督促资金的支付。
- 指导和监督项目移民安置的实施。
- 负责移民安置资料档案的管理。
- 负责移民安置的内部监测工作。
- 准备阶段和实施阶段负责国际发展机构移民安置专家的工作接待。
- 处理安置过程中移民的抱怨与申诉。
- 负责移民安置实施过程中与外部监测机构的沟通工作。

Z镇国际发展机构小城镇综合经济示范镇项目技术支持小组的职责

如下：

·项目识别和准备时期接受国际发展机构以及上级管理部门的技术培训。

·项目设计时期学习和掌握项目技术标准，使项目的技术标准和要求在项目工程中得到充分体现。

·项目建设期的技术难题解答。

·为项目提供技术培训和技术援助。

移民安置外部监测机构的主要职责如下：

·观察移民安置计划和实施的各个方面，对移民搬迁安置工作和实施效果以及移民的社会适应性进行监测评估，并向项目办及国际发展机构提供移民安置外部监测评估报告。

·在数据调查与处理方面向项目办公室提供技术咨询。

（三）移民机构人员构成和设施配备

1. 移民机构人员构成

项目县 Z 镇国际发展机构小城镇综合经济示范镇项目由项目县人民政府职能部门的代表组成。项目县 Z 镇国际发展机构小城镇综合经济示范镇项目领导小组负责制定移民安置计划和组织移民安置实施工作，项目移民安置部具体负责制定移民安置计划和组织实施移民安置工作。参与本项目的大多数成员具有丰富的工作经验，项目领导小组成员来自各级政府和各职能部门，在征地拆迁和移民安置工作中可以起到很好的组织和协调作用。其他参与实施的机构均由具有丰富项目管理经验的人员组成。

为使移民安置工作得以顺利进行，项目各级移民机构均配备了专门的工作人员，形成了上下畅通的信息传输渠道。各级移民机构主要由行政管理人员和专业技术人员组成，均具备一定的专业水平及管理素质，并有相当的征地拆迁移民安置工作经验。本项目移民机构人员配置详见表 9 - 29、表 9 - 30、表 9 - 31。

表 9 - 29 项目县 Z 镇小城镇综合经济示范镇项目工程领导小组名单

组长	县委常委、常务副县长	
副组长	副县长	
	副县长	
成员	县政府办常务副主任	县交通局局长
	县纪委副书记、监察局局长	县商务局党委书记
	县发展和改革局局长	县水利局局长
	县财政局局长	县住建局局长
	县国土资源局局长	县农业局局长
	县审计局局长	县城投公司经理
	县规划局局长	Z 镇党委书记
	县环保局局长	

表 9 - 30 Z 镇小城镇综合经济示范镇项目办公室成员

办公室分工	成 员
项目办主任	Z 镇党委书记
副主任	Z 镇人民政府镇长；Z 镇党委委员、人大主席；Z 镇党委委员、副镇长
成员	镇政府相关工作人员
项目办（财务部）	财务部部长；会计；出纳；工程核算员
项目办（技术部）	部长；三名技术人员
项目办（工程部）	部长；三名工程人员
项目办（办公室）	主任；副主任；工作人员若干人

表 9 - 31 项目县 Z 镇小城镇综合经济示范镇移民安置部成员构成

组长	县委常委、常务副县长	
副组长	副县长	
	副县长	
成员	县政府办常务副主任	县交通局局长
	县纪委副书记、监察局局长	县商务局党委书记
	县发展和改革局局长	县水利局局长
	县财政局局长	县住建局局长
	县国土资源局局长	县农业局局长
	县审计局局长	县城投公司经理

（续）

成员	县规划局局长	Z镇党委书记
	县环保局局长	
备注	主要实施单位为发展和改革局、Z镇人民政府、商务局、国土局、县城投公司、规划局（具体实施由项目县Z镇小城镇综合经济发展项目工程领导小组统筹安排）	
	在实施过程中，GYQ村村委会以及被征地和拆迁户均要参加到该项目的选址、重建安置选址以及征地和拆迁补偿的协商	

移民安置外部监测机构专家共包括移民专家和社会评价专家，Z镇共涉及4名移民专家和1名社评专家。

业主单位在项目实施过程中相关负责人的主要联系方式如表9-32：

表9-32 机构主要负责人的联系方式

姓名及原职务	项目职能机构	联系方式
Z镇党委书记	项目办主任	手机号码
Z镇党委委员、人大主席	移民安置部技术支持组长	手机号码

2. 设施配置

本项目市、县（区）各级移民机构配置均利用现有资源，已经配备了基本的办公设备、交通设备和通信设备，包括办公桌椅、电脑、打印机、电话、传真机、交通工具等设备资源，其中打印机也能够打印大幅面图纸。

（四）机构能力建设计划

为了提高各级移民安置机构人员的素质，加强移民安置机构能力，使移民安置机构人员熟悉有关移民安置的法律法规，更好地了解国际发展机构关于非自愿性移民的要求，保证项目移民安置工作的顺利进行，移民安置部开始对工作人员进行培训，学习国家有关移民安置的政策法规和国际发展机构非自愿移民的业务政策。已经开展的培训大致如下：

培训内容包括：移民安置的原则与政策；移民工程规划管理培训；移民实施规划设计；移民财务管理；管理信息系统；移民监测评价；移民项目管理；征地、拆迁实物量调查；社会经济调查；协商与公众参与；国际发展机构社会保障政策。

（五）未来进一步加强机构能力的计划

为了更好地落实《移民安置行动计划》，确保项目影响人受益，满足工程进度的总体规划，项目办移民安置部将采取以下措施来加强组织机构的能力，提高效率。

领导负责制：实行由县人民政府分管领导牵头，发改委等相关部门领导组成的强有力的领导集体。

配备高素质人员：各级安置机构的工作人员，要求具备较强的全局观念、政策水平、专业能力，特别是群众工作经验。

明确职责：根据国际发展机构要求及国家的有关法律、法规，明确各级安置办的职责。

安置人员培训：根据安置工作需要，不定期对安置人员进行安置政策、信息管理等方面的培训（表9-33）。

发挥群众和舆论监督作用：所有安置的资料向群众和社会公开，随时接受群众和舆论的监督。

不定期召开省安置办主持的移民安置通报会并以简报的形式下发给项目。

项目办公室为各级安置机构配备必需的交通工具及有关办公设施，以满足工作需要。

表9-33　移民安置实施培训表

序号	培训人员	项目办管理人员能力培训	项目镇管理人员	农产品市场运营能力提升培训
1	培训目的	国际发展机构项目建设全过程的管理和监测能力	提高项目镇移民安置管理能力	项目实施后，项目运行管理能力的提升
2	培训内容	涉及移民征地、拆迁、移民安置的国内政策和国际发展机构政策等的管理和监测能力培训等	国内、国外考察活动、涉及移民征地、拆迁、移民安置的国内政策和国际发展机构政策等计划、实施、管理和监测能力培训等	农产品市场管理、信息培训
3	培训时间	2011—2014年	2011—2014年	2012—2017年

（续）

序号	培训人员	项目办管理人员能力培训	项目镇管理人员	农产品市场运营能力提升培训
4	培训对象	县项目办工作人员	移民安置部工作人员	省内和国内参观、学习
5	培训人数及培训批次	5人/次	5人/次	6人/次
		2次/年	2次/年	2次/年
6	培训费用标准	5 000元/人·次	3 000元/人·次	3 000元/人·次
7	总费用	25万元	15万元	18万元
合计	58万元			

十、实施时间表

（一）移民计划实施原则

本项目征地拆迁应遵循以下原则：

·在编制移民安置计划和实施安置过程中鼓励移民参与，进行信息公开，加强协商，移民安置方式充分尊重移民意愿。

·征地前县劳动局应办理失地农民社会保障费的缴纳手续；

·完成对失地农民的征地补偿后方可进行拆迁工作；

·项目开工建设之前必须给征地拆迁与移民安置工作留有足够的时间；

·项目开始征地拆迁的时间，尽量减少对征地和拆迁居民以及周边居民生产和生活带来的负面影响；

·在工程实施后，要尽量为当地的失地农民提供就业支持。

（二）移民计划实施时间表

H省利用国际发展机构贷款建设经济综合开发示范镇项目，已经于2008年年底被列入《国际发展机构贷款2009—2011财年备选项目清单》。根据国际发展机构项目建设周期要求，通过对拟建项目的建设内容与建设规模、建设性质、项目复杂程度、建设条件、管理水平与人员素质等进行分析，并参考同类项目施工进度，将项目的总建设工期确定为24个月。根据项目实施进度的计划安排，项目工程从2012年7月至2014年6月内完成。

根据项目建设征地拆迁与移民安置准备与实施活动进度，拟定本项目移民安置总进度计划（表9-34）。具体实施时间可能会因项目整体进度有偏差而作适当调整。

表9-34　项目征地拆迁计划进度表

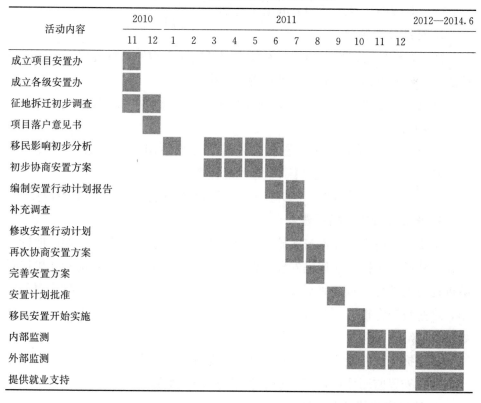

活动内容	2010		2011												2012—2014.6
	11	12	1	2	3	4	5	6	7	8	9	10	11	12	
成立项目安置办															
成立各级安置办															
征地拆迁初步调查															
项目落户意见书															
移民影响初步分析															
初步协商安置方案															
编制安置行动计划报告															
补充调查															
修改安置行动计划															
再次协商安置方案															
完善安置方案															
安置计划批准															
移民安置开始实施															
内部监测															
外部监测															
提供就业支持															

十一、费用及预算

（一）移民安置资金构成

本项目移民安置费用主要包括四个部分，即：房屋拆迁补偿费、搬迁补偿费用、征地补偿费用、移民安置其他相关费用、移民安置行政管理费用和不可预见费。

1. 拆迁补偿费用

拆迁补偿费用包括：

（1）私人房屋拆迁补偿费。根据农村和城市私人家庭拆迁房屋面积以及

补偿标准计算。

（2）搬迁费、过渡费和营业损失。私人家庭搬迁费和过渡费根据补偿标准计算，营业损失费用根据规定以及实际情况协商的结果支付。

（3）对按期完成搬迁的家庭给予奖励。

2. 征地补偿费用

征地补偿费用包括土地征收补偿费以及应该交纳的各种税费。包括征地补偿费、耕地占用税、征地管理费等。其中：

耕地占用税根据《中华人民共和国耕地占用税暂行条例》（国务院第511号令）计算。

耕地开垦费根据《项目省耕地开垦费征收使用管理办法》（政办发〔2010〕47号）规定项目县属于三等耕地计算。

土地管理费根据价费〔2003〕42号，按征用土地补偿总额4%计算。

3. 移民安置其他相关费用

主要是移民安置准备与实施过程之中发生的一些其他费用。如征地拆迁过程中外部监测机构的移民安置监测评估费、征地拆迁过程聘请专业机构对被拆迁对象进行测量和评估的工作经费、拆迁机构的代办费等各种相关费用。这些费用将根据行业取费标准或者参考类似项目的取费标准确定。具体如下：

征地拆迁代办费按基本费用的1.8%提取；

移民安置监测评估费按照基本费用的0.4%测算。

4. 移民安置行政管理费

移民安置行政管理费用按照移民安置基本费的5%计算。主要是用于与征地拆迁工作有关的机构加强、组织协调、内部监测、公务及外事接待、岗位培训、项目实施单位征地拆迁进度奖励、信息收集与发布、前期准备、办公用房购置、临时办公用房租用、人员工资和福利社保、交通工具购置与使用、车辆维修、通讯办公和日常管理等各项费用。

5. 不可预见费

不可预见费用包括物质不可预见费用和价格不可预见费用（不包括因工程临时设计变更而发生的费用），以上两项按基本费用的10%计算。

（二）占地与移民安置预算

根据各类影响项目的补偿标准以及统计数量，国际发展机构贷款 Z 镇经济综合开发示范镇项目的移民安置总费用为 7 095 268.03 元。具体资金预算见表 9 - 35。

表 9 - 35　Z 镇移民安置资金预算表

类　　别		单位	数量	补偿标准（元）	金额（元）
一、基本费					
1. 房屋拆迁补偿费	1.1 砖混楼一类	平方米	704	1 060	746 240
	1.2 砖混楼二类	平方米	2 212.5	1 000	2 212 500
	1.3 砖木一类	平方米	230	1 000	230 000
	1.4 砖木二类	平方米	356	1 000	356 000
	1.5 猪舍	平方米	279.2	90	25 128
	1.6 偏屋	平方米	243	140	34 020
	1.7 棚屋/杂屋	间	154.4	90	13 896
	1.8 水泥坪	平方米	834	24	20 016
	1.9 手压井/机井	台	14	500	7 000
	1.10 太阳能热水器	台	1	100	100
	1.11 空调	台	13	60	780
	1.12 门面重置补偿	间	6	5 000	30 000
	1.13 门面租金补偿	间	5	1 800	9 000
	1.14 按时搬迁奖	平方米	4 050.6	8.5	34 430.1
	1.15 搬家费	次	28	461	12 908
	1.16 过渡费	户/月	84	376.4	31 617.6
	1.17 重建误工费	户/月	42	11 900	499 800
2. 征用土涉及费用费	2.1 耕地征用补偿费	亩	9.63	34 188	329 230.4
	2.2 非耕地征用补偿费	亩	10.74	34 188	367 179.1
	2.3 青苗费				
	2.3.1 棉花	亩	9.63	700	6 741
	2.3.2 菜地青苗	亩	0.5	2 520	1 260
	2.4 耕地占用税	平方米	6 413.58	25	160 339.5
	2.5 耕地开垦费	亩	16.13	20 000	322 600
	2.6 土地管理费	根据价费〔2003〕42 号，按征用土地补偿总额 4%计算			27 856.38

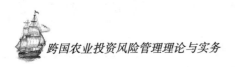

（续）

类　别	单位	数量	补偿标准（元）	金额（元）
3. 其他附着物　橘树	棵	60	45	2 700
二、其他费用				
1.　　　　征地拆迁代办费	按基本费的 1.8% 提取			105 689.92
2.　　　　移民安置监测评估费	按照基本费用的 0.4% 测算			23 486.65
三、行政管理费				
移民安置行政管理费	按照移民安置基本费的 5% 计算			293 583.11
四、培训费				
1.　　　　移民培训费	次·人	20	1 200	24 000
2.　　　　机构能力建设培训费	580 000			
五、不可预见费				
不可预见费				587 166.21
合　计				7 095 268.03

（三）安置资金分配对象和资金来源

1. 安置资金的分配对象

按照各类受影响项目的权属，本项目的安置资金将分配至不同对象，详细情况见表9-36。为了真正确保补偿资金能足额及时地分配到受影响人和单位手中，一方面充分发挥外部监测机构、内部监测和国家审计机构的作用，另一方面将尽量减少中间环节，以简单易行的方式把安置资金直接发给个人和单位。

表 9-36　安置资金分配对象

对象	费　用　类　别
农户	征地拆迁造成的拆迁补偿费、搬迁补偿费、过渡费、土地补偿费、地上附着物补偿费等
其他部门	土地征收各类税费以及测量和委托拆迁征地等费用

2. 安置资金来源与流向

国际发展机构贷款Z镇建设综合经济示范镇项目移民安置资金，由项目县人民政府负责城市建设单位负责筹措。移民安置过程中的资金发放通过专门账户发放给补偿对象，不经过任何中间环节，以避免截留和挪用。

（四）安置资金的拨付和管理

本项目移民安置资金的拨付将遵循以下原则实施：

·所有与征地拆迁有关的费用均将计入工程总概算中，项目征地拆迁补偿费由项目实施单位审核，补偿资金由项目县人民政府相关部门通过专户直接支付给相关单位及人员；

·支付给私人家庭的各类补偿费用，通过专门账户发放至受影响家庭；

·土地补偿在被征用前支付；

·所有资金在内部监测机构监督与管理下拨付，外部监测机构进行监测。建立各级财务及监督机构，以保证所有资金按时下拨到位。

十二、移民安置监测

（一）内部监测

1. 内部监测的目的与宗旨

内部监测，是业主和移民实施机构依靠自上而下的管理系统对移民安置行动计划的实施进行连续的内部监控，目的在于全面、及时、准确地掌握移民的进展，发现和解决问题，为顺利实施移民工作提供决策依据。

·内部监测的目的：在于规范和指导国际发展机构贷款项目的项目业主、移民实施机构等与移民活动有关的机构所进行的移民内部检测工作，确保征迁安置工作严格按《移民安置行动计划》实施，确保移民监测评估活动有序、规范、高效地进行，从而使有关各方及时了解移民安置实施情况，发现和纠正移民实施中存在的问题。

·内部监测的原则包括：周期性地调查、了解和评价移民安置行动计划实施的情况；准确地进行数据采集和资料分析，保证监测结果的准确性；科学、客观、公正地评价移民安置行动计划的实施情况；及时地向项目业主和国际发展机构报告，使其能及时了解项目的进展并进行科学决策。

·内部监测的作用：内部监测是项目内部管理的重要组成部分，目的在于把握安置实施活动的状况，通过建立和使用安置信息管理系统，收集、分析和共享有关安置实施活动的进度、资金和质量的数据和信息，发现存在或

潜在的问题，分析其原因，并提出解决问题的措施建议。

·内部监测的实施：由项目业主与移民实施机构进行，并由业主定期向国际发展机构提交内部监测报告。

2. 内部监测实施程序

内部监测工作可分为两阶段，即内部监测工作准备阶段和实施阶段。准备阶段自国际发展机构贷款项目周期中的项目鉴别起，经项目准备、项目预评估、项目评估阶段，至项目批准阶段结束。实施阶段自移民安置实施开始，直至移民安置目标实现为止。

（1）内部监测准备阶段。项目业主及地方政府应在项目准备早期阶段成立移民业务机构。项目业主要在其内部设置一个专门负责移民业务的机构，配置有能力的专职从事移民业务的工作人员，以保证提供完整、客观的信息和资料，也有助于其他行业机构的参与。在项目准备期间就应着手安排移民内部监测评估工作。

项目业主的准备工作包括：

·组织对项目业主和移民实施机构工作人员进行国际发展机构移民政策与经验、国家移民政策、移民安置行动计划编制、移民实施、移民监测评估等方面的培训；

·尽早聘请专业机构和专业人员协助进行移民安置行动计划编制工作；组织社会经济调查；在专业机构和专业人员协助下，编制移民安置行动计划；

·在专业机构和专业人员的帮助下，建立移民管理信息系统。

移民实施机构的准备工作包括：

·与业主签订内容详尽的移民安置工作实施工作合同；

·建立或健全各级移民实施机构，并配备必要的工作人员；

·组织对各级移民实施机构工作人员的培训；与业主及其委托的专业机构共同进行社会经济调查、移民安置行动计划编制工作；

·建立移民实施管理信息系统。

（2）内部监测实施阶段。移民安置部在实施阶段应该监测机构抽取的样本家庭户和样本单位的实施信息及现时活动记录，以此保证对安置活动的跟踪监测。项目业主在内部监测实施阶段应该：

· 按照移民安置行动计划，负责移民活动的内部监测；

· 每半年向国际发展机构提供一份详细的内部监测报告；

· 及时更新移民实施的统计数据，完善移民管理信息系统。

3. 内部监测内容

（1）建设组织机构。移民实施及其相关机构的设置与分工，移民机构中的人员配备，移民机构的能力建设。

（2）确定移民政策与补偿标准。移民政策的制定与实施；各类影响损失（永久征地、临时占地、房屋拆迁、专项设施拆迁等）的补偿标准实际执行情况。需特别说明是否按照移民安置行动计划中的标准执行，若有变化，需说明原因。

（3）确定征地拆迁与移民安置活动实施进度。总进度计划与年度计划，移民机构及人员配备进度，项目区永久征地、临时占地的实施进度，安置区土地（包括生产用地、宅基地、公共设施用地等各类安置用地）调整、征用（或划拨）及将其分配给移民的实施进度，房屋拆迁进度、安置房重建进度，移民搬迁进度，公共设施建设进度，专项设施复、迁、改建进度，其他移民活动进度。

（4）移民预算及其执行情况。移民资金逐级支付到位数量与时间情况，各级移民实施机构的移民资金使用与管理，补偿费用支付给受影响的财产（房屋等）产权人，土地所有权者（村、组等）及使用者的数量与时间，村级集体土地补偿资金的使用与管理，资金使用的监督、审计。

（5）移民生产就业安置。农村移民安置的主要方式、人数、脆弱群体（妇女家庭、老人家庭、残疾人等）的安置、安置的效果等。

（6）移民房屋重建与生活安置。农村移民安置的方式与安置去向、房屋重建形式、宅基地三通一平工作、补偿资金的支付、公共设施（水、电、路、商业网点等）的配套、搬迁等。

（7）各类专项设施（电力、供水、通信、交通、管线等）的恢复重建。

（8）抱怨、申诉、公众参与、协商、信息公开与外部监测。抱怨与申诉的渠道、程序与负责机构，抱怨与申诉主要事项及其处理情况，公众参与和协商的主要活动、内容与形式，公众参与和协商的实施效果，移民信息手册与信息公开，外部监测机构、活动与效果。

（9）对国际发展机构检查团备忘录中有关问题的处理。

（10）尚存在的问题及其解决措施。

4. 内部监测方法

内部监测作为安置系统内部自上而下地对安置实施过程的监测活动，要求在实施工作相关的项目业主和各级安置实施机构之间建立起规范、通畅、自下而上的安置实施信息管理系统，跟踪反映各区的安置实施工作进展情况。各级征迁部门利用信息管理系统自下而上上报安置实施的进度、资金、效果等信息，并进行处理和分析。

本项目移民安置部已建立了完善的管理信息系统，能全面、及时、准确地储存、管理项目实施活动的各种数据资料。

本项目将根据项目实施情况采取如下几种方法实施内部监测：

· 规范化的统计报表制度

项目业主应根据移民实施工作的需要，制定统一的报表。报表需反映安置资金拨款进度和征迁实物量完成情况。报表为定期月报，一般在月末拨款时自下而上报送，通过拨款情况表掌握工作进度。

· 定期或不定期的情况反映

在各移民安置机构之间，采取多种形式，交换移民安置实施工作中出现的问题及有关情况信息，并提出处理意见。

· 定期联席会议

每月初，移民安置部将召开征迁安置协调会，子项目安置办公室人员出席会议，主要汇报情况，反映项目实施进度和存在的问题，或者交流工作经验，研究处理问题的措施。

· 检查

移民安置部将对下级征迁机构的安置工作进行常规检查和非常规专题检查，深入实地调查研究，现场处理征迁安置问题，核实工作进度和安置政策执行情况。

· 与外部监测机构进行信息交换

项目业主、地方实施机构与外部监测机构保持经常性的联系和信息交流，将外部监测评估机构的发现与评估意见作为内部监测的参考依据。

· 调查

项目业主采用调查表调查和户访相结合的方法进行调查，检查安置工作执行情况。对家庭户的调查采取抽样办法，抽取一定量的家庭户或集体单位，用报表形式调查安置情况，反映他们补偿金、搬迁费等的落实程度，看安置工作是否按安置行动计划严格执行。对企事业单位实行全部调查。

移民安置部将在受影响对象获得第一笔补偿金后实施第一次调查，在实施第一次调查后，移民安置部将根据调查结果和通过抱怨途径反映出来的问题采取改进措施，并对改进措施的执行情况继续实施跟踪调查。跟踪调查通过非定期的问卷式调查方式，跟踪受影响对象的劳动力安置、土地调整情况及反映的抱怨问题的解决结果，并收集对公众协商、房屋选择等方面的意见和建议。

5. 内部监测机构及人员安排

涉及监测的实施机构人员见表 9 - 37。

表 9 - 37　内部监测的实施机构人员

安置机构	经常性工作人员（人）	高峰期人员总数经常性工作人员（人）
移民安置部	3	5

6. 内部监测的周期与报告

内部监测是连续的过程，其中全面的监测活动至少每个季度进行一次；在移民搬迁等关键时期，监测将增加频次。

在项目准备期间，内部监测机构将结合国际发展机构检查编制定期或不定期的内部工作报告，格式根据国际发展机构的要求因项目、阶段而异。实施开始后，影响较大的项目需要简略的周报、月报，详细的季报、半年报和年报；影响较小的项目根据项目情况需要简略的季报，详细的半年报、年报。根据项目管理的需要，进行专题报告。项目实施结束之后进行总结报告。内部监测报告由各级移民实施机构向同级人民政府和上级移民实施机构、项目业主报告。项目业主每半年向国际发展机构提交一份内部监测报告。

（二）外部监测

根据国际发展机构政策的要求，Z 镇国际发展机构小城镇综合经济示范镇项目办公室将聘请有资质的、独立的且有丰富国际发展机构项目经验的移民机构作为移民独立监测机构。

外部监测评估机构定期对移民安置的实施活动进行跟踪监测评价，对移民安置的进度、质量、资金进行监测，并提出咨询意见。对移民生产生活水平进行跟踪监测，向项目县 Z 镇国际发展机构小城镇综合经济示范镇项目领导小组和国际发展机构提交监测评估报告。

1. 外部监测的目的

外部监测与评估是由独立于政府部门的机构提供对移民安置工作的评价。其目的在于，以广泛而长远的观点来检查安置行动计划的实施活动，监测并评估土地征用、安置和搬迁的目标是否得到实现，提出评估意见和建议，采取补救措施并及时采取跟踪行动，以确保移民安置工作的实施效果。

外部监测将跟踪征地拆迁和移民安置活动，以监测和评估移民安置是否：

- 遵循国家有关安置工作法律法规；
- 遵循国际发展机构关于非自愿移民的有关政策；
- 使受影响人生活水平超过或至少恢复到安置前的水平。

2. 外部监测机构的职责

外部监测机构将承担下列活动：

- 在移民安置活动开始之前，进行生活水平基准调查，掌握受影响人口生产和生活的基本状况。
- 在移民安置过程之中，跟踪监测安置活动的实施。收集受影响人口的意见和抱怨，及时将其反映给外资办移民安置部和地方安置办公室，并向项目县 Z 镇国际发展机构小城镇综合经济示范镇项目移民安置部和国际发展机构提交监测报告。
- 跟踪调查受影响人口生产和生活水平的变化，对安置活动及其措施进行评价。
- 在调查研究和与受影响人口充分协商的基础上，向移民安置部和安置办公室提出建设性意见，保证安置工作的顺利进行和受影响人口生产生活水平的尽快恢复。

3. 外部监测的方法与步骤

外部监测机构将采取以下方式进行移民安置的监测：

（1）在移民安置调查的基础上，建立受影响人口情况的数据库，进行经常性的入户访谈。外部监测机构将充分利用社会经济调查资料和项目办建立的安置工作信息管理系统，对征地拆迁户的基本情况进行动态管理，随时掌握移民情况。利用数据库所反映的情况，深入到受影响的居民户中去进行面对面的访谈，了解安置工作进展，听取他们的抱怨、不满和建议，同时也宣传国家有关政策、国际发展机构的相关要求及工程建设的信息。

入户访谈由外部监测机构独立进行，从基层机构获取受影响人口名单及相关信息后，不要当地安置机构人员或地方行政管理人员陪同。外部监测机构在进行入户访谈工作时，访问人员相对固定，即同一人员尽量多次访问同一受影响地区，这样易于在访问人员与受影响人口之间建立起互信关系，有利于工作的开展。

（2）在受影响人口比较集中的地区，不定期组织受影响人口的座谈会。在受影响人口较为集中的地区，外部监测机构将举行座谈会，就项目影响的重大问题听取受影响人口发表的意见。座谈会可以是正式的，也可以是非正式的；可以邀请基层安置机构人员参加，也可以不邀请其参加，视当时的具体情况而定。

（3）实地观察。外部监测机构人员将定期和不定期访问移民安置点，实地观察移民安置情况。

（4）个案调查。对移民安置过程中可能出现的个别突出案例，进行重点解剖。分析问题的根源，找出解决问题的办法，提出参考性意见。

（5）问卷调查。对移民的生产和生活恢复状况及对移民安置工作的意见，进行抽样调查，及时分析结果。解决存在问题，为下一年度移民安置工作提供借鉴。

4. 外部监测的主要内容

（1）对拆迁户的安置监测。本项目同时涉及城市和农村居民房屋的拆迁工作。对这一部分受影响人口的安置，将是外部监测机构的一个监测重点。对于这类受影响的人口，外部监测机构将主要监测指标集中于：

· 房屋及其他土地附着物的赔偿价格是否遵循重置成本的原则制定；

- 赔偿资金的拨付是否足额并及时到位；
- 新建房屋的宅基地的选择是否通过协商的方式确定；
- 搬迁的时间安排是否合理；
- 是否支付过渡费和搬迁费；
- 实物的赔偿是否被打折扣；
- 新的安置地点的水、电、暖、路等基础设施是否完备，这些条件的提供由谁负责；
- 新安置地点到医院、学校等地方是否方便。

（2）对移民生产安置监测。根据受影响土地及其经营的特点，外部监测机构对土地征用移民生产安置方面的监测将主要集中在以下方面：

- 各类土地征用的补偿标准是否根据国家有关法律制定；
- 土地补偿费用的划拨程序是否能够保证受影响村组得到其应该得到的资金；
- 征地数量、补偿标准、补偿金额是否在全村范围内公开，以何种形式公开；
- 如果土地补偿金是直接发放给个人，发放的范围是如何确定的；
- 土地补偿金的集中使用有无明确的、可行的计划；
- 土地补偿金使用计划的制订是否征求了利益相关村民的意见，使用计划最终是如何确定的；
- 土地补偿金使用得到的收益如何分配，如何保证受影响劳动力的实际经济利益；
- 养老保险的执行情况；
- 失地农民和弱势群体的就业安置情况。

（3）对移民安置机构运转情况的监测。精干、专业、高效运转的移民安置机构是保证项目移民安置顺利进行的可靠保证。对移民安置机构运转情况的监测也是外部监测机构进行外部监测的重要内容。对移民安置机构的监测主要通过对安置机构的实地访问，对其工作资料和记录的核查等方式进行，其主要内容有：

- 各级移民安置机构的人员构成是否满足安置工作的需要；
- 各级移民安置机构是否具备必要的工作条件；

- 移民安置机构人员的素质是否满足安置工作要求；
- 安置机构人员培训情况；
- 安置机构工作内部资料管理情况。

（4）对脆弱人群安置的监测。脆弱人群既是移民安置机构需要付出特别关照的特殊群体，也是外部监测机构在外部监测过程中应该给予特别注意的对象。外部监测机构将通过入户访谈、问卷调查、个案分析等方式对本项目影响人口中的脆弱人群进行跟踪监测，监测的主要指标有：

- 脆弱人群在移民安置中享受到哪些特别的优惠政策；
- 农村受影响贫困家庭在房屋拆迁过程中是否得到帮助；
- 农村受影响贫困家庭在生产安置方面的恢复措施；
- 是否出现了新的不能从事非农职业的脆弱人群；
- 安置措施中是否充分考虑了女性受影响人口的特殊需求；
- 弱势群体尤其是妇女是否能获得与项目相关的就业机会，有多少弱势群体在项目建设工程中被雇用；
- 移民安置机构是否有女性工作人员负责处理妇女的事务。

（5）受影响人口生活水平基准调查。在移民安置正式实施之前，外部监测机构将通过抽样调查，项目的移民安置基准资料。抽样调查采用结构式问卷调查的方式进行。把项目准备阶段的社会经济调查涉及的所有因征地和拆迁受影响家庭作为样本库，进行分类抽样。在本项目中，生活水平基准调查抽样比例为 20%。

对受影响家庭生活水平的基准调查主要内容包括：家庭人口情况，生产经营情况，房屋建筑面积，家庭年收入，就业结构，家庭年支出，交通条件，供水条件，供电条件，居住环境，对生产和生活状况的主观评价等。

（6）移民安置效果的监测评估。在移民安置正式实施后，外部监测机构将不间断地对移民安置实施的效果进行跟踪监测。

对于受影响家庭，外部监测机构将在其安置后的半年进行跟踪调查。跟踪调查与生活水平基准调查类似，也采取抽样调查的方式进行，通过结构式的问卷调查，反映移民安置对调查对象生活和生产带来的影响，以评价移民安置的效果。

跟踪调查样本的选择原则上与生活水平一样，并且尽可能做到是对生活水平基准调查对象的跟踪。在完成生活水平基准调查之后，对所有调查样本建立数据库，以作为跟踪调查的样本依据。对于少量由于各种因素实在难以跟踪的调查对象，则以早期社会经济调查资料库为线索，以相同社区同类受影响家庭作为替代调查对象。

跟踪调查的内容与生活水平基准调查要有较好的衔接性，以便对安置前后受影响家庭生活和生产方面的变化进行比较分析，同时也征询受影响人口对移民安置工作的主观评价，作为对安置工作效果进行评估的参考。

5. 外部监测的报告制度

外部监测机构基于观察和调查所得到的资料，编写外部监测报告。其目的主要有二：一是向国际发展机构和项目业主单位客观地反映移民安置工作的进展和存在的问题；二是对移民安置的社会经济效果进行评价，提出建设性的意见和建议，改进和完善移民安置工作。

外部监测机构向国际发展机构和项目业主单位的报告周期为：

·每年对本年度上半年移民安置情况，向国际发展机构和业主单位提交一个年度中期监测报告；

·每年向国际发展机构和业主单位提交前一个年度监测报告；

·全部移民安置工作完成的半年之后，提交一份综合性的移民安置后评估报告。

常规监测报告的内容至少应该包括以下内容：

·本报告监测对象；

·移民安置工作进展；

·监测机构监测的主要发现；

·存在的主要问题；

·外部监测的基本评价意见和建议。

外部监测机构的报告同时以中文的形式向项目办公室和国际发展机构移民安置专家提交。在正式提交之前，将向移民安置办公室有关人员通报并征求意见，对报告的内容与形式进行沟通。

参 考 文 献

江小涓，杜玲，2001. 国外跨国投资理论研究的最新进展. 世界经济.

刘振林，2011. 国际投资学——理论与实训教程. 北京：高等教育出版社.

阎敏，2010. 国际投资学. 武汉：武汉大学出版社.

余丹丹，2011. 企业跨国投资风险辨识与区位选择研究. 武汉：武汉理工大学.

余晓俊，2014. 中粮斥巨资海外并购案例分析. 财经界·学术版（12）.

徐绍史，2016. 一带一路双向投资研究与案例分析. 北京：机械工业出版社.

张蕾，2015. 境外合作区案例之二：农业生产型. 中国投资.

席曼，2016. 双汇并购史密斯菲尔德案例研究. 哈尔滨：黑龙江大学.

Calvin Miller. Risk Mitigation and Management for Agricultural Investment.

图书在版编目（CIP）数据

跨国农业投资风险管理理论与实务 / 何君等编著
. —北京：中国农业出版社，2019.3
农业走出去"扬帆出海"培训工程系列教材
ISBN 978-7-109-25281-3

Ⅰ.①跨… Ⅱ.①何… Ⅲ.①农业投资－对外投资－
投资风险－风险管理 Ⅳ.①F304.4

中国版本图书馆 CIP 数据核字（2019）第 037804 号

中国农业出版社出版
（北京市朝阳区麦子店街 18 号楼）
（邮政编码 100125）
责任编辑 姚 佳
—————————————————
中国农业出版社印刷厂印刷 新华书店北京发行所发行
2019 年 3 月第 1 版 2019 年 3 月北京第 1 次印刷
—————————————————
开本：720mm×960mm 1/16 印张：16.5
字数：270 千字
定价：39.00 元
（凡本版图书出现印刷、装订错误，请向出版社发行部调换）